TORÇÕES NA RAZÃO FREUDIANA

Blucher

TORÇÕES NA RAZÃO FREUDIANA

Especificidades e afinidades

Daniel Delouya

2ª edição

Torções na razão freudiana: especificidades e afinidades, 2. ed.
© 2019 Daniel Delouya
Editora Edgard Blücher Ltda.

1ª edição – Editora Unimarco, 2005

Imagem da capa: iStockphoto

Blucher

Rua Pedroso Alvarenga, 1245, 4º andar
04531-934 – São Paulo – SP – Brasil
Tel.: 55 11 3078-5366
contato@blucher.com.br
www.blucher.com.br

Segundo o Novo Acordo Ortográfico, conforme
5. ed. do *Vocabulário Ortográfico da Língua
Portuguesa*, Academia Brasileira de Letras,
março de 2009.

É proibida a reprodução total ou parcial por
quaisquer meios sem autorização escrita da
editora.

Todos os direitos reservados pela Editora Edgard
Blücher Ltda.

Dados Internacionais de Catalogação
na Publicação (CIP)
Angélica Ilacqua CRB-8/7057

Delouya, Daniel

Torções na razão freudiana : especificidades e
afinidades / Daniel Delouya. – 2. ed. – São Paulo :
Blucher, 2019.

330 p. ; il.

Bibliografia
ISBN 978-85-212-1847-0 (impresso)
ISBN 978-85-212-1848-7 (e-book)

1. Psicanálise 2. Freud, Sigmund, 1856-1939
3. Metapsicologia I. Título.

19-1307 CDD 150.195

Índice para catálogo sistemático:
1. Psicanálise

À Aline Delouya

Conteúdo

Nota sobre a segunda edição 9

Apresentação 11

PARTE I
Configurações psicopatológicas 17

A textura depressiva: histeria e fantasia 19

Entre metáforas, formas e sensibilidades psíquicas 39

Entre corpo e objeto 69

O sono do sonhar e a área da escuta na análise 95

PARTE II
Extensões da metapsicologia freudiana 107

Uma perspectiva de construção em Freud 109

A pulsão "destrutividade" e o "pai" do *self*: o acesso ao real
em Winnicott 131

8 CONTEÚDO

Repensando o pai e a destrutividade em Winnicott	151
Bion: uma obra às voltas com a guerra	163
Em torno do *I*: "*Grid*" e "*Vorstellung*"	181
Acerca da comunicação: entre Freud (1895) e Klein (1946)	191
A bissexualidade no eixo de escuta psicanalítica: considerações teóricas acerca da clínica	209
Freud e a feminilidade na cultura atual	221

PARTE III
Em torno da formação e do método   239

Sob o olhar de Goethe	241
O especialista, especificidade da alma	261
Um autor na instituição de formação	277

PARTE IV
Biologia, inquietação   291

O biológico em Freud, "corpo estranho" para o psicanalista	293
Entre natureza e metáforas freudianas	315

Nota sobre a segunda edição

Passada mais de uma década e meia desde a primeira edição deste livro, os trabalhos nele reunidos parecem-nos ainda relevantes ao debate brasileiro em torno do pensar e do fazer psicanalítico. Embora muitas formulações nele encontradas tenham sido ampliadas, aprofundadas e reformuladas no decorrer dos últimos 17 anos, conservam ainda o cerne de nossa transmissão. Mantivemos o conteúdo, a forma e a ordem de capítulos da primeira edição.

Apresentação

Os textos que compõem este livro foram redigidos de uma maneira independente ao longo de mais de uma década; resultam de provocações geradas nos diferentes espaços nos quais transitamos e suas respectivas comunidades: o consultório, as instituições psicanalíticas, a universidade e os círculos de família e amizades. Alguns já foram publicados em revistas, outros são inéditos. Mantivemos os textos na sua forma original, com a exceção de pequenas correções. O penúltimo capítulo passou por uma revisão de estilo. Mudanças maiores, mais gritantes, de nossos pontos de vista são indicadas em notas de rodapé ou, como nos textos em torno de Winnicott e Bion, acompanhadas de anexos (comentário e adendo).

Os textos foram agrupados em quatro partes, cada qual versando sobre uma *especificidade* do universo singular – como o apreendemos neste momento – do nosso ofício, a psicanálise, no contexto e na linguagem da tradição freudiana. As configurações psicopatológicas, as extensões metapsicológicas, o método e seus meios de apropriação, e o biológico em Freud – sobretudo em seus elos com as representações imaginativas do vivido do corpo – somam as *especificidades* que destacamos. São *nossas afinidades eletivas* que surgiram e amadureceram ao longo dos anos de experiências adquiridas em diferentes contextos de transmissão da psicanálise. Não são, portanto, exclusivas. Outras, assumidas por outros, como as dimensões científicas, estéticas e éticas do fazer e do pensar psicanalíticos, fazem-nos bastante sentido, além de serem, em parte e de várias maneiras, superpostas às nossas.

As configurações psicopatológicas foram o ponto de partida de Freud, e continuam sendo para muitos autores. As patologias, na psicanálise, não são fontes de signos empíricos de diagnose de quadros subjacentes, mas colocam em relevo o aparelho psíquico. As configurações dizem respeito aos *desenhos* criados na mente do analista pela escuta – no campo da transferência –, dando acesso, no processo de cura, às diferentes modalidades e deturpações do desejo inconsciente, e à história e aos meios de sua construção; constituem, portanto, o material de base da metapsicologia. O sintoma, dizia Pierre Fédida, constitui uma janela para o mundo psíquico. Entretanto, os meios linguísticos e as imagens do corpo teórico da metapsicologia também se nutrem de outras fontes; em Freud, são sobretudo as hipóteses e os modelos construídos acerca do ser vivo, propostos pela biologia. Esses lhe serviam de metáforas, de fonte imaginativa para suas construções, permitindo-lhe também aventar hipóteses sobre o aparecimento da vida psíquica, do homem, no reino animal.

Não obstante, tais *usos*, entre outros dos quais Freud lançava mão, são orientados e guiados pelos singulares modos de acesso (de conhecer) ao mundo psíquico, constituindo sua principal descoberta: *o método* psicanalítico. Mas o método e seus derivados aparatos e estratégias técnicas, elaborados na trajetória de Freud e de outros psicanalistas posteriores, encontram sua inteligibilidade nas coordenadas do aparelho psíquico, de seus eixos constitutivos e de suas diretrizes construtivas. O método é uma especificidade destacada da alma, mas, para sua implementação, ela necessita equipar-se das outras para atingir aquilo pelo qual os pacientes, sem o saber, nos procuram. Se o sofrimento é o ponto de sua partida para a análise, o trilhar nela propicia o encontro com as qualidades psíquicas das representações, regidas pelo princípio do prazer.

As especificidades do mundo psíquico são então entrelaçadas entre si, permitindo compreender que nossa decisão de incluir certos ensaios em uma parte ou outra não se baseia em critérios claros, mas intuitivos e aproximáveis. Escritos separadamente e pelo mesmo autor, contêm repetições. Entretanto, as reiterações devem-se a outras fontes; são fruto de ideias e eixos de pensamento que vêm se consolidando ao longo dos anos. A experiência nos enquadres de leitura, ensino e transmissão da psicanálise mostrou-nos o benefício dessas repetições para o leitor e ouvinte, especialmente quando semelhantes reiterações comparecem em diferentes contextos, e acerca de diversos temas em questão.

Em acréscimo, assinalaremos, já neste passo de abertura, dois eixos centrais que a releitura dos textos nos possibilitou constatar. O primeiro diz respeito ao trabalho feito no objeto. A psicanálise posterior a Freud revela – seja na corrente que acentuou a linguagem e a matriz simbólica da vida psíquica do sujeito, seja nas correntes que se detiverem sobre construção, crescimento e desenvolvimento de sua vida mental – uma preocupação crescente com o entendimento do trabalho *no* objeto que lhe possibilita desempenhar um papel fundamental no ingresso do recém-nascido, ou mesmo recém-concebido, no mundo humano. Implícita e explicitamente Freud tem sido criticado por não prestar suficiente atenção, de maneira sistemática e teórica, a esse papel e a essas

14   APRESENTAÇÃO

funções. À semelhança de outras "acusações" feitas a ele, essa também é descabida.

A crítica central, no entanto, é ciente, mesmo que superficialmente, das implicações de todo o tema da sedução, que iniciou a trajetória de Freud e foi mantida ao longo dela, e seus conexos "desvios" e desenvolvimentos (como o complexo de Édipo). O mote central da crítica dirige-se contra sua negligência das necessidades e busca do objeto; do ambiente e cuidados maternos; e das correspondentes funções que os últimos devem abrigar. É preciso esclarecer que tais ressalvas emanam das perspectivas de construção em que se situam seus protagonistas. Apontamos, além dos abundantes relatos clínicos na obra de Freud, três textos que constituem marcos insignes no tratamento dessa questão: *Projeto de uma psicologia* (1895), "Sobre o narcisismo" (1914) e o livro *Inibição, sintoma e angústia* (1926). O primeiro, se retomado à luz de toda a obra que o seguiu (como se costuma fazer em relação aos projetos de qualquer natureza), é talvez o mais importante ensaio nesta direção. Interessante, porém, que Freud se detém sobre o trabalho no e do objeto de maneira mais detida, profunda e consistente que outros autores da psicanálise contemporânea, como Bion e Winnicott, considerando os eixos centrais que têm sido elaborados pelos últimos.

As reiterações, há pouco mencionadas, refletem justamente o esforço de explicitar tais elementos em Freud. Nessa garimpagem, configurou-se o segundo eixo (feliz encontro): encontramos as condições de possibilidade para o trabalho no e do objeto pela exploração dos modelos econômicos na obra de Freud. Neste veio, o objeto encontra a via de entrada no bebê pela ação neste da retração – feição econômica, narcísica primária, da pulsão de morte. Eis outra torção, efetuada sobre os enunciados e as descrições freudianos, nessa dimensão de construção da vida psíquica.

Por fim, gostaria de expressar meus agradecimentos a alguns colegas e amigos que contribuíram de várias maneiras para este livro: Cintia Buschinelli, Janete Frochtengarten, Mara Selaibe e Renata U. Cromberg, cujos comentários sobre alguns dos textos inspiram-me continuamente; Luiz Carlos Uchôa Junqueira Filho, que leu os dois textos sobre Bion e apontou, no primeiro, algumas imprecisões; Luís Carlos Menezes, que me proporcionou inúmeros clarões durante nossa longa temporada de trabalho de supervisão; meus alunos e participantes, que, ao escolherem as disciplinas e os seminários que ministro na Universidade São Marcos, permitiram--me falar e, consequentemente, pensar naquilo que estava oculto em minhas divagações; Renato Mezan, pelo incentivo a publicar; Regina Romeira (editora técnica) e Norma Berger (secretária), da revista *Psychê*, que revisaram, gentilmente, o português.

Devo sobretudo aos meus pacientes, embora o que foi possível expressar em palavras seja pouco em relação à grande riqueza que me proporcionam no trabalho que juntos realizamos.

Ubatuba (SP), julho de 2003

PARTE I
Configurações psicopatológicas

A textura depressiva: histeria e fantasia[1]

Tristeza, rosto e trânsito

No rosto, uma tensão, um agito contido. João, atrasado para uma de suas primeiras sessões, toma seu lugar à minha frente depois de explicar, em seguida ao encontro furtivo de nossos olhares, sobre seu atraso: "trânsito", uma só palavra. Sentado, permanece em silêncio, embora o rosto deflagre intensa atividade, preocupação, quase tristeza. Acompanho por um certo tempo esse *trânsito* antes de intervir: "o que passa?". João abre então um leve sorriso, surpreso, como se eu pressentisse a inadvertida imagem que acabou de atravessar sua mente: "o corpo da minha avó debaixo da terra". Ele recebeu a notícia da morte dela no dia anterior, bem como um aviso sobre o enterro, no dia da sessão, na cidade natal dele. A fala se abre então sobre lembranças saudosas da casa da avó onde ele, neto amado, era deixado às suas travessuras entre os arbustos do terreno.

---

1 Publicado em 2003 na *Revista Latinoamericana de Psicopatologia Fundamental,* 6(1), p. 26-40.

Impressiona-me hoje, em uma análise já avançada, como a expansão representativa daquela sessão contrasta com o que João viria a expor como o fio condutor de sua demanda e configuração psicopatológica. Essas se remontam e aglutinam-se ao redor da adolescência, na qual convivia com uma mãe demasiadamente intrusa, pela amargura e decepção em sua vida conjugal. O pai, com grande renome em sua profissão, afastava-se para seus afazeres e aventuras amorosas.

João está separado há uma década e não teve, desde então, outros relacionamentos. Apreendi que seu casamento foi motivado não pelo desejo, mas pelo companheirismo. Um padecimento com a amiga, cuja mãe estava, naquele momento, acometida por uma doença terminal, aproximou os dois, culminando, com a morte da mãe, em uma junção matrimonial. Nas cadeias associativas de sua fala, surge fortemente a semelhança de tal entrega e simpatia ao outro com os estados e os sentimentos de piedade em relação à própria mãe da adolescência. João é bastante consciente hoje da falta de desejo no seu casamento. Este durou, porém, alguns anos até vir a se romper pela aventura amorosa – uma volúpia desenfreada – induzida, segundo o paciente, pela sedução de uma colega de trabalho. O incidente, verdadeira tempestade, e o remorso que acarretou, pela *traição* à mulher, apressaram a decisão do divórcio, bem como o impulso de se desligar da amante. Sentindo-se desestabilizado, iniciou uma terapia, na qual permaneceu alguns anos. Na primeira entrevista, João afirma que "aquela terapia me trouxe muitos benefícios, com exceção daquilo que tange aos relacionamentos", que desde então deixaram de acontecer.

O paciente transmite um ar, ou melhor, uma aparência de "bom menino, bom rapaz/adolescente". A inibição e uma certa desistência marcam seus contatos com as mulheres. No início da análise, João esteve frequentemente imerso em devaneios, nos quais ele fica rico, abandona o trabalho e o cotidiano urbano, e vive viajando para reservas naturais de países exóticos. Planos de viagem que realizou de fato algumas vezes e por longos períodos, embora fosse justamente o intenso trabalho que o tivesse salvado da solidão e de depressões agudas que o habitavam no tempo livre, sobretudo nos fins de semana.

O olhar panorâmico sobre o sofrimento de João atesta um quadro edípico clássico: o temor, de cunho adolescente, diante da sexualidade e suas conexas fantasias, em vista da ameaça incestuosa que as últimas comportam. Apesar de familiar, tal configuração nos induz a uma interrogação acerca das relações da sexualidade com a depressão; ou da relação da trajetória autoerótica da libido, e suas correlatas fantasias, com a postulação de uma função depressiva da psique.

Depressão e tristeza

Neste contexto, cabe evocar a distinção geral, no plano fenomenológico, entre dois grupos de estados associados à condição depressiva. O *primeiro grupo* pertence à série de fenômenos patológicos nos quais predominam a imobilidade, o desespero e certa desistência do universo vital. Em outros casos, a insônia, o vazio e a dispersão, no nível do pensar e da ação, tomam conta do paciente durante períodos circunscritos (em João, no final do dia e sobretudo nos fins de semana), podendo se iniciar em certo momento para se desenvolver em um quadro francamente depressivo – e até crônico – ou, outra possibilidade, como traço de caráter, passível de ser observado em algumas melancolias e casos-limite. O *segundo grupo* compõe estados de tristeza que advêm junto com uma certa abertura sobre o universo da representação, da apreensão e do reconhecimento da própria realidade psíquica (como no início da sessão relatada).

Embora os regimes sejam diferentes, tal distinção é superposta a uma outra, descoberta por Melanie Klein, entre um estado depressivo, de caráter defensivo, no interior da posição esquizoparanoide (persecutório, portanto), e outro pertencente à posição depressiva. Surge então a questão: qual seria o eixo metapsicológico para entender como o mesmo atributo – *depressivo* – integra disposições psíquicas tão opostas? Uma associada à inibição e à fuga do contato – ao empobrecimento da vida psíquica –, a outra associada à condição de sua possibilidade, ou seja, constituindo a via de acesso ao mundo representativo e suas fontes, e inscrição na fantasia e memória. Na primeira, a depressão parece desempenhar um papel de defesa; na segunda, ao contrário, de abertura sobre o reconhecimento do psíquico. Seja como for, a depressão parece se articular com uma função fundamental relativa à aquisição psíquica.

Melanie Klein foi a primeira a intuir e a substanciar clinicamente esse fato. A descoberta das *posições*, sua fina descrição em diversas situações clínicas, e da passagem de uma para outra, bem como a dinâmica que as rege, ocupou o centro de seus escritos a partir de 1935. O foco sobre a vivência e suas raízes pré-conscientes e inconscientes domina o texto kleiniano, sem que este se detenha nas possíveis articulações das diferentes classes de estados depressivos em torno de uma função genérica da depressão na vida psíquica. Somente uma exploração da dimensão econômica do projeto freudiano acerca da construção psíquica parece-nos capaz de avançar nessa indagação. Antes de tecer considerações nesse sentido,[2] é preciso tratar do assunto que nos incitou para

---

2 Exploração iniciada em outros lugares. Cf. *Depressão* (São Paulo: Casa do Psicólogo, 2000) e, sobretudo, o terceiro capítulo do livro *Depressão, estação psique: refúgio, espera, encontro* (São Paulo: Escuta/Fapesp, 2002).

este trabalho: a relação da fantasia e da sexualidade infantil com a depressão.

É interessante notar a esse respeito que, para Klein, o sujeito é desde sempre imerso na fantasia, e suas diversas modalidades regem o palco inconsciente das angústias e defesas relativas à posição esquizoparanoide, bem como seu reconhecimento e aceitação emocional (sua integração subjetiva) da posição depressiva. As diferentes feições da fantasia articulam-se nessa concepção às modalidades do decurso da libido nas fases pré-genitais, embora todas (os pais combinados, o pênis no ventre da mãe etc.) pertençam à trama edípica. Entretanto, à diferença da fantasia freudiana de desejo – matizada, também, no complexo de Édipo –, a fantasia na acepção kleiniana é de cunho estrutural, à semelhança das protofantasias freudianas: todos os seus componentes afetivos e representativos expressam e, ao mesmo tempo, são carreados pelo instinto de morte – organizados sob sua égide.[3] Nessa concepção, portanto, o sexual acaba sendo mascarado, apesar de sua presença. Já na acepção freudiana da fantasia – que impregna o sintoma e o conflito de desejo que o determina –, a atenção clínica volta-se para a cena psíquica; para a vivência inconsciente, inscrita no acervo mnêmico, na memória infantil, que se tenta flagrar na transferência.

Na clínica e no texto kleinianos, a depressão está, como vimos, tecida na fantasia inconsciente – algo que não se explicita na corrente freudiana. Entretanto, a depressão permeia a descrição clínica inicial de Freud, não só em meio ao seu esforço de isolar e demarcar as neuroses de transferência das neuroses atuais, mas no cerne daquilo que constituíra o objeto principal de sua atenção: a histeria de conversão. Pois é sobretudo com base nela que Freud

---

3   Cf. o trabalho clássico de S. Isaacs (1952). "The nature and function of phantasy". In M. Klein, P. Heimann, S. Isaacs & J. Riviere, *Developments in psycho-analysis* (pp. 67-121). London: Hogarth Press.

24   A TEXTURA DEPRESSIVA: HISTERIA E FANTASIA

descobriu e traçou as origens da sexualidade infantil, culminando na sua sistemática explanação nos *Três ensaios sobre a sexualidade* (1905). Um olhar superficial desse trajeto, que se inicia com o texto de 1886, constatará a menção de condições depressivas, descritas frequentemente como estados de *taedium vitae*, depressão e certa reclusão do meio social, além de outras inclinações de humor de cunho melancólico (*Caso Dora*, 1905), sugerindo a existência de elos de ligação entre depressão e sexualidade infantil.

A *depressão e a tela da fantasia inconsciente*

Como ilustração, evocamos a singela "terapia breve" de Katarina nos Alpes, descrita nos *Estudos sobre a histeria* (1905). Freud nota desde o primeiro momento o olhar triste e o desânimo que impregnam as feições do rosto da jovem moça. No entanto, essa compleição triste, sua *textura depressiva*, se dissipa no final da conversa com Freud: o rosto anima-se, readquirindo suas cores vivas, "naturais". Transição que se efetua em meio à fala associativa, a um encadeamento na memória de vivências das cenas sexuais traumáticas que se encontram imersas nos sintomas. O que se desvela nessa sequência é que o quadro de angústia – virginal, segundo Freud – *desenha* os elementos e as figuras que compõem a *cena sexual* entre a prima Fraziska e o pai (o ritmo acelerado da respiração; o sufocar em razão da sensação de que algo penetra na região espremida da garganta; o zumbido; o martelar que ameaça partir a cabeça; a sensação de estar prestes a desmaiar etc.) *sobre a parte de cima do corpo*, sobretudo na zona oral. Como se o rosto servisse de tela sobre a qual se condensam as cenas inconscientes – uma remetendo à outra (por exemplo, as tentativas do pai em assediar a própria filha) – e nas quais se abriga o gozo, embora este não pudesse ser aceito e apropriado pelo sujeito.

Mas se o rosto se torna tela sobre a qual se plasma a cena sexual, é o *humor depressivo que compõe sua textura*. O caráter depressivo releva uma função de contenção da violência (do sexual, nesse caso) – tornando a depressão uma espécie de textura ou argamassa, como condição e possibilidade da contiguidade espacial própria à instauração da cena psíquica, de sua realização no palco da fantasia. Entretanto, a depressão não constitui apenas a dimensão tópica, de fixação e assentamento da fantasia, mas, como palco, torna-se a condição própria do *trânsito*, movimentação, encenação e perlaboração da fantasia. Ou seja, não forma apenas o lugar, como também o ambiente e a atmosfera: a mudança de humor na cura é, como assistimos em João e em Katarina, coextensiva à lembrança involuntária, ao desencadeamento de suas cenas. As nuvens da tristeza movem-se, adensam-se em alguns lugares, clareando-se em outros, permitindo, com o surgir das palavras, a eclosão e o trabalho dos afetos. O *tempo* muda, transforma-se.

O que ocorre no âmago do trabalho depressivo – psíquico – superpõe-se em grande parte à descrição da posição depressiva. Mas vamos nos deslocar deste plano fenomenológico – da formação do espaço e do ambiente (dos processos) psíquicos – para aquele privilegiado por Freud: o do sentido, do conflito psíquico na histeria.

Como o sonho, o sintoma histérico também abriga em seu bojo cenas erguidas sobre traços mnêmicos, nas quais há a realização do desejo e a geração do gozo. O sintoma, porém, é uma formação de compromisso entre o desejo e o impasse na sua assunção. Vimos nos sintomas de Katarina a figuração do desejo feminino e os escolhos traumáticos em seu caminho. O palco de encenação situa-se no rosto e nas suas zonas contíguas, sobretudo a oral. O que expressa a referida decepção no caminho do desejo, em direção ao homem, e o recuo e/ou fixação nas moções ginecofílicas (Freud,

Caso Dora, 1905), na ligação à mãe. Certas impressões da *tristeza* de pacientes, sobretudo histéricos, desde suas primeiras entrevistas, costumam emergir em nossas mentes anos depois; trazem com nitidez a exposição nem sempre pronunciada de frustração, decepção, desgosto, desencanto e até certa amargura para com a vida, todos fortemente evocados nos *desenhos* (que nos imprimem) *de sua boca* – nas formas peculiares de suas contorções, no fechar dos lábios sobre o fundo da região que os circunda.[4] No foco consciente dessa decepção, encontram-se com frequência o homem e/ou o pai, mas que muitas vezes remontam e se entrelaçam à figura da mulher e/ou da mãe, ou são diretamente associados às últimas. No último caso, observa-se frequentemente manifestar-se um humor melancólico, que acaba por entremear as respectivas queixas.

A *função depressiva e o encontro ou a aquisição do corpo*

A tristeza depressiva alude para, e talvez coincida com, a primeira noção no sujeito de seu desenlace do objeto (seio, mãe). O que reforça nossa elaboração anterior,[5] na qual procuramos mostrar que o estado de desamparo do início da vida constitui o protótipo da feição depressiva da psique. Entretanto, as considerações feitas anteriormente em relação à histeria demonstram que a *depressão dota as zonas erógenas* (a começar pelas primeiras, da boca) de um espaço, tornando-as *moradas da fantasia ou palcos do cenário psíquico.* Dito de outra maneira, a função depressiva se

---

4 Tal impressão pictórica desta decepção e frustração desdobra-se, então, na figura da linguagem, uma vez que os adjetivos *desgosto, desencanto* e *amargura* pertencem à vivência oral.

5 Cf. Capítulo 1 de nosso livro *Depressão, estação psique: refúgio, espera, encontro* (São Paulo: Escuta/Fapesp, 2002).

encarrega da criação do *auto* da sexualidade como dobra ou bolso para habitar a fantasia, o mundo do sentido humano.

Embora a descrição freudiana da histeria de conversão já evidenciasse a importância heurística e metafórica dessas afirmações, gostaria de exemplificar com uma vinheta clínica a aquisição do corpo erógeno por meio da função depressiva: Lia é uma jovem mulher que, desde o nosso primeiro encontro (há alguns anos), tem atribuído à sua mãe a causa e a origem de seu sofrimento. De fato, a mãe guardava os passos da filha, procurando de maneira intrusa estar a par de sua "agenda" de amizades, relacionamentos e ocupações profissionais, para em seguida depreciá-los; vasculhava seus cadernos e as mensagens de seu correio eletrônico, além de ficar atenta às vestimentas e aos cuidados com o corpo da filha, desqualificando-os com frequência. Controle e dominação realizados também por meio de uma solicitação constante e delegação de pequenas e insignificantes tarefas, visando manter a filha sempre por perto.

Como em muitos episódios neste modo de envolvimento da mãe – um tanto clássico na adolescência de jovens moças –, transpareciam entre mãe e filha a erotização, a excitação, o ciúme, entre outros. Lia já havia atravessado há algum tempo a idade da adolescência, porém, qualquer palavra da mãe, qualquer convocação ("venha para cá para nós conversarmos") a desesperava, deixando--a assustada, em pânico: no vislumbre do eventual encontro, Lia ficava "acabada", "desmontada". "Tudo que eu quero é que ela me reconheça, me abrace", reclama em meio a um choro desenfreado e um tremor corporal, no decorrer dos quais procura se acalmar, envolvendo os ombros com as mãos, "ganhando" assim o almejado abraço. Essa ameaça de perda de referenciais de si, gerada pela intervenção e críticas da mãe, contrastava com a dócil e dedicada entrega de Lia às amizades e ao trabalho. A beleza física, a inteligência, a perspicácia e sobretudo sua iniciativa somavam uma presença notável junto aos outros.

"Boa menina", portanto, em busca de acolhimento, do "abraço", diante da carência, rejeição e ameaça de aniquilamento geradas pela aparente falta de reconhecimento da mãe. Contudo, a instalação no meio de outros – seja no ambiente de trabalho, seja no largo grupo de amizades que acabara de conquistar – não persistia por muito tempo: a felicidade de Lia se rompia. Algo acabava acontecendo, desembocando na demissão de seu posto de trabalho, ou desfavorecendo seu lugar no grupo, podendo acarretar na sua exclusão deste. Algo que a fofoca cotidiana tenderia a atribuir ao ciúme e à inveja que a ascensão de uma jovem bonita, vivaz e desenvolta suscitariam nos outros. Este algo, jamais esclarecido ou explicitado, abrigava os vestígios de uma *denúncia* – de ela ter provocado ou cometido um ato perverso, *sexual*.

Esta sequência, cíclica, entre a irrestrita entrega e o abrupto rompimento, repete e replica aquilo que identificamos no "roteiro" dos infinitos "romances" com a mãe. A denúncia remontava, em sua rede associativa, a um momento traumático, crucial da puberdade: Lia ficou "mocinha" muito cedo. Os colegas de classe expuseram para todos os "*modess*" que acharam em sua bolsa, insinuando seu ingresso na vida sexual e o envolvimento com meninos maiores. Quando se queixa para a mãe, esta toma partido dos colegas, mostrando-se decepcionada com Lia, acusando-a da suposta indecência e, em seguida, castigando-a pela precoce perda da inocência. Assistimos algumas vezes na sessão a evocação e, ao mesmo tempo, a transposição da reação ao rechaço da mãe (do referido período da puberdade), em uma pura atualidade da vivência – que alguns considerariam ser alucinatória – de desespero e da sensação de colapso.

Esse quadro e suas circunstâncias aludem para uma carência, em Lia, das condições necessárias à instalação da sexualidade genital que se faz anunciar na puberdade. Esses requisitos parecem constituir a grade de ternura – proporcionada pelo objeto primário – sobre a qual é possível vislumbrar as vigas de sustentação do desejo sexual.[6] A sexualidade, ao *exigir*, por assim dizer, *seus direitos*, não encontra então outra saída ou via de escoamento senão pelos canais anteriores em que ela se expressava sob as modalidades perversas e inocentes da infância – o que, nesses estágios da adolescência e da vida adulta, acarretam a alienação ao desejo.

Lia jamais admitiu sentir desejo por alguém. A promiscuidade dominou desde cedo seus relacionamentos com homens, embora ela jurasse que não era o desejo sexual que motivava as transas, mas o anseio pelo carinho dos toques, do abraço. A sexualidade, porém, transpirava de sua pele sem ela saber – ou melhor, sem ela querer saber: os estados de mente nesses envolvimentos pareciam assemelhar-se àqueles, pré-conscientes e inconscientes, dos jogos sexuais entre crianças, e como resposta a estes muitos homens (adultos) se inclinavam a querer "tocar seu corpo".

Qualquer vislumbre de desejo acarretava, como no início da puberdade, a ameaça de separação da mãe, de deslealdade a ela, conjurando, portanto, a necessidade de reafirmar sua inocência: "não sinto desejo, nem consigo me tocar [me masturbar] como as outras". Contudo, os ecos do desejo acabavam "contaminando" aos poucos suas proclamadas e inocentes entregas aos homens. A falta de subsídios autoeróticos para a configuração e a reunião de suas excitações em torno do desejo confrontava Lia com a ameaça de colapso, a sensação de desmantelamento. Nesses momentos, a depressão era passível de surgir e passar a dominá-la. As excitações,

---

6 Cf. "Sobre um tipo de degradação da vida amorosa" (1912), *ESB*, vol. XI. Rio de Janeiro: Imago, 1976.

30   A TEXTURA DEPRESSIVA: HISTERIA E FANTASIA

quando não aliviadas nas temidas atuações sexuais, convertiam-se em ocupações noturnas frenéticas em meio a uma insônia crônica.

Lia temia perder-se, seja na promiscuidade, seja no confronto com o desejo. Para se munir dos dois e evitar a área em que tendiam se fundir e confundir-se, Lia fazia, de tempo em tempo, uma tentativa de se fixar no que lhe parecia poder culminar em um relacionamento idílico, em que um homem/menino se oferecia a cuidar dela. Busca, portanto, um colo estável, visando com isso desprender-se da mãe e compensar a carência que esta lhe causou na infância: ainda jovem, Lia casou-se com um estrangeiro de um país longínquo, onde passaram a residir. Mas essa morada "com o príncipe" foi logo alvo de crítica e ataques da mãe, "da bruxa". Lia precipitou-se, então, em uma depressão aguda e prolongada; foi internada e tratada durante alguns anos com antidepressivos.

Omitimos até o momento a menção das reverberações de seu sofrimento no tratamento conosco, bem como dos desdobramentos das referidas oscilações no campo transferencial. Não pretendo adentrá-las, mas apenas relatar que, à medida que o desejo ameaçava surgir na transferência, Lia não suportava de início qualquer enunciação dele e recorria a um dos meios de fuga narrados anteriormente. Em um período avançado da análise, prefiguraram-se, na esteira da renovada expressão e emergência do desejo, certas condições internas para sua sustentação e disponibilidade para o trabalho terapêutico. Mas, em vista da aproximação de meu período de férias, Lia acabou se envolvendo, talvez por vingança a minha ausência, com um ajudante do trabalho, doze anos mais jovem que ela. O namoro adquiriu inicialmente o padrão maternal já descrito. Seguiu-se então um período relativamente longo, de um ano, que revelou ser um tempo de incubação importante no processo de aquisição de referências, do corpo. Em um dado momento, a relação com o rapaz atingiu seu ponto de saturação.

Certa manhã, chega para sua sessão com os olhos inchados. Relata que, na véspera, rompeu definitivamente com o namorado; que ela chorou a noite inteira, que estava desesperada e não sabia se conseguiria aguentar a situação da separação. O contato com ela, nesse momento, faz suspeitar algo de diferente. Lia segue então falando de um sonho em que se vê sentada na poltrona da sala e avistando uma aranha enorme – na forma de uma bola e da altura de uma criança – aproximando-se em sua direção. Ela é tomada inicialmente por um susto, pede socorro, chamando pelo pai, que ela assume estar no quarto ao lado. Nesse intervalo, a criatura se aproxima e Lia enxerga, através das teias e braços da bola/aranha, um *corpinho* de criança vestido de camiseta e calção de cores vivas. O susto dá lugar à alegria de uma surpresa, e eles, Lia e a aranha/criança, cumprimentam-se em diversas línguas que ela domina. Nesse momento, o ambiente da sessão se transforma. A paciente é mais presente, seu rosto anima-se, os olhos começam a desinchar e a voz readquire os tons vivazes e alegres de quem acabou de reencontrar um ser querido.

Trata-se, a nosso ver, do encontro com o próprio corpo, da sua aquisição psíquica. Faltavam-lhe antes registros autoeróticos – de si, do corpo. A imagem do corpo escondido nessa bola de infinitos e finos braços ou teias de aranha é bastante sugestiva. A aranha figura uma região *rarefeita* – que pressentia existir nela a urgência de se tocar –, em vez de um corpo do qual noção momentânea tentava tomar posse, como a criança, pelo abraço concreto de um outro. Quando apontamos a descoberta do corpo, ela acrescenta que, de manhã, diante do espelho, notou-se satisfeita por possuir um corpo bonito. Não foi também por acaso que tal aquisição ocorreu no sonho, em meio ao endereçamento ao pai. O que assinala, como bem atestam as histerias, os primeiros gestos no difícil caminho da menina em direção ao desejo e sua diferenciação feminina.

Anunciou-se então a descoberta de um novo e significativo atalho de sua análise.

A depressão na controvérsia sobre as origens da vida psíquica

Na indagação sobre a relação entre a sexualidade e a depressão, descobrimos que a última forma uma espécie de tela, espaço e ambiente para a cena psíquica; a depressão parece fornecer as condições necessárias à emergência da fantasia inconsciente. Não surpreende que a histeria aponte novamente para a coincidência dessa tela inicial com o rosto. O rosto tem sido identificado em várias manifestações culturais como espelho da alma, e como bússola para identificar os humores do sujeito. O rosto constitui a *paisagem* do encontro com o outro, mas é em um sítio central deste, *na boca*, que confluem de início os registros do sentir, da degustação deste encontro. *Encontro*, frisamos, mesmo se a fusão persistisse aí, para um ou ambos os corpos, em certo grau e durante certo tempo.

Arguimos que a função depressiva cria o palco da fantasia, mas são a libido e o princípio do prazer que constituem, respectivamente, o capital e a tendência da condução da cena psíquica. Nesse trajeto, a função depressiva encarrega-se do registro e da apropriação dessa economia; permite a aquisição autoerótica do corpo.

A função depressiva resulta, no plano econômico, da predominância da moção centrípeta – oriunda da tendência mais primitiva que, segundo Freud, opera para além do princípio do prazer – sobre as moções centrífugas, das exigências pulsionais, sobretudo a sexual. Dialética que, em sua imagem vetorial e geométrica (centrípeta *versus* centrífuga), é a um só tempo tributária da criação de um *espaço* e, em vista da predominância da moção centrípeta, de um *apelo*, de um grito endereçado ao objeto[7] – que instaura o entrelaçamento e a imbricação das dimensões narcísica e sexual da vida psíquica.

Essas conclusões de ordem econômica elaboradas em trabalhos anteriores permitem postular que, nos primórdios da vida, a feição narcísica pertencia à criação da tela depressiva, evidenciada inicialmente no rosto, do encontro com o outro. Já a fronteira seio-boca e as regiões corporais que as ancoram formam as zonas nas quais brotam os investimentos iniciais da libido que a função depressiva e sua solicitação ao objeto permitem converter em referências autoeróticas do corpo. Deixamos de lado, neste resumo, a função central do objeto em seus diversos aspectos.

A depressão demonstra, então, seu elo direto com o psíquico porque cria uma tela como condição da instauração da cena psíquica da fantasia. Como tentei mostrar neste trabalho, certas e centrais configurações da histeria de conversão, nas quais o desejo encena-se na região de seu impasse (no ponto de origem da ligação à mãe) – ou seja, na parte de cima, do rosto e da zona oral –, ilustram a aliança entre a tela depressiva e a condição de possibilidade do universo representativo. Entretanto, os elementos e a estrutura edípica, que os ordenam em uma cena psíquica, vêm de fora; são propostos pela cultura e infiltrados no meio humano. Alguns objetariam, no entanto, e por razões diferentes, que a introdução do Édipo significa que este já abriga em seu bojo a função depressiva, o que dispensaria todo o arrazoado econômico exposto.

Vale, a este respeito, lembrar que M. Klein tentou, já em 1945, associar a posição depressiva com a instauração da trama edípica. Mas foi P. Fédida quem elaborou recentemente a *depressividade* em função da matriz edípica, no contexto mais abrangente

---

7 Cf. nosso livro *Depressão, estação psique: refúgio, espera, encontro* (São Paulo: Escuta/Fapesp, 2002).

34 A TEXTURA DEPRESSIVA: HISTERIA E FANTASIA

da instauração da vida psíquica. No capítulo "A depressividade da fantasia – luto e depressão" de seu livro sobre a depressão,[8] ele retoma o mito do assassinato do pai como eixo constitutivo da matriz edípica, para associá-lo ao papel fundamental da depressão para a fantasia. Com isso, Fédida polariza o debate na psicanálise sobre a instauração da vida psíquica: ele amplia a ideia freudiana de que o objeto, a mãe, destaca-se por ser mensageira da castração, na medida em que seus cuidados são permeados pela "notícia" da morte do pai da cultura. O luto do mito se torna, no sujeito, a função fundamental, depressiva; uma geometria invisível que passa a reger a estrutura e o ambiente da psique, bem como os do espaço analítico e dos lugares de seus agentes.

Fédida utiliza-se desse desenvolvimento em torno da relação da depressão com a realidade psíquica para se opor novamente à difundida e conhecida concepção, presente na escolas inglesas e americanas, de que os aspectos fenomenológicos e psicológicos do sujeito são consequência não de uma operação de mensagens simbólicas, mas de um *desenvolvimento* no qual o objeto desempenharia funções interativas com o bebê para possibilitar a construção de seu *ego* e seu *self*.

A controvérsia em torno da emergência do sujeito opõe uma operação regressiva, de cima para baixo – da matriz simbólica, transmitida pela mãe, agindo ou operando sobre o recém-nascido –, a uma outra que se desenvolve de baixo para cima; uma constituição *versus* uma construção; uma operação *a posteriori versus* um avanço vetorial do tempo etc.

O desenho econômico que fornecemos sobre a constituição da tela depressiva presta-se em parte à crítica de Fédida, uma vez que a dimensão econômica só pode se articular em uma visada

---

8 Cf. P. Fédida (2001). *Des bienfaits de la dépression: éloge de la psychothérapie.* Paris: Odile Jacob.

progressiva. Já a controvérsia só nos interessa na medida em que serve de pano de fundo para o diálogo com Fédida em relação ao papel da depressão para a fantasia inconsciente.

O estabelecimento do elo entre depressão e psiquismo em torno do mito do assassinato do pai, do luto e da sepultura parece-nos fundamental e indispensável – sobretudo na escuta, na clínica. A sequência com que abrimos esse pequeno ensaio atesta para isso: a imagem da avó sepultada de João passa a formar o sítio côncavo do trabalho depressivo, no qual começam a emergir a memória e sua conexa malha representativa.

Mencionamos também um momento da análise de Lia, algumas semanas após o sonho da aranha, no qual narra-me aos prantos, no início da sessão, o incidente da véspera – este que fora intolerável e humilhante para ela. Conversava com um homem perto de sua própria casa quando sua mãe aparece inesperadamente e começa a brigar com ela na frente de um desconhecido. Na mesma noite, Lia sonha com corpos mutilados e espalhados entre os destroços de prédios que sofreram um atentado, uma explosão (o sonho contém, como ressalta a paciente, os restos diurnos, de um mês antes, do histórico atentado sobre as torres em Nova York). Lia se vê então vagando nesse cenário horripilante para, depois de um determinado esforço, encontrar debaixo dos escombros o caixão de sua avó paterna. Querida e inestimável na vida da paciente, essa avó (imigrante) morreu no período próximo do incidente traumático da puberdade relatado. Lembro-me de uma sessão do segundo ano da análise, na qual Lia, ao atravessar um momento de extrema turbulência, provocado por um dos incidentes rotineiros com a mãe, passa a tremer e pede desesperadamente para sentar em meu colo, o que figurava uma demanda de restituição narcísica do corpo. No dia seguinte, comentou que meu colo se assemelhava ao da avó estrangeira da infância, que foi tão diferente do da mãe...

Os dois episódios ilustram, de forma quase concreta, a concepção de Fédida sobre o trabalho depressivo como via de acesso e de emergência do corpo psíquico. No entanto, esse veio simbólico parece-nos insuficiente para dar conta da depressão e do psiquismo. Fédida, no referido capítulo sobre a depressão e o luto, e com base em ensaios de Freud sobre a guerra, discorre sobre o surgimento do sujeito no e por meio do luto pelo pai. O luto representa o esforço de conservar e salvaguardar – como no ato de sepultar – o corpo do morto, o que significa uma defesa diante do horror da *decomposição* do corpo na morte. O luto constitui-se no eixo vertical contra o fantasma melancólico de desagregação e putrificação do corpo.

Consideração que demonstra, portanto, a sólida aliança dessa defesa, no luto, com o estado de desamparo inicial do ser que é o protótipo da depressão – a depressão originária.[9] O estado de desamparo cria-se em meio a uma *defesa* ante a *violência* das exigências pulsionais e da intrusão do ambiente, sensório e objetal; defesa que se vale, do ponto de vista econômico, da predominância da moção centrípeta sobre as forças centrífugas oriundas dessa violência. Conforme explicitamos, essa economia é tributária de uma disposição dinâmica figurando um *espaço*, isto é, da tela depressiva. O desamparo é sentido como tal pela ameaça de desagregação e decomposição, da morte. Eis a aliança e a complacência – melhor dizer o encontro – entre o plano simbólico/mítico (luto) e o das forças (determinante do desamparo).[10] Portanto, preconizamos haver, na emergência e condução da vida psíquica, uma espécie de *complementariedade* entre o eixo constitutivo e o construtivo, entre a linguagem e a economia (das forças e tendências). A *depressividade* é seu ponto de articulação e de determinação do psíquico.

---

9 Cf. Capítulo 1 do nosso livro *Depressão, estação psique...* já mencionado.

10 Nas últimas linhas do livro *O eu e o isso* (1923), Freud estabelece essa mesma relação ao ligar as saudades do pai com o anseio pela mãe na situação do desamparo de origem.

E mais um exemplo. Embora adotasse a concepção de transmissão de função psíquica nas trocas mãe-bebê, Bion afirma que a *rêverie* é condicionada pela configuração do terceiro no inconsciente materno: a mãe só seria capaz de *rêverie* – e, assim, de prover ao bebê ferramentas psíquicas para lidar com as angústias e agonias intensas do início – se amasse o pai ou se amasse o bebê como um ser separado.[11] Eis então a demonstração do manejo de elementos e processos de ordem econômica na relação mãe-bebê por aqueles oriundos do aporte mítico/simbólico do inconsciente da mãe, possibilitando a criação, no sujeito, da esfera do sentido e da representação.

A histeria de conversão ilustra exemplarmente a formação da tela depressiva como sítio de ligação e de gozo primário com o objeto. Tela que serve de palco para a cena do conflito, do desejo na fantasia – do mundo da representação, da vida psíquica. Nota-se a superposição desse gozo oral – realizado em uma fantasia genital – com o narcisismo, que revela a feição positiva da libido, do gozo do encontro com o rosto/seio da mãe. No entanto, este é sustentado sobre um campo ou tela de tensão depressiva, constituída pela reação à ameaça de desagregação gerada pelas moções centrífugas – uma defesa instituída graças à predominância da moção centrípeta. Feição *negativa* essa do narcisismo primário, que se ergue sobre a ameaça e o horror do buraco melancólico...

---

11 Cf. Capítulo XII do *Learning from experience*. London: Karnac, 1962/1989.

Entre metáforas, formas e sensibilidades psíquicas

Uma das novidades principais trazidas pela psicanálise foi a descoberta de que os fenômenos, as condições e os estados psicopatológicos – pontos de partida da empreitada freudiana – representam e abrigam em si as formas e as figuras da vida psíquica e de seu funcionamento. Neste capítulo, procuramos ilustrá-las em relação aos quadros de depressão e melancolia.[1]

Entre depressão, estado e formas da psique

A atenção renovada às configurações clínicas da depressão surge, na psicanálise, em associação às patologias *borderline* pelas quais ela vem manifestando, desde os anos 1950, um interesse crescente. Pierre Fédida se ocupou da depressão por mais de

---

1 A seguir, retomaremos os eixos centrais das ideias expostas na nossa introdução ao livro *Depressão*, de Pierre Fédida, que organizamos para a editora Escuta (publicado em 1999), e no posfácio que dedicamos ao livro de Ana Cleide Guedes Moreira, *Clínica da melancolia* (São Paulo: Escuta/Edufpa, 2002).

trinta anos; daí talvez seu longo "namoro" com a fenomenologia que, segundo ele, "foi solicitada pela depressão em seus próprios atos de compreensão do fundamento temporal da subjetividade".[2] O ponto de saída e de chegada dos escritos desse autor concerne a apreensão do psíquico no qual o tempo, como lembra-nos Pontalis, é *outro*, é um outro tempo e, ao contrário do tempo dos prenúncios tecnológicos, o da *estação* da psicanálise é "este tempo que não passa".[3] Reside nesse aspecto toda a relevância do fenômeno depressivo em que se encontra o seu estreito liame com o psíquico.

Na presença do deprimido, e dos doentes de depressão, sentimo-nos frequentemente destinatários de um aviso sobre o "fechamento do tempo" em seu terreno psíquico. Esta parada, imobilidade, fisgo e fixidez da vivência depressiva, em suas variadas formas, colocam o terapeuta frente aos mais áridos e penosos desafios da transferência. Se somos, como parece, "convidados", e quase incitados, a recolher-nos e nos ver livres deste "breve" convívio com o deprimido, cabe por outro lado perguntar se essa vivência não nos convoca, pela sua própria natureza, para uma das formas mais primitivas daquilo que constitui nosso alvo de interesse e intervenção, e que chamamos de *psiquismo*. Pois este *tempo parado* talvez exponha o lugar e o espaço, o *fundo* em relação ao qual ecoa o tempo da *psique*. Imobilidade que talvez denuncie algo errado na constituição desta *tela* sobre a qual se inscrevem o sonhar e o brincar, próprios da linguagem – do tempo psíquico.

Talvez seja este o tecido basal que condicione o tempo da psique, constituindo a dimensão fenomenológica daquilo que foi batizado de *tópica* – o *negativo* ou o palco do acontecer psíquico. Pierre Fédida o tem formulado em termos da vivência depressiva e sua fenomenologia do vazio: a "*depressão* define-se por uma posição

---

2 Cf. Fédida, P. (1999). "O agir depressivo", em: *Depressão*. São Paulo: Escuta.

3 Cf. Pontalis, J.-B. (1997). *Ce temps qui ne passe pas*. Paris: Gallimard.

econômica que concerne uma *organização narcísica do vazio* segundo uma determinação própria a inalterabilidade tópica da psique. . . . Psique – metáfora depressiva do vazio", ou ainda, "o vazio – protótipo depressivo do espaço psíquico" (grifos nossos).[4] Em "O agir depressivo", no qual estende-se sobre um paciente deprimido, ele diz que "a depressão é uma *figura do corpo* . . . considerada como o *limite que define a vigilância de um vazio chamado psique.* Psique – metáfora primitiva de toda depressão" (grifos nossos).

Essas formulações de Pierre Fédida, que foram tecidas, nos textos da coletânea *Depressão* – extraídos do livro *L'absence* (Gallimard, 1978) –, na sequência e em relação a várias ilustrações e algumas vinhetas clínicas, apontam para a afinidade profunda e íntima que o fenômeno depressivo tem com aquilo que designamos como psíquico. O autor menciona, por meio de Didier Anzieu, o testemunho de Freud de que foi levado a empreender sua autoanálise em razão de suas depressões. Pensamos que grande parte do pensamento de Fédida em torno da depressão nesses últimos vinte anos pretende mostrar como o fruto cultural dessa autoanálise, ou seja, o aparelho psíquico, é coextensivo a uma ideia de depressão.

Embora gerais, essas constatações visam ressaltar que a depressão talvez seja o sintoma – preferimos dizer, o fenômeno – paradigmático da psique em sua totalidade, do mesmo modo que o foi o da conversão histérica para o autoerotismo e a sexualidade. Se o pensamento sobre a depressão começou na psicanálise um pouco mais tarde em relação aos outros quadros – gerados, aliás, nos e pelos gritos da pulsão sexual –, é porque a depressão tange a invisível forma de base, aquilo que se situa no *negativo* do psiquismo. Tal transitividade entre depressão e psíquico em Fédida não é, e não pode ser, desvinculada de uma apreensão fenomenológica do viver depressivo. O autor é conhecido pela maneira como vem

---

4 "O grande enigma...", em Fédida, P. (1999), op. cit.

recrutando a abordagem e os meios do método fenomenológico a serviço do pensar metapsicológico, além de acentuar, mais que outros, o modo como a imagem do vivido (a linguagem) torna-se, no analista, o veículo da transferência e o recurso de acesso a ela.

Esse gênero do pensamento jamais cede à coerência articulada de um raciocínio, mas abre-se constantemente para as imagens e figuras do vivido. Eis o modo de a poesia e a fenomenologia entre-mearem o tecido metapsicológico, temperando o rigor com que o autor se fia às buscas e aos questionamentos da feiticeira freudiana.

A ênfase sobre esses dois aspectos – a apreensão psicopato-lógica sendo a via de acesso às engrenagens do aparelho psíquico e, para tanto, a imprescindível disponibilidade, no analista, dos recursos poéticos e da atenção fenomenológica – tem uma rele-vância particular em relação à depressão, embora esta como que "fizesse tudo" para "despistar" qualquer vestígio, ou "desanimar" qualquer suspeita de que pudesse guardar em seu bojo o essencial vivo do psíquico (Fédida vem utilizando ultimamente a expressão *vivo inanimado* em relação à depressão). No último e mais exten-so e denso ensaio da referida coletânea ("O vazio da metáfora e o tempo do intervalo"), no qual se encontra uma visão de conjunto sobre a depressão, Fédida traça esses múltiplos elos que acabamos de apenas apontar, ou seja, entre a depressão e seu vazio, e sua re-lação com a psique e a linguagem, detendo-se também sobre as correlatas implicações para a teorização e a psicoterapia.

Por seu impacto, a depressão tende a despertar o interlocutor para o movimento, seja em uma apressada atividade interpretati-va, seja em atitudes condizentes com o senso comum, em que se busca afinal *animar* o doente. Além da agoniada imobilidade, da qual tornamo-nos prisioneiros e tentamos nos livrar por meio des-sa passagem ao ato, a opacidade e o desânimo que imantam o corpo do deprimido impedem, à primeira vista, a mínima transparência do desenho psicopatológico que permitiria vislumbrar a disposição das "peças e componentes" do mundo interno. Situação que favorece a atitude de um grupo de colegas para quem tudo que diz respeito à metapsicologia e ao aparelho psíquico é por demais "teórico" e não se coloca em questão: o importante é a "dupla", a "relação", "o que fazer; o que dizer" etc. A sustentação teórica se limita, no seu caso, a estabelecer os fundamentos da técnica e suas finalidades.

O fenômeno que acabamos de evocar, referindo-se à maneira como o estado depressivo nos impele para a "ação", reflete uma característica essencial e paradoxal da depressão: a imobilidade e o amortecimento articulam-se no sujeito a uma violenta aflição, a um agito e excitação internos. Imagem que não é distante daquilo que entendemos por traumatismo ou reação traumática. Como se a imobilidade depressiva fosse a única medida defensiva a tomar perante uma violência indomável, uma ameaça de aniquilamento. Entende-se por que são fadadas ao fracasso as tentativas apressadas de reanimar o deprimido. Uma cura repentina seguida de tentativas, por vezes bem-sucedidas, de suicídio ou o desencadeamento de uma melancolia aguda não são ocorrências raras.

No entanto, essa descrição um tanto esquemática não faz justiça aos múltiplos estágios e formas pelos quais realiza-se e manifesta-se essa dialética depressiva, entre imobilidade e movimento. As vinhetas clínicas principais trazidas por Fédida dão mostras dessa variabilidade. Mantendo-se ainda no plano descritivo, assinalamos, também, uma espécie de cisão, um descompasso interno, que caracteriza esse estado, em que o sujeito se torna espectador imóvel e solitário de um cenário acelerado, incendiado. A impregnação nesse cenário matiza-se, em geral, em torno de uma figura significativa. Esse cenário, porém, não é necessariamente populado. Muitas vezes, a depressão e sua imobilidade fascinada sobrevêm após um período no qual o sujeito é tomado de um agir alucinado, por vezes agressivo, em relação ao qual se reconhece, *a posteriori*, alienado; como se fosse situado naquele período no centro do agitado cenário, ou tivesse encarnado a viva figura que, sentindo-se imóvel, o impregna agora.

Percebe-se, então, como desponta, em meio a esta agitação aflitiva e a cisão violenta do tempo no interior do sujeito, o *outro* e seu papel especular na montagem dos emblemas narcísicos da constituição do eu. Todos os relatos clínicos trazidos no livro de Fédida remontam às inscrições das variadas formas de carência deste *duplo* do espelho de origem. O fracasso do ambiente de origem em fornecer o suporte e o meio de perlaboração da violência psíquica primordial, oriunda da pulsão e das fontes sensórias, permite compreender porque a depressão acarreta deficiências na função principal da vida psíquica, que é a da simbolização da ausência. Como se a depressão acenasse e apelasse, por meio de sua imóvel e fixada absorção, para uma falta nesse fundo de origem, necessário à continência da violência para transformá-la em *tempo*, em intervalos e pausas silenciosas da linguagem. Entende-se por que a falha depressiva concerne a dificuldade em reter a presença do ausente – em constituir o objeto interno –, o que dá sentido a uma série de inibições da condição depressiva, como a dificuldade de se engajar nas permutas e trocas identificatórias, habilidades adquiridas no brincar da infância. Inibição associada a uma outra feição, mais geral, da doença que revela uma desarticulação subjetiva do tempo, na qual o sujeito torna-se desprovido dos sistemas integrativos dos movimentos temporais em relação ao seu próprio corpo e suas ações, e na relação com os outros.

O desejo de dormir, o desejo de morrer, o sono insone, o fascínio pelo morto, e ao mesmo tempo a sensação de se tratar, na depressão, de uma morte impossível, colocam o vazio depressivo em relação direta com a zona de adormecimento – membrana das *trocas* com o ambiente, constituída pelo e por meio do objeto de origem.[5] É esta região, a do sono, o enquadre narcísico primário para constituir o sonhar e para a instauração autoerótica do mundo fantasmático, do psiquismo. Essa zona ou região funda o *negativo* – o espaço dos lugares possíveis ou a tela, determinante do movimento e do desenrolar do tempo – da psique, do qual emerge e para o qual aponta o grito aprisionado do depressivo. Nas palavras de Pontalis, *o tempo que não passa* do inconsciente não é a negação do tempo que passa, ao contrário, é sua condição: é a realização do seu transcorrer. Não surpreende que a necessidade de se refazer essa malha, restituir a tela de fundo, levou Fédida a dizer recentemente que é preciso constituir o leito, um lugar de repouso, para a depressão.

A depressão pressupõe, então, uma depressividade fundamental da psique, o seu negativo constituinte, e que é constituído por meio do ambiente de origem. Fédida tem formulado tal depressividade como metáfora primitiva da psique, que seria o vazio criativo do intervalo, do tempo da linguagem e do brincar.

O caminho que traçamos para a depressão configura um aparelho psíquico cujos caráter e função primários são defensivos por excelência: visam à contenção, ao espaciamento e ao dar forma aos afluxos internos e externos. É para onde o próprio Freud é levado a partir da segunda tópica. Tudo isso não é alheio à posição depressiva de Melanie Klein e à sua contribuição em geral, e é, a nosso ver, especialmente próximo às contribuições de Bion, além de ser manifestamente inspirado em Lacan e Winnicott e apoiado nas correlatas contribuições de Lewin e Khan, entre outros. Entretanto, Fédida insiste, nesse trajeto, em algo que o torna bastante crítico a quem desrespeita a distância que a linguagem impõe, a

---

5   Cf. Fédida, P. (1977/2014). "Le conte et la zone de l'endormissement". In *Corps du vide et espace de séance*. Paris: MJW Edition.

quem transforma a metáfora em modelo ficcional ou em uma ficção de um modelo. A violência feita à linguagem, neste caso, se associa à da depressão, não dando tempo para a constituição do tempo da psique.

Melancolia e sensibilidades psíquicas

Freud, desde o início de sua trajetória, que podemos situar grosso modo entre 1886 e 1894, delineou o psíquico em relação a uma *defesa*, abrindo-se em seguida, entre 1895 e 1920, sobre um longo e importante período – o mais conhecido e específico ao campo psicanalítico, e jamais superado – marcado por desejo, representação e linguagem. Esta mudança de enfoque, da defesa para o desejo, sofre uma inversão no trecho final da obra, de 1920 a 1939, com a introdução da pulsão de morte, a revisão da teoria da angústia e a articulação desta com o estado originário de desamparo. Nesse período final, o desejo, a linguagem e a economia (subjacente a eles) acabam sendo – com a descoberta da tendência à aquiescência narcísica (princípio regente da pulsão de morte) – circunscritos em um terreno, figurando assim a função defensiva, portanto imunológica, do aparelho psíquico.

Nas cartas, manuscritos e primeiros artigos de Freud nota-se uma oscilação constante entre doença orgânica, neurose atual (marcada pela disfunção sexual) e as diversas classes e/ou estados depressivos que nelas se apresentam. Movimento esse que acompanha *pari passu* os mal-estares que o próprio Freud atravessa, seja nas frequentes enxaquecas das quais sofre, seja em seus distúrbios cardíacos, todos associados a suas depressões. Na medida em que destaca e separa as neuroses de transferência das neuroses atuais, ele depura mais nitidamente a melancolia das classes depressivas. Nesta demarcação, entre neuroses atuais e de transferência, surge uma classe intermediária, as neuroses narcísicas – cujo exemplo viria a ser a melancolia –, situadas entre as neuroses de transferência e, de outro lado, coladas, *beirando* as neuroses atuais (imersas no domínio orgânico).

O período em questão, 1894-1895, é crucial para o nascimento da psicanálise. O *Manuscrito G* (Melancolia), de 1895, ilustra justamente como a melancolia permitiu a Freud circunscrever o universo psíquico em relação à estase somática sexual: da inicial mescla neurossomática – disfunções sexuais acompanhadas de sintomas físicos e mal-estares tingidos de ansiedades e humores depressivos –, surge, pela ocupação com a melancolia, um esquema tópico, dinâmico e econômico bem sofisticado, no qual se distingue de um lado o *grupo psíquico* que compõe a rede representativa, e de outro o *órgão terminal,* somático sexual. Entre esses domínios traçam-se as vias dinâmicas e econômicas – qualitativas (sensações de volúpia ou repulsa etc.) e quantitativas (energia libidinal) – organizando o sujeito em direção ao objeto de desejo, situado no mundo externo. Ver-se-ia então que esse modelo, denominado *desenho esquemático da sexualidade,* é por excelência psicossomático; nenhum alheamento há entre os dois universos – ao contrário, fica implícito que o psíquico brota do somático, permanecendo atrelado e fomentado por ele. Tal concepção, postulante de um só sistema que engloba o psíquico e o somático, e ao mesmo tempo traça entre eles uma fronteira, uma zona de limite, funda a psicanálise; persiste ao longo da obra de Freud, sobretudo pelo regime pulsional.

O *Manuscrito G* resulta ou é coextensivo à distinção das diferentes classes das neuroses. O trauma sexual na histeria e suas correlatas modalidades defensivas (supressão e transformação do afeto e recalcamento representativo), presentes em todas as neuroses de transferência, e de outro lado a rejeição da realidade nas alucinações psicóticas (descobertas e elaboradas respectivamente no trabalho sobre a histeria junto com Breuer, e no primeiro artigo sobre as neuroses de defesa), são todos contemplados no *Manuscrito G*, justamente para situar a problemática da melancolia, e desta vez com mais precisão, em relação às neuroses atuais que figuram um mosaico de oscilações de humor, sobretudo depressivo. Toda essa estrondosa marcha de Freud, que passa quase desapercebida, condensa-se nesse desenho da melancolia.

Vale destacar, nesse período, um ponto relacionado ao desafio ao qual Freud tornou-se sensível: diante da indistinção inicial da sintomatologia depressiva e o derivado questionamento – se essa pertencia às neuroses atuais ou à melancolia própria –, ele percebeu que nem a investigação laboriosa das impressões traumáticas de cenas sexuais infantis, tampouco a diferenciação entre as várias modalidades de defesa – supressão, recalque dentro ou fora (rejeição, forclusão) – poderiam fornecer uma inteligibilidade satisfatória para tal diferenciação. Outra dimensão precisou ser levada em conta, em vista de certo "desperdício" de energia libidinal – impossibilidade de sua utilização – que se deve, nessa patologia, às deficiências estruturais e não apenas operacionais. O que permite efetuar a distinção entre a neurose atual e a narcísica: a frigidez ou a anestesia remete a uma deficiência no órgão terminal (somático), causando certa escassez na condução da energia sexual para o grupo psíquico, ao passo que, na melancolia, um buraco semelhante encontra-se no seio do grupo psíquico, de modo a tornar o afluxo libidinal inutilizável, tendo, portanto, um efeito de excesso, pois não absorvível nem metabolizável pelo psiquismo. Ou, sob outra ótica, causando um sofrimento, como em uma ferida aberta, no qual há evasão, uma hemorragia psíquica – os dois efeitos são responsáveis pela morbidez melancólica.

Já que as neuroses de transferência são ancoradas nas atuais, as últimas constituem predisposições para as primeiras, embora os regimes de sua manifestação sejam distintos. A mesma contiguidade – das doenças orgânicas, neuroses atuais e narcísicas – fora retomada vinte anos mais tarde com a introdução do conceito de narcisismo e o marcante texto *Luto e melancolia*, estendendo-se até 1920, com o destaque das neuroses traumáticas de guerra como grupo específico das neuroses narcísicas. Quanto à ligação entre o rebaixamento significativo do tônus libidinal, a depressão e as neuroses atuais, nada mais elucidativo que o clássico texto de Pierre Marty sobre a *depressão essencial* como fundo dos distúrbios psicossomáticos.[6]

A melancolia surge, então, como divisora de águas entre as neuroses atuais e as de transferência. Nesse estágio, a confecção da obra centra-se ainda no plano das engrenagens, no mapeamento descritivo da colheita clínica em modelos aparentemente mecanicistas do psiquismo. A introdução do discurso de sentido que batizará oficialmente a psicanálise tardará a comparecer por mais alguns anos. Entretanto, é a melancolia o eixo de sua constituição. Ao se ocupar com a histeria, as obsessões e as fobias, Freud sempre as mede em relação à melancolia para a construção do esquema sexual do aparelho psíquico e a diferenciação das neuroses e seus mecanismos. Nesse aspecto, estamos de pleno acordo com a afirmação encontrada no livro, citado anteriormente, de Guedes Moreira em relação ao motivo pessoal que levou Freud a se ocupar com as melancolias. A leitura das cartas da juventude entre Freud e E. Silberstein aponta para isso (a identificação com o tormento de Werther de Goethe), bem como a correspondência com sua noiva, e mais tarde com Fliess, no decorrer de sua autoanálise,

---

6   Marty, P. (1966). "La dépression essentielle". *Revue Française de Psychanalyse, 32*(3), p. 595-598, 1966.

e as preocupações com suas doenças e depressões. A melancolia, porém, não foi apenas um fator pessoal, agindo nos bastidores da confecção teórica do ateliê de Freud, mas constituiu a peça e o eixo centrais na montagem dos esquemas das engrenagens do psiquismo. Esses modelos, por excelência psicossomáticos, têm imensa relevância na *associação* que Guedes Moreira tenta estabelecer entre Aids e melancolia.[7]

A autora preferiu seguir outra trilha, para a qual Freud se desloca alguns anos mais tarde, instaurando a psicanálise em torno do discurso de sentido e seu plano cênico. Concordamos com ela que a suspeita obsedante de Freud, que o atormentava desde a adolescência, de ser portador de uma melancolia insidiosa, herdada, só se submete a um verdadeiro trabalho psíquico com a morte do seu pai – o trabalho de luto –, permitindo-lhe colocar a intuição e as observações que obteve na clínica e pesquisa da histeria a serviço da análise, para se defrontar com sua "neurótica", e descobrir por meio dela o complexo nuclear, edípico, do universo psíquico. Trata-se de outro patamar no qual o sentido – do desejo, sonho e linguagem – empregna as vivências, revelando ser organizador do universo psicológico. No entanto, a retomada dessa via mestra da psicanálise, que faz a autora discorrer com base em Édipo sobre o superego, o narcisismo, a horda primitiva e o assassinato do pai, não traz qualquer arrazoado, não estabelece qualquer elo direto com a suscetibilidade somática do sujeito.

Antes de examinar o percurso da tese de Guedes Moreira, vale enfatizar que os referidos modelos mecanicistas – estimulados inicialmente pela inquietação com a depressão e a melancolia e sua associação com as neuroses atuais – jamais foram exilados do terreno freudiano. Ao contrário, permanecem no plano e registro das pulsões que passam a ocupar o centro da obra na transição para a

---

7 *Op. cit.*

segunda tópica. E mais, já na esteira da instauração do campo do sentido (em *A interpretação dos sonhos*), o *Projeto de uma psicologia*, redigido nove meses após o *Manuscrito G*, e constituindo a continuação direta do último, no qual delineia-se um projeto ousado de fornecer uma descrição não só estrutural e econômica, mas da emergência, costura e formação do grupo psíquico do eu com base em suas duas e entrelaçadas fontes: as pulsões ("necessidades vitais") e o objeto. Tal empreitada é consequência direta da descoberta de que, na melancolia, o buraco ou a ferida encontram-se no seio da malha psíquica do eu. No *Projeto...*, a cena com o objeto já não é mais estritamente sexual, mas se desloca para a relação com o seio – o psiquismo formando-se em meio às pressões oriundas dos universos pulsional e sensório, fundindo-se também às que se originam do próprio objeto (o objeto "hostil" e/ou atencioso).

Entretanto, o importante é que o grupo psíquico é criado na mediação entre o lançar-se em direção ao objeto e a resposta e implicação do último. Atenção despendida em função da *identificação* com o estado de desamparo da criança – consequência, no adulto, de uma *rêverie* dos próprios anseios infantis. A malha psíquica do eu abriga dentro dela ou é mesmo arquitetada pelo outro, o próprio objeto, embora a matéria seja pulsional e sensória.[8] O que acaba arquivado por quase vinte anos, reaparecendo justamente no *Luto e melancolia*, de 1915, no qual Freud postula, na origem, uma confluência de investimentos e identificações primárias com o objeto, fazendo com que o último (o "mundo" do ser dos inícios) assimile-se ao eu. O excesso pulsional nas neuroses atuais reflete--se na melancolia em função da precária estrutura psíquica, do tecido do eu ("buraco"), o que implica o uso ineficiente da libido, acarretando a evasão ou a hemorragia. O que equivale ao futuro

---

8 Há, obviamente, uma simplificação de descrição dessa via de *construção* encontrada no *Projeto...*, que não separa de maneira estanque – como nos *Três ensaios sobre a sexualidade*, de 1905 – a pulsão do objeto.

52 ENTRE METÁFORAS, FORMAS E SENSIBILIDADES PSÍQUICAS

desenho do respectivo superego massacrante e seu complemento ou condição: a sombra, ou seja, a carência do objeto. A imperiosa necessidade da identificação, de "preencher o buraco", flagra a carência pelas identificações primárias com o objeto.

A melancolia e o pai morto

O resumo bastante superficial dos manuscritos de 1895 objetiva mostrar a relevância da melancolia não só como divisora de águas das diferentes classes das neuroses, mas também como propulsora da descoberta das bases econômicas da construção do aparelho psíquico. Plano e dimensão que voltam a ocupar o centro da obra de Freud a partir de 1920. Se estes nos parecem implícitos aos universos da representação e linguagem em meio as quais se desenrola a análise, tal plano, do sentido, não pode se reduzir ao econômico. Guedes Moreira propõe-se a examinar a *associação* entre Aids e melancolia, mas sua desconsideração de todo o arrazoado econômico proposto por Freud em 1895 não facilita sua tarefa. Ora ela sustenta que é a Aids que *libera* uma melancolia insidiosa, ora enfatiza que é a propensão melancólica que acelera a demolição do sistema imune pelo vírus. Oscilação essa, bidirecional, que torna o termo *associação* muito apropriado para o que ela quer transmitir. Resta examinar se a via de desenvolvimento do tema, em torno do Édipo e do superego, é suficiente para iluminar a referida associação, de cunho psicossomático (no sentido mais abrangente do termo).

Nas manifestações mais obtusas da melancolia, a impossibilidade de luto, a ocupação e o apego amargo a algo ou a alguém ficam aparentes, oscilando-se entre uma violência dirigida a uma pessoa, ou a um grupo de objetos do mundo, e sua inversão, contra si, que se converte em uma culpa mordaz e em exibicionismo autoacusatório. O que acarreta uma autoestima rebaixada, paralisante, tingida de diferentes vestes depressivas, com graus variáveis de basculação ao longo de um eixo mórbido que tende a se instalar de maneira crônica.

Esse desenho generalizado da melancolia, regido por um postulado superego feroz, massacrante, não facilita sua distinção de semelhantes manifestações de cansaço depressivo associado à supressão do ódio e a decorrente culpa que acompanha o ritual e às queixas do característico isolamento observado na neurose obsessiva.[9] Afinidade que não escapou ao olhar atento de dois pioneiros da investigação da melancolia na psicanálise – Abraham e Freud –, que de fato não mediram esforços para tentar diferenciá-las.[10] A importância dessa diferenciação, conforme as balizas fornecidas no ensaio de 1915, *Luto e melancolia*, e no livro de 1923, *O eu e o isso*, em suas finuras implicações clínicas, é capital: é imprescindível para qualquer clínica atual que tende a se precipitar na atribuição e identificação de casos fronteiriços ou limite (que, segundo alguns, são pertencentes à grande classe da melancolia). Não é o momento de adentrar as consequências implícitas, sobretudo clínicas, e discorrer sobre a utilidade atual dessa demarcação – entre neurose obsessiva e melancolia. Nós a evocamos por sua relevância para o eixo edípico de análise da melancolia escolhido pela autora da *Clínica da melancolia*. Todo o roteiro mítico em torno de Édipo que ela utiliza foi derivado da análise do *Homem dos ratos* (1909).

---

9 Sobretudo no início de tratamento de alguns sujeitos em que se nota que o tempo, que revela ser efetivamente longo, não propiciou a possibilidade de ultrapassar as faces anestesiadas, desanimadas, de seu torpor melancólico.

10 Cf. K. Abraham (1911) "Preliminaires à l'investigation et au traitement psychanalytique de la folie maniaco-depressive e des étas voisins", (1924) "Esquisse d'une histoire du développement de la libido basée sur la psychanalyse des troubles mentaux". Em: *Oeuvres complètes*. Paris: Payot, 1977 (Em: *Teoria Psicanalítica da libido: sobre o caráter e o desenvolvimento da libido*. Rio de Janeiro: Imago, 1970); S. Freud (1915), *Luto e melancolia*; (1923) *O eu e o isso*.

Em uma guinada em relação às caracterizações iniciais do quadro obsessivo, anteriores à descoberta da trama edípica, Freud passa a entender a problemática da neurose obsessiva dentro da matriz edípica, descobrindo que esta se instala em meio à perlaboração da ambivalência afetiva originária. As falhas e os impasses nesse trabalho acarretam a neurose. Por exemplo, a dúvida e a postergação em tomar decisões que caracterizam esse sofrimento são consequências diretas da impossibilidade em ultrapassar ou amenizar tal ambivalência. O ódio ao pai, do qual se defende o obsessivo, é gerado não pelo confronto com o pai, pela interdição que esse impõe aos desejos incestuosos, mas, ao contrário, pela falha do pai nessa precisa função de interdição. Uma dívida que impede a assunção da posição de desejo, da identificação com o pai. Na análise do *Homem dos ratos*, Freud descobriu que o esquema edípico é o molde de elaboração e articulação da ambivalência originária. Entendimento que lhe permitiu, mais tarde, no livro *Totem e tabu* (1912), a construção do mito de origem da matriz edípica do ser em torno da horda primitiva e do assassinato do pai.

Em termos estruturais, a trama edípica vem reordenar um plano anterior, da fascinação narcísica-especular com o outro, na qual a ambivalência originária de amor-ódio é expressão das incertezas quanto às próprias fronteiras. Entretanto, a melancolia, com análogas manifestações de ambivalência, torna insuficiente a visão estrutural que articula as consequências edípicas com os destinos da originária identificação primária inerente ao estágio de espelho. A distinção entre neurose obsessiva e melancolia, além do próprio mito do pai da horda primitiva, aponta aqui para uma dimensão complementar, *construtiva*. Construção do tecido e estofo do eu, que se coloca em xeque pela estruturação e elaboração edípica.

Quando diferencia as duas patologias, Freud assinala que os tormentos e delírios de culpa da neurose obsessiva não são menos intensos que aqueles presentes na melancolia. Entretanto, os ataques inerentes à ambivalência são situados, na primeira, fora do eu – poupam-no –, ao passo que na melancolia desenrolam-se no interior do eu, no seu próprio tecido. O melancólico admite, com certo gozo, sua culpa; o obsessivo busca junto aos outros se assegurar de sua dignidade e inocência. Na neurose obsessiva, observa Freud, o eu mantém-se intacto, e o objeto é assegurado dentro do eu. Na melancolia, o eu é cindido, e o objeto, pouco assegurado, mas, ao contrário, este assombra o eu, é fugidio e ameaçado de destruição. O que resulta de uma carência narcísica que induz, com a experiência de desapontamento (originalmente oral – Abraham e Freud) que desencadeia a crise melancólica, a regressão do investimento libidinal do objeto ("com baixa resistência" – Freud, 1915) para o narcísico, desembocando na identificação com o objeto, e o retorno às demandas implícitas ao narcisismo primário.

A essa descrição deve-se acrescentar o regime do eu-ideal que comanda, por meio da instância que habita – o supereu –, o embate oriundo da ambivalência originária. Apesar da simplicidade de tal fórmula (de haver na melancolia um supereu esmagador que massacra o eu), à qual aderem vários autores, a descrição da atuação do eu-ideal na melancolia e na neurose obsessiva, para a qual se abrem os dois últimos capítulos do livro de 1923, expõe um quadro complexo e importante do tema. Freud, detendo-se sobre a origem do eu-ideal, situa-o nos primórdios: de um lado, é tributo do pai filogenético, molde herdado para a identificação primária e direta aos pais (sem investimento), e, de outro, do estado de desamparo das origens e da própria economia pulsional. Ideal e identificação implicam e significam ter como motivo e ponto de partida *a distância*. O nascimento, disparando as necessidades pulsionais e como violenta exposição ao mundo externo, expressa desamparo porque arranca ou coloca o sujeito *a distância* do *espaço mítico de gozo*. Nesse sentido, a identificação aos pais, operando diretamente, serve de molde primário para o futuro eu: o eu-ideal. Não só a "entidade" do pai filogenético, mas também a demanda da plenitude do gozo pulsional, articulada ao espaço de gozo, de um estado mítico de nirvana (que Freud matiza em torno da noção do eu-prazer purificado), agem no sujeito como polo ideal. O movimento de transpor o não transponível, ou seja, pela identificação, à qual o melancólico é levado incessantemente, cobra uma aquiescência, a contenção da descarga na satisfação pulsional que significa, pela inibição de seus fins, a desfusão das pulsões. A ambivalência afetiva nada mais é, diz Freud em 1923, que a desfusão basal entre as pulsões de vida e morte, cujo grau tende a aumentar com as identificações e a sublimação que estas impelem e exigem do sujeito.[11]

Não é difícil reconhecer aqui o esforço de Freud em assinalar a imbricação da topografia inicial do sujeito com a economia pulsional. Foi a melancolia que lhe mostrou a precedência das identificações sobre os investimentos objetais. No entanto, é o arrazoado acerca das pulsões, sobretudo com a introdução da pulsão de morte, que vem sustentar uma economia das identificações primárias, costuradas inicialmente sobre o molde do ideal, este sendo inerente ao próprio arranjo pulsional. Seja como for, estes não se matizam nas ordenações de sentido do Édipo, mas condicionam o último. Pois o que surge dessas considerações é que o contexto estruturalista, apesar de sua elegância, é insuficiente.

Se o que prima é a necessidade de esboço de um eu primeiro, de uma sede primária do sujeito, tal eu, ao qual vêm responder as identificações primárias, resulta da economia pulsional que constitui a matéria de sua construção e seu tecer. Razão pela qual a ambivalência na melancolia trava sua batalha no interior de cada representação de *coisa* do inconsciente (*Luto e melancolia*), de cada

---

11 Cf. (1923) *O eu e o isso* e (1930) *O mal-estar na cultura.*

traço mnêmico, precipitado das experiências iniciais com o objeto. Ou seja, está no cerne do eu, do seu estofo. O que explica por que a culpa melancólica é, em grande parte, inconsciente (Freud, 1923), expressando-se na reação terapêutica negativa, na atuação de razão masoquista, e em uma sensação generalizada de estar doente ou mal. Essa afirmação não contradiz o fato de o melancólico ser assaltado frequentemente por remorsos, e exibir reiteradamente diante de outros autoacusações, uma inferioridade e autoestima rebaixada.

Já o ódio e a ambivalência da neurose obsessiva situam-se em outro contexto, na fase pré-genital e sádico-anal, ulterior à fase narcísica, regida pela lógica ativo/passivo.[12] As identificações primárias juntam-se ao registro narcísico inicial; formam a base e antecedem as organizações pré-genitais e genitais, relativas às fases preparatórias e efetivas da trajetória edípica, e, portanto, submetem-se a remanejamentos constantes no decorrer dessas sucessivas fases que estruturam o Édipo. Assim, por exemplo, a bissexualidade constitucional (Freud) vale-se das diferenças anatômicas, e de outro lado de valores propostos pelos agentes culturais (os pais) para aceder, na culminação edípica, para a diferenciação sexual; o sujeito situando-se no par masculino/feminino. Entretanto, quando postos à prova, esses estágios articulados ao Édipo são suscetíveis de revelar as falhas no substrato original do qual fazem parte as identificações primárias. A nosso ver, os entraves nessa diferenciação, observados no caso do *Homem dos lobos* (1918) e expressos

---

12 Existe aqui uma complicação que dá lugar a ambiguidades. No caso de *Homem dos lobos (1914-1918)*, a regressão para a passividade constitui de fato uma feição narcísica anal, mas, na ordem regressiva – despertada pelo assalto da sedução sofrido pela irmã –, articula-se também com uma ferida narcísica, anterior à fase anal, sobredeterminada de um lado pelo alheamento da mãe hipocondríaca, e de outro pela preferência da irmã pelo pai. Ambas contribuindo para a acentuação da marca deixada pela cena primária.

nas aspirações homossexuais inconscientes em relação ao pai, foram tingidos de carências narcísicas muito acentuadas.

A afirmação implícita, de que na melancolia o "buraco está mais embaixo", não significa que adotamos a ingênua concepção de fases que sucedem uma a outra, desvinculando a melancolia da matriz edípica. A última está desde sempre aí, permeia a transmissão inconsciente e formadora do meio em que ingressa o ser dos inícios. E mais, a sensibilidade e a condição de abertura a esse meio são condicionadas pela disposição oriunda da herança de uma estrutura, fruto da história da espécie: o pai filogenético. É esse que contribui para todo o trabalho de narcisismo com o objeto.

Vimos, no entanto, que a dimensão econômica das pulsões com a qual iniciamos esse arrazoado é atrelada a uma outra, a *do sentido*, inerente ao roteiro histórico, psíquico. A *distância*, consequência do pai filogenético e do estado de desamparo, é diretamente conexa à possibilidade de lidar com toda a dimensão negativa do real, da ausência e falta, que na dimensão mítica dizem respeito à tolerância da ausência do pai, sua morte. No entanto, tal capacidade – que implica poder pensar, desejar e sonhar – depende justamente em ter conseguido conservar em si a presença do objeto primordial em sua ausência: *de onde estava o outro (ambiente, mundo) advém o eu*. Razão pela qual a precedência da identificação sobre o investimento constitui a descoberta central do *Luto e melancolia*.

O trabalho no qual consiste tal instauração do eu é extremamente complexo, implicando uma construção na qual se entrelaçam de maneira dialética dois movimentos complementares: presença e ausência, satisfação e frustração. O que pode ser incluído na geral e significativa expressão freudiana da *mãe mensageira da castração*. Tememos, porém, que esta fórmula possa vir a ocultar diferentes modalidades em que a mãe (o objeto), na medida em que é apta para tanto, modula de início sua *presença e ausência* orientada pela revivescência pré-inconsciente e inconsciente (*rêverie*) – uma atenção aos singulares estados atravessados pela criança – antes de passar a ocupar, nas fases pré-genitais e genitais, propriamente edípicas, o sentido de interdição. Embora os registros sejam distintos, trata-se de uma disposição inconsciente na mãe, em que a satisfação ou atenção às necessidades do bebê é permeada por uma fresta que deixa entrever, a partir de certo momento, o pai, o objeto do objeto – o real –, que aponta ou dirige o olhar do bebê *para fora*. Uma presença em demasia (mãe "superprotetora", fálica) ou a profunda e prolongada ausência (mãe alheia, deprimida ou "morta") significam modos diferentes de *destruição* de tal função, porque, não tendo na mãe uma referência suficiente ao terceiro, acarretam seja no primeiro caso o convite para a cumplicidade narcísica (visando ao desejo insatisfeito da mãe), seja no segundo uma carência narcísica suscetível à criação de uma exposição traumática ao real. Trata-se, portanto, de um princípio da comunicação inconsciente que facilita dirigir o sujeito, aos poucos, *alhures*. Função e processo que no mito equivalem à passagem da dominação materna (das deusas-mães) para a ascensão do filho, o herói, assassino do pai – poeta, portador da palavra para a comunidade dos irmãos. A mãe, diz Freud, incentivou provavelmente o filho para esse ato e trajetória,[13] o que aponta a importância decisiva do grau de elaboração das fantasias edípicas na mãe.

Entretanto, tais considerações, no nível simbólico e geral da constituição psíquica, requerem o seguinte esclarecimento: apesar de remeter a uma dimensão de sentido, a negatividade inerente ao terceiro encontra-se, no plano econômico, em consonância e continuidade com a *distância* do pai filogenético e sua correlata negatividade, que funda a desfusão basal das pulsões, ou seja, a ambivalência originária. Isso coloca em relevo mais a função positiva

---

13 Cf. (1921) *Psicologia das massas e análise do eu.*

do objeto, sua continência e disponibilidade em tornar as identificações primárias reserva de traços de experiências de satisfação. O fracasso nessa formação, a impossibilidade de mitigar a ambivalência no cerne dessas precipitações, de representações-coisas, acarreta a melancolia. O acento sobre a criação, fruto do trabalho do objeto sobre as pulsões, moldando-as em parte em uma rede mnêmica, sede do eu, parece-nos central para o entendimento da carência melancólica. A seguir, pretendemos nos valer do material clínico apresentado por Guedes Moreira para ilustrar marcos desse processo, passando na sequência a nos centrar sobre sujeitos cuja patologia situa-se no limite entre a neurose obsessiva e a melancolia, aprofundando, assim, o tema acerca da melancolia.

O relato clínico que a autora da *Clínica da melancolia* foca deriva-se da terapia que empreendeu nos enquadres da instituição durante algumas semanas com um jovem rapaz, Marcos, afetado pela doença da Aids. Ela o encontra retirado, encurralado em uma dor em meio a uma degradação física. O ódio e a culpa expressos pelo paciente juntam-se a uma cena deplorável de certo ritual asséptico (oral) que gerava na terapeuta náusea e irritação – um suplício no limite do suportável. O quadro físico não a confunde, entretanto, quanto ao teor ou ao "espetáculo" melancólico. Cito um fragmento: "Tudo que [Marcos] tinha parecia ainda muito pouco. O que recebia talvez flutuasse no ar, caindo num poço sem fundo, sem fim – um buraco negro que sugava o que podia, exigindo mais e mais. Profundidades abissais em que se precipitava". Eis então o buraco que tudo aspira e a hemorragia melancólica aos quais Freud se refere desde 1895.

Uma aderência à mãe e, ao mesmo tempo, o desapontamento e a mágoa com ela não são dissociados de toda a temática *oral* que tinge o quadro agudo desse paciente. Aqui, o ponto nevrálgico da transferência melancólica põe-se a prova: a terapeuta passa a encontrar Marcos no horário do almoço "para ajudá-lo a se fortalecer". Consequentemente, "Marcos passou a comer com prazer", apresentando significativa e impressionante melhora. Nesse acompanhamento, a autora nos revela: "eu o assistia quase como mãe observando seu bebê no ato da alimentação". Esse *quase* é importante. De início, a terapeuta não sentia fome, como se emprestando sua fome ao seu bebê. O "bebê", naturalmente, não poderia deixar de melhorar. Sim, aparentemente, pois a figura da transferência traz logo à tona a boca do inconsciente: "dentro de mim um bebê melancólico espiava para ver se ali estava um outro".

A imagem que emerge dessa confissão é própria de uma transferência que não é, ou pelo menos não é só, da analista, mas vem do paciente, como bem sentiu Guedes Moreira ao afirmar na sequência: "eu o refletia com a parte da alma que me restava". Para prosseguir com essa bela percepção, perguntamo-nos: o que está sendo refletido aí? Vejamos pelas consequências dessa primeira e significativa melhora. A analista começou a sentir fome na hora de almoço/terapia, e a mudança que passa a introduzir no enquadre adquire, não sem candura, uma justificativa no plano da realidade: "fiquei com fome na hora de almoço, e já que Marcos havia se recuperado e tinha quem cuidasse dele – a nutricionista ("babá") era ótima – então mudei o *setting*". Este é, na nossa experiência, o verdadeiro efeito da transferência melancólica. Quando melhora, piora! Pois, enquanto Marcos encontrava-se em um estado deplorável, parece que seu interlocutor dizia para si "tudo bem, é difícil testemunhar tudo isso, mas estamos aí". No entanto, quando melhora, a ameaça do vampiro, do buraco melancólico, reaparece, ressurgindo com força. O que foi silenciado e "anestesiou-se" por um tempo (como percebe Freud no manuscrito de 1895) está prestes a acordar, a se tornar manifesto (aliás, como o HIV que entra em latência, torna-se insidioso, e depois ataca com força). *O que o bebê espia senão o próprio desespero frente ao aumento da distância da mãe*?!

O que não deixa de ser uma das versões da *mãe morta* (Green) ou, segundo Fédida, quanto mais o melancólico é imerso na refeição totêmica, mais falta sente do pai que se foi, e mais canibal é prestes a se tornar pela insuperável e insuportável saudade ao pai.

O buraco, portanto, existe, encontrando-se, segundo o *Manuscrito G*, no cerne *do grupo psíquico* que compõe o eu. Buraco que se deve, como bem revela a transferência, à cisão no bebê melancólico entre o alimentar-se e uma falta que a presença da mãe não sacia, não consegue suprir; ou, segundo outra formulação, à ruptura da área de ilusão que ela deveria proporcionar. Ou talvez, à impossibilidade de a mãe acolher e espelhar os gestos espontâneos do bebê (Winnicott). Ou, como preferimos – novamente, apoiados no *Projeto...* (1895) –, à incapacidade da mãe de devolver ao bebê, isto é, reflexivamente, suas *imagens de movimento* durante as experiências de satisfação primárias junto a ela. A consequência é, conforme *Luto e melancolia,* o fracasso das *representações-coisa* – sua falta de resistência, afetando a malha psíquica como um todo.

Tal queda da resistência é associada à ambivalência constitutiva. Se sua origem e estrutura articulam-se à *desfusão* basal entre pulsões de vida e de morte (Freud, 1923-1930), um objeto "morto", ou que responde mal, é suscetível de engendrar melancolia – o bebê torna-se *sábio,* afirma Ferenczi –, ou seja, em vez de fortalecer a coalescência entre as duas classes das pulsões (de vida e morte) no seio das inscrições das vivências primárias, acentua-se a desintricação inicial entre elas. O ideal do início, promotor da identificação – e, portanto, a retenção da descarga pulsional, acarretando a aceleração da desfusão –, não é suficientemente compensado pelo gozo que a presença e a interação com o objeto deveriam proporcionar (a satisfação e o brincar), o que gera uma carência na rede mnêmica, na aquisição de uma reserva para o sonhar e o investimento dos objetos. O que desperta a desesperada tentativa de suturar, fundir, de novo, as duas classes de pulsões uma na outra, que significa um recolhimento narcísico para o masoquismo, a moral e a culpa. Ou, caso essa cisão aumente, o novo fosso dará lugar à pura destrutividade, e nada mais segurará a imunidade do eu. Parece-nos importante relacionar o fracasso do eu na melancolia não somente com sua discrepância em relação ao eu-ideal e à correlata severidade do supereu, mas com as consequências econômicas (o equilíbrio entre a coalescência e a desfusão pulsional e sua conversão parcial para os registros mnêmicos – trajetos e moldes do desejo) da participação do objeto e, portanto, de sua inscrição na malha psíquica que compõe o eu.

A melancolia, o pai imortal e o masoquismo

O pai morto e o ideal que abriga exercem, afirmamos, uma pressão sobre a fusão das classes pulsionais, acelerando sua desintricação. São as experiências de satisfação, mediadas, de início, pela "ajuda alheia" (Freud, 1895) – do objeto –, que agem no sentido contrário, da coalescência e fusão, sedimentando traços mnêmicos, trilhas para a ascensão e o fluxo constante das pulsões. Na ausência de uma resposta adequada por parte do objeto, uma via secundária, de investimento libidinal da pulsão de morte, é "convocada" para impedir a desfusão pulsional, reforçando assim o masoquismo primário. Nesses estágios primários, do desamparo originário, a libidinação desse arranjo pulsional reforça a via narcísica *receptiva*, de passividade.[14] Estado este determinante para a construção do eu, manifesta-se na entrega dócil, fenômeno nítido no

---

14 E não aquela do sadismo que advém mais tarde, quando o eu já tenha se desenvolvido, adquirido certo estofo, apesar de Freud equivaler, em princípio, o masoquismo primário com o sadismo primário ("O problema econômico do masoquismo", 1924).

bebê, característico de sua passiva espera – inerente ao desamparo originário –, revelando seus liames com análogos modos e figuras de submissão manifestados em grupos cuja organização foi classificada por alguns sociólogos como tendo o caráter *comunitário*.

O masoquismo primário, o singular entrelaçamento das duas classes pulsionais, vincula então o pai morto com o estado de desamparo do indivíduo, e, de outro lado, o pai morto com o grupo. O grupo precede o indivíduo. O pai morto, articulado ao mito de origem do grupo, é, no que diz respeito ao arranjo pulsional, constituinte do indivíduo.

A psicologia do indivíduo, diz Freud, é ao mesmo tempo social, das massas (Freud, 1921). A convergência do grupo e do indivíduo em torno do Édipo encontra então uma base econômica comum do masoquismo primário, uma espécie de estrutura ou tecido basal do psiquismo mantido como certo equilíbrio, o desvio do qual acarreta – à maneira defensiva – um incremento do masoquismo para impedir a desintricação pulsional.

No final de sua obra, Freud, ao se referir a todas as formas de subversão do trabalho analítico, como a reação terapêutica negativa, o uso perverso do enquadre, a passagem ao ato, entre outras, revela um impasse no Édipo, na assunção da castração, tendo como causa a culpa inconsciente e o masoquismo moral que a funda. Um pouco antes, ao se deter sobre o mal-estar na cultura e os desvios que esse acarreta nas manifestações sociais, descobre em seu cerne a ameaça da perda de amor, a culpa inconsciente – o masoquismo moral (*O mal-estar na cultura*, 1930).[15] Trata-se, nos dois regimes, de uma espécie de regressão. O real da cultura, a castração, coloca

---

15 Cf. a este respeito o capítulo "Memória cultural e masoquismo" do nosso livro *Entre Moisés e Freud: tratados de origens e de desilusão de destino*. São Paulo: Via Lettera, 2000.

em xeque o eu, sua estrutura, implicando-a quanto ao equilíbrio basal da fusão das classes pulsionais.

A regressão para o masoquismo quando do deflagrado impasse na assunção do desejo – "a rocha da castração" (Freud, 1937) – caracteriza certa perda de "imunidade psíquica". Deficiência que se equivale a uma disposição melancólica mesmo se esta não transparece em suas conhecidas feições. A análise de alguns sujeitos configura um quadro no limite entre a neurose obsessiva e a melancolia. Certa entrega, atenção e bondade com os outros, uma cordialidade e colaboração em detrimento de interesses próprios, vão de par com o cultivo de uma suspeita sobre a insuficiência de qualquer esforço possível que tente anular a sentida distância com os outros ("não conseguir ombrear com os homens", segundo um paciente). O surgimento ocasional de sentimento de revolta em reação a tal suposta submissão, e a correlata sensação de uma impotência diante da ira latente que se acumula no silêncio da manifestada bondade, raramente chegam a se manifestar em público, a não ser em uma irrupção de repentina e anacrônica agressão, espantando o entorno, além de, logo depois, desembocar em um sentimento agudo de vergonha acompanhado de severas autoacusações. O sentimento acentuado de distância, motivo dessa constelação, remonta ao pai. A exigência incessante do ideal, associada à identificação primária com o pai – esforço desmesurado, porém insuficiente e inacabado, porque incapaz de se prover e se assegurar de si – é análoga a uma modalidade oral, canibal, insaciável, ou à presença de uma ferida aberta (Freud).[16] Há, nesse contexto mítico/metafórico da refeição totêmica, um outro aspecto típico a essa constelação: a dificuldade de fazer o luto, de integrar o morto, separando-se dele, é associada a outra característica, ou seja, a da impossibilidade de

---

16 Ver também Fédida, P. (1999). "O canibal melancólico". In *Depressão*. São Paulo: Escuta.

gozar da presença (da refeição) junto aos outros. A dificuldade de encontrar apoio no grupo, e por meio deste superar as saudades e a dependência do pai, fixa o sujeito a uma espécie de "fome" insaciável, denotando um fracasso do possível êxito no compartilhar da celebração do triunfo sobre o pai e da ascensão que tal triunfo implica. Isso impede o desenvolvimento do "sentimento social" (Freud) com os membros do grupo – o sujeito defendendo-se desta homossexualidade (sublimada), recalcando-a.[17]

Se a "fome" – intolerância da ausência do pai – atrela-se a uma exigência jamais suprida do ideal, colocando o sujeito em uma frenética e solitária busca dos bens e valores culturais ("ideais paternos"), tal carência o faria recuar à demanda do corpo e do amor, ao seio materno e seus afagos – à proteção da mãe. Movimento este que já carrega consigo a marca de uma sensibilidade melancólica – uma fragilidade imunológica psíquica – nas relações de amor: uma idealização exacerbada em relação à mulher e os consequentes desapontamento e ofensa diante de qualquer frustração com ela são motivos para autoacusações e pensamentos suicidas. Perda da potência sexual é um fenômeno frequente nesses pacientes, que remonta, na rede associativa, a certa inconsistência do corpo nos sonhos e nas lembranças de infância (a invasão, ao estar só, por fantasminhas).

A mãe fálica, superprotetora, que transparece por detrás desse conjunto, assinala a conhecida falha simbólica na mãe, impedindo a precipitação no bebê dos registros de experiências de satisfação, moldes do pensamento, tributários da aquisição do desejo, de um corpo próprio. Tudo isso resulta da exposição ao ideal, ao "pai filogenético", aumentando a desfusão pulsional que o masoquismo "esforça-se" para suplantar. A dupla sensibilidade, ao ideal na

---

17 Alguns desses aspectos são abordados no artigo de Freud (1922) "Alguns mecanismos neuróticos no ciúme, paranoia e homossexualidade".

identificação com o pai de um lado, e ao objeto de amor de outro, condensa-se em um sonho de um paciente em que se vê rastejando sobre uma tábua que liga, sobre um pequeno vão, duas varandas de dois apartamentos, na mesma altura, de prédios paralelos. Rodeado por brinquedos, ele caminha em direção à varanda na qual um grupo de mulheres está à sua espera. Nas associações, evoca a lembrança traumática da infância quando desapontara o pai ao não conseguir, por medo, ultrapassar um vão de uma estrada em construção sobre a qual os dois passeavam.

Seria preciso tecer o amplo contexto desse sonho e da análise desse paciente para poder ilustrar o quanto a noção de deficiência imunológica é fiel à noção de hiper-sensibilidade na trama edípica, que revela de um lado a falta de autonomia do sujeito em relação aos homens, no plano político e social da vida cotidiana, e de outro a ameaça da perda de amor afetando gravemente sua resistência aos conflitos e ofensas da vida amorosa. A última torna-o prisioneiro de submissão e ameaça constantes, que podem vir a se deteriorar em uma franca melancolia e atuação suicida. Nos períodos "tranquilos", além do latente anseio, e ao mesmo tempo do temor da penetração homossexual, a ocupação com fantasias incestuosas (com sogra, cunhadas e vizinhas) são constantes, convocando à mente a imagem do estágio em que se encontrariam, no mito, os filhos da horda primitiva, cobiçando na fantasia as mulheres em posse do pai primevo, isto é, no auge do reino (*idealização*) deste, antes de seu assassinato e a instauração (de natureza homossexual) da comunidade dos irmãos.

O mito auxilia-nos a entender por que a ambivalência que Freud situa como desfusão pulsional (1923, 1930) não foi transformada ou parcialmente ultrapassada pela elaboração edípica, mas convoca, pela pressão do ideal, o desvio, o retrocesso e o reforço do masoquismo originário como medida defensiva natural.

Alguns autores, na descrição de alguns pacientes que consideram obsessivos, têm lhes atribuído uma série de características que pertencem classicamente ao quadro melancólico, como a presença de um superego esmagador, tendências masoquistas, entre outros.[18] Nossa opção é outra. A ênfase sobre os liames com a melancolia parece-nos mais profícua tanto para a investigação psicopatológica como para o tratamento.

Para finalizar, um breve comentário sobre o tema com que iniciamos essas notas: a relação entre melancolia, doença orgânica e imunidade é, surpreendentemente, tão clássica quanto cotidiana. Na sequência da morte ou sumiço de um ente, nem sempre importante de maneira consciente para o sujeito, uma tristeza marca fortemente seu corpo, arrastando-o em uma lenta ou vertiginosa deterioração, evidenciando a perda considerável e generalizada de sua imunidade. O vizinho que costumávamos encontrar diariamente imerso e animado em seus afazeres parece-nos certo dia estranho: para no meio da rua, fixando, apático, um olhar no vazio; sinais de envelhecimento repentino, lentidão nos movimentos, torna-se curvo e acometido de doenças reumáticas e outras complicações físicas, além de revelar uma transfiguração significativa em seu rosto e seu estado de ânimo... Uma série de fenômenos que surgem poucos meses após a morte da mãe no outro canto do país, relação que escapa ao sujeito, além de firmemente negada quando lhe é apontada. Não é difícil, nesse estágio e estado, adivinhar por esses sinais os aparentes elos com a melancolia e o masoquismo moral. O que tentamos investigar neste capítulo não é o tipo de adoecimento nem a melancolia própria, mas a origem, em manifestações menos obtusas, de uma estrutura que predispõe o sujeito para a melancolia.

---

18 Cf. como exemplo Delorenzo, R. M. T. (2000). "A muralha e a possessão: figurações do mortífero em um obsessivo". In L. B. Fucks & F. C. Ferraz (orgs.), *A clínica conta história* (pp. 103-118). São Paulo: Escuta, 2000.

Entre corpo e objeto[1]

A) A dor na obra de Freud

O *Projeto de uma psicologia* e o *Manuscrito G* (melancolia), escritos em 1895, condensam o essencial das intuições e concepções freudianas acerca da dor. O desenvolvimento desse tema no *Projeto...* não se esgotará nem no livro *Além do princípio do prazer* (1920), e nem mesmo nos grandes textos de 1924 e 1926 sobre o masoquismo e a angústia, respectivamente.[2]

A dor não faz parte de um sistema de segurança, de detecção, como a instância *censura* do pré-consciente, da qual escapam os personagens anódinos e disfarçados da vida da vigília, os restos

---

1 Na primeira parte deste capítulo (A), retomarei algumas considerações feitas em nosso trabalho "A dor entre o corpo, seu anseio e a concepção de seu objeto", publicado em 1999, em: Berlinck, M. T. (org.), *Dor.* São Paulo: Escuta, pp. 23-35. A segunda parte (B) reproduz nosso trabalho de 2001, "Dor, mais", publicado na revista *Percurso,* (27), pp. 77-83.

2 Freud, S. (1924). "The economic problem of masochism". *S.E.*, vol. 19, e (1926) *Inhibitions, symptoms and anxiety. S.E.*, vol. 20.

diurnos – iscas para o desejo recalcado da infância, convocando-o para dentro da cena do sonho e a serviço do pensamento. A dor *não* se assemelha a uma polícia de fronteira, tampouco faz parte de seus meios específicos de detecção, como os radares sensíveis a traços definidos do inimigo. Se os limites do eu fossem comparáveis a uma fronteira equipada de cerca elétrica, a dor seria análoga, ao menos em parte, ao despertar dessa cerca quando a psique como que *sente*, mais do que identifica, uma disrupção na sua continuidade em consequência da *invasão* ou *evasão* excessivas que ameaçam romper ou implodir suas estruturas e seus meios de contenção.

Essa imagem ressalta, primeiramente, o aspecto econômico da dor – daí sua premência no *Projeto...* –, que, no entanto, só adquire seu sentido, como vimos, em relação ao *topos*, ao espaço de continência. A dor visa resguardar esse espaço e suas refinadas estruturas. Em segundo lugar, a dor faz parte de um mecanismo psíquico primário que, diante de uma invasão, lança mão de uma medida defensiva *não específica* como a maquinaria da reação inflamatória, "tropa de frente" do sistema imune do organismo. A dor não é capaz de se antecipar, como a angústia, ao perigo para evitar ou fugir do objeto ou de situações hostis, pois não dispõe de sistema de alerta que possa identificá-los de antemão como tais. A dor não é, como a angústia, um sinal de alerta, mas ela já é o efeito de efracção, acarretando, portanto, um esforço de manter as ligações. A dor é *associada* à tentativa malograda, ou parcialmente bem--sucedida, *de ligação* de um excesso, seja de invasão ou de evasão de um afluxo ou de um influxo de excitações no aparelho psíquico.

Se o sujeito perde este recurso defensivo, se o organismo perde a sensibilidade à dor, pode morrer desprevenido de um tombo ou entregando-se vivo às chamas de uma fogueira sem poder recorrer a nenhuma medida de fuga ou de proteção. Patologias localizadas desse gênero encontram-se em seres humanos. Teríamos patologias análogas no campo psíquico? A nosso ver, sim: algumas formas mais agudas do trauma psíquico! A questão da fuga e da proteção nos remete à relação existente entre dor e angústia.

No *Projeto...*, o alerta ao perigo, que está na base da angústia, é condicionado pelo traçado mnêmico, consequência da vivência primária de dor, da mesma maneira que o desenho do desejo provém do precipitado da vivência de satisfação com o objeto de origem. Freud (1895) nos mostra que é a dor que evidencia o real para o psiquismo, tornando-a a causa do *recalque primário*. A dor *instaura* o inconsciente, colocando em obra a formação do eu e – o que é mais importante – dando nascimento ao seu mais precioso instrumento: o *pensamento*.[3] Ao buscar a satisfação pulsional, a alucinação de sua realização esbarra na dor diante da falta, da frustração. Este seria o *indício do real*, motivo para desinvestir a alucinação do desejo, ou seja, efetuar um recuo (recalque) próprio ao estabelecimento da tópica. A dor obriga, então, a recorrer às fontes de *experiências de satisfação*, buscando nos *registros* de sua *descarga reflexa* as *imagens próprias de movimento*, para encontrar – por meio da percepção e dos investimentos laterais – alternativas atuais à ação específica de outrora: é este o *pensamento* ou a *ação* do pensar que amplia e expande a experiência, dando estofo ao eu nascente, de cujos contornos notifica a dor.[4]

Oriunda da dor, a angústia surge, na genealogia do ser, como meta diferenciada – específica – de lidar com o perigo advindo do real – do mundo externo e do *isso*.

---

3 Ligação cuja original contribuição não foi ainda esgotada ou superada pelas preciosas contribuições de Bion a este respeito, 65 anos depois do *Projeto de uma psicologia*.

4 Cf. os Capítulos XI a XVI da Parte I do (1895) *Projeto de uma psicologia*. Rio de Janeiro: Imago, 1995.

Eis uma sequência ilustrativa: um paciente apercebe-se de um surto que o acometeu só depois de se haver com uma dor localizada no lado direito de seu peito, sobrevinda com uma depressão aguda. A suspeita de uma lesão orgânica emerge na margem da confusão criada em torno do sentir da dor, constante e intensa, ao entardecer do dia; dor que se alastrava ao longo de um ano antes de chegar até nos. Após seis meses de terapia, durante a qual se observa uma melhora considerável em seu estado de ânimo, essa dor some para dar lugar, em seguida, a um mal-estar difuso no tórax, "*um nó na garganta*", que o paciente não mais confunde com o "físico", mas passa a identificá-lo, e rapidamente, como angústia.

Em algumas situações traumáticas, a dor falha, não é gerada. Freud havia chamado atenção para algumas neuroses de natureza narcísica, como as de guerra ou aquelas que advêm em decorrência de situações reais de grande choque com os acidentes ferroviários, e que adquiriram seu caráter traumático pela *falência do sistema de alerta da angústia*. Esta, que poderia proteger o sujeito do efeito traumático, acabou não se produzindo! Neste caso, o psiquismo lança mão de certa quota de excitação libidinal, liberada pela fricção mecânica do acidente, recorrendo por meio deste estímulo a um tipo de atuação, *o pesadelo*, para suprir essa falta e despertar a *angústia*.[5] Tal recorrência incessante do pesadelo não deixa de exibir, em filigrana, a autoflagelação, uma tendência masoquista do *eu*,[6] denunciando a necessidade de suprir a falência de uma defesa mais primitiva: a da dor. A necessidade de resgatar a dor que ecoa por detrás ou no fundo da angústia que ela ancora resulta nas variadas formas de masoquismo das patologias do eu, expressando-se na clínica pela reação terapêutica negativa, entre outras. Nesses pacientes, assistimos a sobrevinda *não* da dor, mas

---

5 Cf. Freud, S. (1920). *Beyond the pleasure principle. S.E.*, vol. 18.
6 Idem.

do *susto*:[7] tremedeira que parece ao sujeito *vir de fora*, fenômeno associado à "vivência" da *rejeição* da realidade ou da forclusão, precisada por Lacan.

Não obstante, o modo masoquista com que se recruta a pulsão sexual para reinserir e devolver a dor para o psiquismo envolve uma perlaboração custosa, pois pode durar algumas décadas, acarretando descompensações graves para o sujeito. É o caso de visões e outros estados alucinatórios, fugazes e intermitentes, que acompanham durante anos alguns sujeitos, depois de terem sido gerados em circunstâncias desastrosas (acidentes, guerra, campos de concentração). E a angústia, a dor e o pânico, em vez de coincidirem com tais eventos, aparecem, em uma espécie de reação retardada, em configurações de estupor corporal que acometem o sujeito somente décadas depois.[8]

No autismo, o recurso masoquista nem sempre é disponível para compensar uma falha tão crucial e originária. Crianças autistas que se atiram repentinamente sobre paredes e objetos evocam uma observação de Freud, encontrada no *Manuscrito L* (1897), sobre semelhante atitude de crianças normais, que tentam *fixar* por meio da dor *a zona corporal* de excitação sexual. Como se a dor fosse *o meio de devolver à psique o corpo* que a excitação hilariante ameaça desvanecer. Seria a compulsão do autista um modo "automático" de busca de traços "mnêmicos" de experiências filogenéticas para resgatar um *corpo* que parece ter se empoeirado em uma explosão pulsional dos inícios? Ver-se-ia que essa observação freudiana enxerga na dor um elo imprescindível, de ligação e passagem, entre o psiquismo e seu corpo.

---

7 Cf. Freud, S. (1914). *Fausse Reconnaissance* (*"déjà raconté"*). In "Psycho-analytic treatment". *S.E.*, vol. 13.

8 Israelenses que participaram como soldados regulares ou da reserva na guerra de 1973 (*a guerra do dia do perdão*) foram acometidos, 20 a 25 anos depois, desse gênero de estados paralisantes.

74 ENTRE CORPO E OBJETO

Embora apontasse para o lugar central da dor, é preciso que abandonemos por hora essa linha de desenvolvimento e voltemos aos seus aspectos circunscritos para abordar sua função no conjunto do psiquismo.

A descrição freudiana da dor coloca-a em uma posição *paradoxal,* entre o excesso transbordante e um outro, contrário, de evasão hemorrágica (melancolia); entre o tecer, o destecer e um reteter penelopianos do luto; entre a ameaça de desmanche e uma exasperada tentativa de ligação; entre o psíquico e o somático; entre a percepção interna e uma externa etc.

Não é só pela pressão constante que exerce que a dor se prestará à imagem própria de uma pulsão, ou pseudopulsão, como enuncia Freud em 1915 e 1923.[9] Mas a vivência da dor foi colocada, já no *Projeto...,* em paralelo com uma outra e central experiência: a de *satisfação.* Naquele momento, o que se originara da massa sensória adquirira as feições de *dor-pulsão,* pois, ao não encontrar um trilhar específico pelas vias motoras, é secretada ou "despejada" para dentro do aparelho psíquico. Eis aí o modelo por excelência do *afeto.* Qualidade que será refinada em 1923, ao notar que a dor se dá como *algo, coisa,* que brota de dentro do aparelho, atravessa-o na vertical, sem se deter nas zonas intermediárias de representações – palavras para se apresentar à consciência como percepção que é, em um só tempo, interna e externa, pertencendo, portanto, e tornando-se o protótipo dos afetos *recalcados.* Contudo, esse "algo" da dor provém de um excesso pulsional que, no *Projeto...,* é "confiado" pelas *células nucleares* (o futuro *isso*) à guarda das *células-chaves.* Mas estas, ao não mais poderem armazená-lo, "despejam-no" dentro do aparelho, gerando *dor* em forma de anseio pelo *outro.* É esse *outro* dos inícios que, vindo ao encontro deste apelo, precipita-se

---

9 Cf. Freud, S. (1915). "Repression". *S.E.,* vol. 14 e o livro de 1923 *The Ego and the Id. S.E.,* vol. 19.

no sujeito como experiência, ou nele inscreve uma vivência que dota a dor de *qualidade*, transformando-a em *afeto*. Portanto, o outro afeta, ou melhor, concede afeto, por meio da dor.

A dor e o outro

O adendo C do Capítulo XI do livro *Inibição, sintoma e angústia* (1926) reúne esses múltiplos e paradoxais aspectos da dor; traz as mais belas passagens sobre a dor: nele, Freud se detém na relação que encontra entre a dor do anseio do bebê pelo objeto e a da nostalgia e da saudade. Freud encontra também uma analogia, além de uma transitividade e alternância, entre essa fonte psíquica da dor e uma outra, a do órgão, que se apresenta ao sujeito em imagens de forma, espaço e movimento do próprio órgão que dói. Que uma dor (psíquica) se alterne e se substitua a outra (do órgão) não assinala apenas a função da dor na passagem do investimento narcísico para o objetal – como demonstra o magistral ensaio de 1914 (*Sobre o narcisismo*) –, mas coloca em perspectiva mais ampla a lógica paradoxal da instauração do objeto, efetuada na transição entre o externo e o interno, o outro e o sítio corporal.

A dor constitui a economia do trabalho que é preciso conceber como *construção do objeto*, cujo verdadeiro esboço metapsicológico encontra-se na Partes I e III do *Projeto*... Freud parte ali do estado primordial do desamparo do bebê para mostrar como a dor, implícita nesse estado, impele o recém-nascido em direção ao objeto. É na ligação dessa *"alteração interna"* ("fisiológica"), subjacente a este anseio, com a resposta do objeto ao grito de apelo do bebê que se dará a base para que se constitua, nesse momento incipiente, a aliança entre a prefiguração do outro almejado e as próprias representações dos órgãos internos em estado de necessidade (a forma, o espaço e o movimento) – ou seja, as imagens corporais das moções pulsionais – e suas inflexões nas próprias representações motoras da fala, associadas a esse grito.

Na construção desse grande artifício do psiquismo, denominado por Freud de *arco reflexo* da vivência de satisfação, a dor é o indício e o sensor do seu funcionamento por meio de seu manuseio pelo objeto. Este, pelas suas sensibilidades históricas, que tem adquirido na construção do próprio aparelho junto a um outro, se disporia ao bebê modulando as quotas apropriadas da dor entre os extremos excessivos de sua presença e ausência. Como afirma Freud no final do livro de 1926,

> *a criança não pode distinguir ainda entre ausência temporária e perda permanente. Logo que perde a mãe de vista comporta-se como se nunca mais fosse vê-la novamente; e repetidas experiências consoladoras são necessárias antes que ela aprenda que o desaparecimento da mãe é, em geral, seguido pelo seu reaparecimento. A mãe encoraja esse conhecimento, que é tão vital para a criança, fazendo aquela brincadeira tão conhecida de esconder dela o rosto com as mãos e depois, para sua alegria, de descobri-lo, novamente. Nessas circunstâncias a criança pode sentir anseio desacompanhado de desespero.*

A dor encontra-se então bem ao lado do amor, colada nele, e no mesmo lugar onde se juntam *Tânatos,* e sua compulsão desesperada em preservar as ligações, com *Eros,* que procura ampliá-las, como ilustra o famoso jogo de *fort-da.* Mas deixemos de lado essa megadimensão pulsional freudiana para voltar ao seu arco do desejo: a dor do anseio em direção ao objeto de origem representa e registra, na alma, as formas e os próprios movimentos corporais em associação à resposta do objeto. Assim, a dor vem a ser a mola principal na *construção do objeto* e na aquisição de correlatas funções como o reconhecer, o pensamento reprodutivo, o recordar e a atividade de julgamento. A passagem mais eloquente do *Projeto...* sobre a dor versa sobre a função do reconhecer e a atividade de julgamento em relação a um *ser semelhante*: conhecer o próximo significa poder rastreá-lo nas trilhas de origem das próprias experiências corporais, sensações e imagens motoras do endereçar-se ao objeto de satisfação de outrora. Para entender o *semelhante*, compreendê-lo, seus anseios e gritos – é disso afinal que se trata na relação com o outro –, é preciso que ele seja reproduzido nos próprios órgãos, no "fígado e rins", como diz a Bíblia. Reprodução em imagens, de forma e movimento, isto é, vivências do corpo, que ocorrem apenas em estado de sofrimento, da dor do anseio. É com a dor que se concebe o outro! É este o juízo que possamos ter da transferência, e não vislumbramos outra maneira da sua contrapartida no analista – ou seja, na contratransferência – que não aquela de reproduzir dentro de si a dor dos anseios do doente.

Encontramo-nos no âmago da atividade de recordação, da clássica anamnese médica em que se escutava por meio do rastreamento recordativo das próprias experiências de dor. É por este *seu* meio também que a mãe se dispõe ao seu bebê para que este abrigue em seu arco de desejo (em construção) a recordação do ambiente que ela pôde lhe oferecer. O recorte da função do recordar tem importância capital em indivíduos cujo sofrimento consiste justamente, em grande parte, em uma imensa dificuldade de entrar em contato com a dor. Trata-se de sujeitos que são impelidos a evacuar ou afastar a dor porque sofrem *não* de reminiscências, mas, ao contrário, de *esquecimentos*.[10] Nesses casos, o

---

10 Cf. Guttieres-Green, L. (1991). "Le tombeau vide, douleur de l'oubli". *Revue Française de Psychanalyse*, LV, p. 855-870.

78 ENTRE CORPO E OBJETO

paciente nos defronta, na transferência, com uma *região deserta*, *porém não mapeada*, do seu ambiente de origem – consequência de uma reação negativa ao trauma que impede que qualquer um de seus elementos seja *lembrado* ou mesmo *repetido*.[11] É como se a experiência traumática infantil tivesse destruído o "direito" de confiar ao recalque a guarda de sua preservação na lembrança. Em vez de recalque, decerto!

Como ilustração, evocamos Luisa, que está há alguns anos em análise conosco, embora tenha feito, como se diz, experiências semelhantes desde sua adolescência. Luisa sofre de um amor impossível em que é presa de uma espera infindável por um amante entregue às aventuras e conquistas solitárias da natureza e seus mistérios. Homem incomum e, portanto, não adaptado à nossa medíocre e mundana realidade. Como Ayn Rand, escritora e filósofa do egoísmo, Luisa funde-se no fascínio que emana da força, silêncio e autossuficiência do seu herói. No entanto, não é a escrita, mas a telepatia o seu "dom natural" que lhe permite pressenti-lo a distância e prever os encontros ao acaso e as infrequentes visitas que ele lhe dispensava. Quando perde *nela* esse veio, não é a dor ou mesmo as formas habituais da angústia que se apresentam, mas as vivências brancas, de prostração e dissociação depressiva. Embora não faltassem pensamentos e tendências suicidas, jamais fizera qualquer drama do seu abandono ou mostrara qualquer apelo que denunciasse seu desespero.

A qualquer relação simples que tentávamos estabelecer com sua infância, reagia com "eu não me lembro", e se a remetíamos à transferência éramos zombados, amavelmente, com um "já ouvi falar; não vem com essa". Nos primeiros dez anos de sua vida, o pai

---

11 Consequência de um trauma, onerosa para o eu, que Freud evoca em seu livro de 1938, "Moses and Monotheism", *S.E.*, vol. 23.

ausentava-se por longos períodos, entregue às aventuras na mata amazônica ou vivendo entre os índios. A mãe, alienada e depressiva, não podia ter melhor "sossego" do que a filha que passava longas horas sozinha em um reino solitário entre as pedras da praia, ou em meio aos arbustos do campo, mirando o mar "sem sentir nada", ou travando longas conversas com seres imaginários dos esconderijos do mato. É por isso que seu "eu não me lembro" soava-nos como "não tenho acesso" às vivências infantis *de procura pela mãe e do desejo de ser procurada por ela,* que pudessem restaurar o *timing* de um brincar, vital à criança (Freud), para cicatrizar as partes cindidas, manifestadas em seus sonhos, entre o convite do pai a embarcar em uma fascinante viagem enquanto ela avistava, da janela do seu carro, a menina-filha deixada embaixo da ponte, ou alienava-se, em outro sonho, a uma menina grávida e drogada que acenava para ela de cima de um muro.

A dor surgirá três anos depois quando, prestes a nos deixar, rebela-se pela primeira vez e violentamente contra nosso *intolerável silêncio*, em meio à vivência de catástrofe e temor de enlouquecimento – de destruir e matar –, não se reconhecendo na conduta chorosa, "histérica", do abominável apelo que nos dirige.

Quando pôde tocar o *tempo morto* (Green)[12] de seu deserto, arranca-se deste ponto zero da existência em um doloroso movimento, próprio ao ódio do anseio em direção à redescoberta do amor ao objeto.

---

12 Cf. André Green (1975) "Le temps mort", *Nouvelle Revue de Psychanalyse, 11,* p. 871.

B) Economia da dor e sua função objetalizante

Para que serve a dor?

Uma paciente narra aos prantos como sua mãe – tendo se tornado, durante um certo período, insensível ao calor dos objetos com os quais entrava em contato – acabou sofrendo sérias queimaduras, pondo em risco a própria vida. A dor é, pois, imprescindível para a sobrevivência, antes de ser condição da própria existência. Sem conhecimento do que seja a vivência de dor, não haveria garantia alguma sobre o acionamento dos meios de prevenção – por exemplo, fugir da fogueira, ou evitar os ferimentos no corpo, as fraturas, ou o esmagamento decorrente de um choque com um objeto físico qualquer.

A banalidade de tais observações, que pertence ao universo reconhecido como da dor física, não retira, no entanto, a importância de poder nos orientar nas trilhas essenciais da resposta ao questionamento sobre a relevância da dor para a existência. Como analistas e psicoterapeutas que atuam apenas no contexto humilde e corriqueiro da conversa e convívio com o outro, a sofisticação tecnológica da apreensão, da medição e do entendimento de mecanismos bioquímicos, subjacentes aos diferentes fenômenos de dor, torna-se quase que indiferente, senão irrelevante, para nosso trabalho. Não pretendemos nos esconder atrás de uma hipócrita humildade, senão indicar que em nosso ofício partimos e permanecemos quase sempre no plano da vivência, de uma dimensão subjetiva que se refere a um aspecto específico e singular do campo intersubjetivo, a que denominamos *transferência*.

Entretanto, a dor nos transpõe a uma dimensão complexa da situação clínica, porque se desenrola no limite da manutenção da *comunicação*, no mesmo movimento em que se constitui a razão de seu engendramento e fecundidade. Aludimos anteriormente a uma possível função da dor como lembrança ou inscrição. Estas permitem, quando da reincidência e vislumbre do fator/causa de dor, tentar evitá-la, o que lança alguma luz sobre sua função dentro de certo sistema de alerta, ante as consequências de ameaça sobre a sobrevivência do organismo. Mas a dor como vivência é, em si, uma pura atualidade; flagra o sujeito, pegando-o quase sempre em estado de despreparo. A dor é, pois, segundo a bela imagem de André Green, "um trovão no céu sereno, mesmo se o sol estivesse oculto pelas nuvens há muitas semanas". A dor aponta também para essa característica desconcertante, já notada e evocada por alguns filósofos, que confunde o corpo com o terreno psíquico, ou desloca o psiquismo para dentro da pura sensação física. Eis o valor teórico que a dor tem para a psicanálise, estabelecendo elos e ligações com seu conceito-chave: a pulsão. No entanto, não pretendemos abordar, neste momento, essa relação. Detenhamo-nos apenas nas considerações mais gerais de Freud a respeito da dor e sua relação com o assunto a que nos propomos neste trabalho.

Destacamos dois momentos capitais em que Freud se refere explicitamente à dor: em 1895, nos inícios de sua trajetória, e trinta anos mais tarde, em 1925.[13] As considerações que tece nesses períodos são semelhantes, muito próximas uma da outra, embora para nós a primeira seja certamente a mais rica. Freud parte do fenômeno e modelo mais conhecido da medicina: a dor surgindo em reação ao ferimento, à disrupção da continuidade da pele, sendo, portanto, parte de uma defesa simultânea, não específica, que caracteriza a ativação do sistema inflamatório. A dor é, portanto, efração, colocando em xeque os dispositivos de contenção do organismo. Freud frisa, no entanto, nesse processo, o *intenso*

---

13 Referimo-nos aos respectivos livros, *Projeto de uma psicologia* e *Inibição, sintoma e angústia*.

investimento periférico, isto é, dos contornos do espaço do local atingido. Este é, no plano e em termos figurativos, o aspecto mais importante, pela imagem espacial, tópica que a vivência da dor comporta. A dor é consequência de irrupção e, por conseguinte, de seu efeito, do esforço de contenção, de ligação, de sutura. A dor concede, portanto – nessa dialética entre pressão, excesso e contenção –, *a representação do movimento* do corpo, silhueta e forma que o corpo desenha, sobretudo para si. Descrição que pretende explicitar como a dor desencadeia no sujeito uma maneira peculiar de armazenamento da imagem do espaço, região e órgão atingidos pelo impacto traumático.

Acreditamos que ninguém tenha perdido a familiaridade com a imagem da vovozinha queixando-se em um dia de inverno: "Ai, me dói aqui, são meus malditos rins, meu fígado; tristes órgãos...". Vejam que essa ideia, tão antiga no ocidente, associa a dor a uma imagem de um órgão interno em sofrimento. O órgão sempre foi carregado, desde os gregos, de conotações musculares, uma espécie de respiração dos órgãos internos: "Veja sua respiração, como sofre o coitado". A atenção à dor é coextensiva às imagens e figuras de vivência dos movimentos e oscilações dos órgãos internos. Imagem que se cria justamente, diria Freud ("A repressão", 1915), porque a dor provoca, na imanente tentativa de evitá-la, a contenção da expansão, do movimento do órgão. Nesse sentido, o trabalho analítico é próximo, em sua atenção aos movimentos internos, da disposição curativa do médico xamã, que, guiado pelas expressões da dor, fareja as alterações nos modos de "respiração dos órgãos".

Passamos, então, quase imperceptivelmente, da dor ao *outro*, para quem se apela, ou para aquele que é convocado para a ajuda e o socorro. O que permite introduzir a segunda, mais central e mais eloquente observação de Freud sobre a dor. Ele nos chama a atenção para a peculiar expressão de dor no rosto do bebê ao identificar o estranho como tal, ou seja, quando se defronta com a perda da mãe. Fenômeno que coloca a dor em associação com o anseio pelo outro, e a genealogia do amor nos seres humanos. O bebê, diz Freud, não distingue uma ausência temporária da mãe de uma crença em seu permanente desaparecimento, sua morte. Daí a importância vital, frisa ele, das variadas formas do brincar, oferecidas pelo adulto, que têm como característica a sequência de desaparecimento do sujeito (ou seu rosto) e seu reaparecimento – protótipo dos jogos de esconde-esconde, na tentativa de amenizar a permutação entre tensão e prazer: o desespero diante da ausência, seguido da alegre aquisição do conhecimento sobre a possível e contínua companhia do outro, da mãe (Freud, 1925).

Chegamos, então, ao momento de ligar essas duas simples observações ao lugar central da dor para a constituição da psique e do humano, bem como para todo o trabalho analítico. O indício sobre os movimentos dos órgãos – suas imagens e formas – criado pela contenção muscular do órgão, inerente à vivência da dor, entra em associação com a análoga vivência de dor da ausência do outro, das "contrações" emocionais mobilizadas pelo desaparecimento e reaparecimento do objeto. Ligação tributária de uma apropriação de si, do corpo, do *self*. A dor é justamente essa predicada condição dos inícios da vida em que os anseios inerentes ao desamparo humano das origens convocam o outro para que este devolva, respalde e conceda a esses anseios os sentidos, formas, imagens e figuras de movimentos dos espaços internos de seu ser. Convocação cuja manifestação concreta é a queixa, semelhante à da vovó, em crianças pequenas, que constitui de fato sua forma de origem: em certas situações, as crianças interrompem o brincar no qual se encontravam imersas sozinhas ou com seus pares para se dirigir à mãe, reclamando "dói aqui", apontando para uma região do corpo, geralmente sem nenhum sinal traumático manifesto. A psique, nesse sentido, não é outra coisa senão essa aquisição tópica, por meio da dor, do corpo próprio. Trabalho delegado ao *outro*. Como acabamos de ilustrar, essa aquisição de si é consecutiva e co-extensiva à instauração da presença do outro dentro de si. Os afetos, diz Freud, nada mais são que a metabolização, junto ao outro, da dor, adquirindo suas figuras e sentidos particulares – as qualidades afetivas – no respaldo ou nesta precisa concessão reflexiva das vivências corporais de satisfação junto àquela mãe dos inícios. Apropriação que permite, em futuros estados de anseio – que se tornam angústia – a capacidade de pensar; encontrar recursos para manejar e trilhar caminhos – possibilidades – na realidade e no real da vida compartilhada com os outros, da cultura.

A angústia é o fruto secundário dessas dores de origem, anseios ou exigências iniciais da vida, que incitam a procura pelas palavras, a denominação dos afetos e a aquisição própria do corpo – constituindo o trabalho da análise e da terapia. A esse respeito vale esclarecer o seguinte: como analistas, aprendemos sobre a importância de poder conter os estados de angústia, e mesmo facilitar situações para seu aparecimento, uma vez que permitem cavar o caminho em direção ao desejo. Da mesma maneira, adquirimos a sensibilidade de identificar e valorizar nos pacientes os privilegiados instantes depressivos nos quais notamos o contato destes com os próprios limites, e a importância e a dependência dos outros. Entretanto, a experiência de um longo trabalho com certo paciente torna-nos sensíveis a uma busca, ao "seu plano" de tentar resgatar um sofrimento que *já foi* ou *começou a ser vivido*. São essas, *as dores*, que colocam em evidência o verdadeiro, o contato e o conhecimento de si, do corpo psíquico.

Mas voltamos ao desenho inicial: como é que o outro, a mãe, identifica os anseios do bebê, para que possa respondê-los a tempo e de maneira adequada? Em uma das mais belas e impressionantes passagem do *Projeto...*, Freud afirma que o grito, isto é, a expressão das dores do bebê, tem aquilo que ele denomina de *valor de compaixão*, porque evoca, remete o sujeito às pegadas de suas próprias dores de origem, de seu desamparo de outrora, convocando-o para o socorro do outro em sofrimento. Processo que constitui, segundo ele, a origem para toda e qualquer possibilidade de *comunicação* que denominamos humana. Origem, acrescenta ele, de *todos os motivos morais* (Freud, 1895).

Se esse papel reflexivo do objeto não é desempenhado suficientemente, se o adulto não consegue devolver ao bebê, em seu grito de desamparo, as imagens de movimento e os respectivos espaços internos do corpo do bebê, teremos várias consequências que poderão ser graves para o sujeito.

Cabe assinalar algumas das modalidades extremas das patologias da dor, passíveis de serem encontradas no trabalho de profissionais de saúde mental. Uma delas é associada à ligação da dor com a constituição e a construção do universo afetivo. Referimo-nos à área das patologias psicossomáticas, que hoje adquiriu dimensões quase populares na mídia. O que encontramos aí é a permanência dos precursores da vida afetiva nos seus estágios primários de desenvolvimento, nas suas estases econômica e fisiológica primárias. A esse respeito vale mencionar dois clássicos e expressivos especialistas da dor no campo da psicanálise: Winnicott e Bion.

Nesses pacientes, o desenvolvimento precoce da inteligência, de uma operacionalidade funcional – dando a impressão, aliás "correta", de se tratar de sujeitos supernormais –, vem justamente suplantar uma carência do ambiente humano primário em poder dotar essa estase primária do corpo de formas e figuras afetivas, acarretando uma cisão marcante entre uma falsa mente (que Ferenczi identificou muito cedo na manifestação de "bebês sábios") e um corpo, trazendo o grito deste em formas de patologias orgânicas, sobretudo no sistema imune. Bion relacionou essa suscetibilidade ao funcionamento primitivo, protomental, *somatopsicótico*, tanto nos regimes do pensamento como no funcionamento prematuro com o grupo.

Outra modalidade situa-se em uma dimensão da dor sobre a qual não tivemos tempo de nos deter, e que diz respeito às manifestações patológicas do masoquismo como forma de recrutar experiências de dor para devolver ao psiquismo o seu mecanismo de defesa fundamental: *a angústia*. Nas formas mais agudas deste fenômeno, encontramos o autismo. A conduta dessas crianças em se atirar copiosa e incessantemente sobre objetos – o que evoca padrões semelhantes no brincar de crianças normais – visa justamente recuperar a dor junto com o esforço de desenhar e recuperar formas do próprio corpo, lançando-se violentamente contra paredes, objetos e pessoas de seu entorno, sem sucesso, no entanto, deixando-os vítimas da violência dissolvente e empoeirante do mundo arcaico dos instintos.

Bastam esses dois exemplos, de classes diferentes de patologias severas, para ilustrar o importante papel da dor na constituição do ser, no sentimento de permanência e continuidade de existência de si e com os outros.

O trabalho da dor: entre o contato e a fuga

Ao constatar que a dor brota dos órgãos, de seus anseios e necessidades, Freud pretende avançar sobre as consequências tópicas, em virtude da convocação do objeto, dos estímulos pulsionais, o que nos permite ampliar o desenho anterior e lançar alguma luz sobre as repercussões da dor na *construção* do tecido psíquico.

A exposição feita permite recolocar em foco uma característica muito peculiar da dor em relação a outras condições, vivências e estados psíquicos, como a depressão e a angústia. A articulação da dor com as pulsões e o desejo é muito peculiar. Razão pela qual preferimos descrevê-la, como o fizemos, mais na ordem de um processo que de conceitos, uma vez que a dor é consequência de um excesso pulsional, sensório e objetal. Figura como um a *mais* em virtude dos limites dos dispositivos de contenção sobre os quais essas forças se abatem e "pedem" contenção e ligação. Um estímulo sensório ou objetal imitaria a pulsão, lembra Freud ("A repressão", 1915), quando engolfado, por não se prestar de início à assimilação, passando a pulsar de dentro. Dialética esta que *dá nascimento* ao corpo. A dor evidencia e dota o psiquismo de seu corpo. Aqui é o *contato*, e o correlato trabalho de contenção exigido, que nos parecem prementes nesta função da dor de engendrar o corpo. O indício e a evidência de que existe um corpo são em si secundários, podendo advir de outras fontes.

Entretanto, a criação do contato não é suficiente para entendermos a dor no conjunto psíquico; não podemos permanecer apenas numa evidência positiva. A dialética paradoxal da dor, sobre a qual nos detivemos na parte "A" deste capítulo, coloca em relevo todo o caráter defensivo da vida psíquica, sob a guarda da qual advêm também a depressão e a angústia. A dor, porém, revela na imediatez da geração do corpo todo o seu caráter de violência. Violência em meio à qual surge a vida, também psíquica; violência que o psíquico expressa e "deve aprender" a usar. A defesa pressupõe todas essas manifestações. Se a violência não tivesse sido colocada para Freud desde o início, desde a atenção primeira que dirigiu para as neuroses atuais, a metapsicologia, como a definiu em 1915 – como aparelho metafórico de contenção do *excesso*, de forças e energias, em um espaço –, não teria utilidade alguma para o entendimento da vida humana. A descrição da dor "em si mesma" condiz com tendências que insistem em exilar as metáforas de forças e energias

– "especiosas" e, portanto, desnecessárias, segundo alguns – do campo da psicanálise.[14]

Outro ponto, mais espinhoso, diz respeito à espécie de dor: de que dor se trata? Freud se utilizou, desde o início, da geração e das figurações relativas às vivências da dor dita física – dos órgãos – como modelo e fonte de elucidação da função psíquica da dor. A dor física o guia também quando se ocupa do narcisismo e da melancolia: além da dor que a ereção do pênis provoca, ele menciona a alma do poeta comprimindo-se na dor de dente, no estreito buraco do molar, ou ainda o melancólico que se esvai na dor hemorrágica. O senso comum nos obriga a atribuir a característica física de certa dor em prol de sua associação com a alteração observável do órgão. Entretanto, a dor é em si um *sentir*, tornando, portanto, sem sentido a categoria física, já que o *físico* é, por definição, sem qualidades. Já assinalei o embaraço dos filósofos diante do fenômeno da dor. Por outro lado, a dor dita física não se ajusta facilmente ao universo psíquico. Preferimos, portanto, seguir Freud nesse deslize da dor entre o domínio "físico" e o psíquico. Indefinição essencial extremamente profícua para a psicanálise, em prol do entranhar da dor no limite em que brota a pulsão. Isso se reflete também na empreitada freudiana no campo da psicopatologia, em que delineia um trajeto no qual as neuroses de transferência emergem das atuais. Já as neuroses narcísicas são firmemente ancoradas ou paralelas às últimas. O esboço dessa ideia encontra-se no *Manuscrito G* (Melancolia), de 1895.

O que parece inconciliável – dor física *versus* psíquica – caracteriza-se como tal somente no nível epistemológico, e não vemos utilidade alguma em tentar resolver os emblemas psicofísicos que

---

14 "As coisas como são" ou como vêm a se alterar, romper-se, é uma opção de uma criativa e preciosa corrente da psicanálise, *a teoria dos campos*, mas não a nossa.

habitam a filosofia ocidental. Os filósofos nunca tiveram dúvida de que a dor pertence à mente. Wittgenstein fica perplexo quando afirma que "a dor é a prova que nosso corpo é psíquico". Embaraçado, pergunta-se: "isso é possível?". O filósofo teve o mérito de perceber que a dor arrasta consigo o corpo: a psique é *corpórea*; o psiquismo é *do corpo*. Se isso constitui para Wittgenstein um paradoxo, é, no nosso modo de entender, o cerne da descoberta freudiana. O corpo não é dado, tampouco de maneira completa e absoluta: ele se adquire na experiência, nas vivências empreendidas com o objeto que foram, por razões estratégicas, distinguidas em vivências de satisfação, de um lado, e de dor, de outro (*Projeto...*), embora ambas compreendam na origem as mesmas experiências, junto à mãe.

O objeto é *hostil*, como afirma Freud em 1895. Melhor dizendo, torna-se hostil depois de ter gerado experiências de dor, seja em sua intrusa presença – a mãe é intrusiva, afirma Freud em 1931 –, seja em razão da implacável dor de anseio, engendrado pelas pulsões em relação ao objeto, quando da ausência do último. É essa última forma de dor o protótipo e causa do afeto – articulação que Freud estabelece em relação às células-chaves secretoras, que despejam o excesso da quota pulsional para dentro da malha psíquica do eu (*Projeto...*, Cap. XII, Parte I). O registro das experiências de dor como marcas mnêmicas inaugura o sistema da angústia no aparelho psíquico, angústia como sinal ante o indício do objeto hostil. Complexo matizado em 1925 em torno da angústia como constituinte do sinal – automático e real – de um perigo (ver a respectiva ilustração clínica na parte "A"). A angústia tampouco visa *proteger* o ser da dor. A dor tem, como mostramos, uma "função" capital em engendrar o corpo psíquico. A proteção é apenas uma aquisição ou consequência secundárias, *posteriores,* desse movimento: o contato da dor ativa o retraimento, a fuga, constituindo assim um *sinal* preventivo ante a sobrevinda do perigo, e permitindo certo alerta e imunidade. O que coloca em relevo a função defensiva – na qual participa a dor, ao lado da angústia e da depressão – do aparelho psíquico em relação ao real, do ambiente, do outro incluso e da pulsão.

O desenvolvimento anterior obriga-nos a melhor precisar um aspecto crucial nesta instauração do corpo psíquico pelo *contato*, de dor. O registro de vivências com o objeto ocorre, de acordo com *Projeto...*, em duas vias distintas, segundo duas tendências que regem a economia psíquica. Uma via segue no prazer da descarga, motora e sensória, da experiência de satisfação, responsável pelo traçado mnêmico criado pelas imagens de movimento da apropriação reflexiva junto ao corpo da mãe. A outra segue, na experiência de dor, um princípio mais primitivo, em direção oposta, que diz respeito à *fuga* dos estímulos – "hostis", segundo Freud –, desinvestimento/retraimento que constituiria, na obra de 1920, a feição econômica da pulsão de morte. O retraimento, como operação segunda, na sequência do contato (dor), inerente à economia do aparelho, propicia a instauração da tópica, da circunscrição espacial. Razão pela qual Freud atribui, no Capítulo VII de *A interpretação dos sonhos*, às experiências primárias de dor a formação do recalque primário, cerne de aglutinação do recalcado. O desinvestimento da atividade alucinatória instaura o pensar. Na parte "A", detivemo-nos sobre o papel da dor na constituição *tópica* da vida psíquica – do inconsciente recalcado, do eu, entre outros. A ampliação e sofisticação do pensar cria-se em meio aos processos modulados pela contenção da descarga. A tendência de satisfação é detida em diferentes graus, possibilitando a *espera*, condição do pensar. Um desinvestimento que instaura o pensar nas rotas da atividade muscular (Freud), em um movimento que segue um projeto delineado pelo traçado mnêmico, o desejo.

O que transforma e ajusta a descarga ao princípio da realidade, propiciando assim uma ação.

No nível mais amplo, frisamos novamente que a feição paradoxal da dor é gerada por uma aliança na qual o contato – dor – convoca a tendência de retração narcísica da vida anímica, defesa necessária à manutenção do psíquico. Nessa concisa evolução, fica claro que a dor é gerada no contato: é o objeto, sua presença e corpo, que concede e possibilita, nesta dor de contato, o nascimento do corpo do sujeito. No entanto, se o objeto não propicia suficiente contato – em virtude, por exemplo, de uma depressão materna –, o desinvestimento acarretaria a *fuga*, expressa nas várias formas de *dissociação*, desde as mais amenas, passando por aquelas que dão nascimento aos bebês sábios (Ferenczi), às melancolias e até às mentalizações[15] psicossomáticas. Nas últimas, a ausência do contato com o objeto promove uma dissociação no interior da matriz psique-soma (Winnicott), o que faz encolher o representante da pulsão, dirigindo-o de volta para sua estase somática de origem. O soma se psicotiza, afirma Bion, deixando o indivíduo vítima das operações de fuga de um estado primitivo, que ele denomina protomental.[16] Não surpreende que a criação do corpo se coloque no centro do esforço do esquizofrênico e do paranoico em voltar e encontrar a realidade (Freud, 1914).[17]

---

15 *Mentalização* como uma organização operatória que Winnicott designou, inicialmente, como mente (1949), e depois como uma manifestação *falso--self*, forjada no lugar de uma psique ancorada no investimento do corpo pelo objeto.

16 Cf. Winnicott, D. W. (1949) "A mente e sua relação com o psique-soma" e (1964, 1967) "Psycho-somatic disorder", nos respectivos livros: (1958) *Da pediatria à psicanálise*, 3. ed., Rio de Janeiro: Francisco Alves, 1988, e (1989) *Psychoanalytic explorations*, London: Karnac. Ver também Bion (1961) *Experiences in groups*, London: Karnac.

17 Cf. *Introdução ao narcisismo*.

Se a dor está na raiz do corpo, do engendramento da esfera psíquica, são a fuga e a ausência da vivência de dor que se encontram no cerne do sofrimento daqueles que buscam a análise e a terapia.

Para concluir, uma sequência clínica do tratamento de Luísa – ocorrendo três anos após aquela narrada na parte "A" – para ilustrar certa recuperação das consequências desta carência de contato com o objeto de origem.

Luísa, cuja longa análise encontrou várias evidências de uma depressão materna, nos confins da qual insiste permanecer, apesar dos êxitos propostos pela vivacidade e sedução do pai da infância, coloca-nos, certo dia, diante do seguinte episódio: um telefonema da mãe em que se queixa do fato de o pai ter decidido privá-la de sua pensão faz Luísa produzir, na mesma noite, o seguinte sonho. Encontrava-se com a mãe e outras mulheres em um clube de campo, todas sentadas ao longo de uma mesa comprida. No outro galpão, do outro lado da rua, o pai se descontraía com outros homens. Um fogo surge repentinamente na ala dos homens, e logo depois alguém entrega para a paciente os óculos do pai, noticiando sua morte no acidente que ela acabara de presenciar. A paciente despertou assustada, e no dia seguinte é levada, em uma espécie de um agir maníaco, a realizar uma série de compras, para ela e sua filha, que muito transcendem suas possibilidades financeiras. Entretanto, o estado acelerado e irrequieto, permeado de medo ante a sobrevinda de algo inominável, e a sensação de precisar fugir conservam sua intensidade na vigília durante dois dias. Estado que a faz aderir à filha, permanecendo com ela, e as duas passam a noite juntas na mesma cama. Embora os óculos indicassem certa garantia do olhar do pai, o vislumbre da dor de contato – "agora vamos ficar juntas, só nos duas, papai não retornará" –, suturando a dissociação originária com o objeto, a ameaça, pavorosa, mantém aceso um estado de pânico constante, subliminar. Uma pontuação de nossa parte nessa direção cria, em nosso modo de ver, um sonho que narra na sessão seguinte: a filha em dores e, como em um quadro cubista, os órgãos internos aumentados, expostos para fora, destacados.

Dor dos órgãos, dor do corpo, do contato com o outro na emergência de si.

O sono do sonhar e a área da escuta na análise[1]

Ao anunciar "sonhei que...", o paciente nos introduz, *frequentemente*, em um novo ambiente, clima ou atmosfera, como no instante em que adentramos, com um guia, certa ala ou sala diferenciada do museu ou, na situação corriqueira, em que um próximo nos puxa a um lugar reservado, "para conversar".[2] Seria essa a área, reservada, propícia à escuta? Os sonhos, segundo Freud, constituem a via régia para o inconsciente. Nossa atenção, porém, é sobre a *mudança de tempo*, do clima na sessão no momento da introdução ao sonho.

O feitio do sonho, consequência de um *trabalho* que Freud descobriu, é tributário desse convite especial, por vezes solene, ao analista. No entanto, os processos de formação do sonho que agem sobre os *pensamentos* inconscientes são formulados em termos

---

1 Uma versão anterior deste artigo foi publicada na *Revista Tempo Psicanalítico*.

2 Essa afirmação corre o risco de estreitar o escopo dessas situações, pois a gama estética das cores e "climas" deste arco-íris vivencial é ampla, variando desde a instauração de um ar sagrado até a provocação de horror, e para além e aquém destes, respectivamente.

analíticos (deslocamento, condensação e figuração, ou na esfera linguística, metonímia e metáfora). Mas como entender o clima do sonho e seu regime *comunicativo*?[3] Freud, citando Fechner, obteve um clarão: trata-se de *outra* cena.[4] É uma *cena*, mas é *outra*, porque ocorre no *território* do *outro*, do paciente, onde este *nos insere* – nos convoca, nos puxa a participar. Inserção que instaura o regime da *comunicação*, porém, esta não se reduz à interpretação dos conteúdos do sonho, à sua hermenêutica ou à exposição dos personagens implícitos às cenas de origem, tampouco aos roteiros nelas realizados.

A experiência analítica com certos pacientes (com mal-estares do *sono*) levou à distinção entre a *interpretação* de conteúdos e sentido do sonho e o que constitui seu *palco, tela, espaço, função, experiência* e *vivência* (Lewin, Winnicott, Bion, Kahn, Meltzer, Pontalis, entre outros). Por que, nesses pacientes, o sonho e suas implicações são negados, recusados ou sem relevância para o sujeito? Diz Freud: "Em certas análises ou em alguns de seus períodos, assistimos a um *divórcio* entre a vida dos sonhos e o cotidiano", como na conhecida cisão entre o devaneio e a vida de vigília.[5] Não querer saber do sonho e seu sentido é maneira difundida da *negativa*, da confirmação às avessas do desejo, requerendo *um tempo* – paciência – para sua assunção. Existe, porém, em outras situações um divórcio de outra ordem, no qual o "sonho" perde seu *sujeito*. Não se trata, então, do *não*, marca registrada do recalque, mas do *sumiço do sujeito*, o sonho ficando sem vestígio de seu "dono", como um objeto industrializado, um móvel, no meio do deserto.

---

3 Termo que será circunscrito adiante pelo desvio do contexto usual em que é normalmente empregado.

4 Cf. Capítulo VII de S. Freud (1900) "The interpretation of dreams". *S.E.*, vol. 4 e 5.

5 Cf. (1923) "Remarks on the theory and practice of dream interpretation". *S.E.*, vol. 19.

DANIEL DELOUYA 97

Em seu diário sobre sua depressão, o filósofo Clémente Rosset definiu a *vivência* desses sonhos como portando a marca *"não meus; não me pertencem"* (grifos nossos).[6] Tal distúrbio no *sentimento de si* (diferente da *consciência* de si) ou seu desaparecimento, como notou Paul Federn[7] – discípulo de Freud, e pioneiro na delineação das patologias do eu –, inaugurou a distinção anterior entre a *tela* e o *enredo* da cena ou entre o *fundo* e a *figura* do sonho. Os fragmentos oníricos perdem a feição comunicativa, e tamanho *colapso*[8] estende-se para toda a área da escuta, da dimensão do *sonhar* da situação analítica.

Para ressaltar essa diferença, trago duas situações clínicas: na primeira, o paciente relata a agonia da véspera, atingindo o sono depois das três horas da madrugada. Acorda, no entanto, às seis horas da manhã para trabalhar, descansado e disposto, começando a sentir o cansaço só agora, às dezoito horas. "Sonhei com algo... uma superfície", diz ele. Fala então da vivência de aperto na reunião de ontem; o aborrecimento e as conhecidas (para nós) dúvidas em relação ao lugar que ocupa em relação aos colegas de trabalho, no qual se sente fadado a permanecer. Lembra repentinamente que a imagem da superfície no sonho pertence à mesa do bar onde tomou, à noite, chope com a esposa. A dificuldade em "dividir a mesa com os homens" é temerosa em função de outro impasse, de uma conexa, embora diferente, "divisão com a mulher". Problemática clássica da neurose obsessiva, ganhando aqui, por meio do sonho e análise, mais uma etapa de elaboração.

O resto diurno, após submeter-se ao deslocamento e à condensação, figura a realização alucinatória do desejo, a serviço do

---

6   Rosset, C. (1999). *Route de nuit: épisodes cliniques.* Paris: Gallimard.
7   Federn, P. (1952). *Ego psychology and the psychoses.* Nova York: Basic Books.
8   Gurfinkel, D. (2001). *Do sonho ao trauma: psicossoma e adicções.* São Paulo: Casa do Psicólogo.

recolhimento – investimento narcísico do corpo – para o sono, do qual o sujeito acorda descansado. A área da escuta mantém-se intacta.

Em outro paciente, ocorre o contrário: a pessoa *desperta* de um estado de agitação onírica – um sonho curto, angustiante, no limiar da vigília. Geralmente tais sonhos apagam-se da memória, bem como o teor angustiante que os acompanha –, tudo ocorrendo em estado indefinido entre sono e vigília – dando lugar no acordar a uma sensação de *esgotamento*, um cansaço físico maior que o que levou o sujeito em direção ao seu leito.[9] Após recorrentes tentativas, talvez em função da situação de análise, ele lembra alguns pedaços de sonhos, cujos "temas" lhe parecem não só absurdos, mas sobretudo "imbecis, idiotas" (Rosset). Não se trata, neste caso, de *sonhos absurdos*, pois o absurdo costuma intrigar o sonhador, aguçando sua memória. Aqui, ao contrário, a alienação dificulta a recuperação do conteúdo do sonho (por exemplo, *quilômetros e quilômetros de praia sem alma viva*). O ar de abandono é frequente, porém, vivido na maior indiferença.

Tais sonhos distinguem-se também de pesadelos, e não só porque são dificilmente recordados: o pesadelo permite, um tempo depois, voltar a dormir e recuperar a disposição, ao passo que, no nosso caso, o sonho é esquecido e nada significa para o sujeito. Segue uma longa demora em adentrar o sono, que novamente não é reparador, mas permeado de um agito que desperta o sujeito de um estado-limite no qual o corpo parece ter habitado uma espécie de limbo, exilando-o do domínio do repouso e descanso. O paciente, em geral – e mesmo quando chega a mencionar um desses fragmentos oníricos –, jamais nos introduz na área e no estado descritos, da escuta. O fragmento de sonho surge como meteoro

---

9 Rosset (1999) denomina esse mal de *hasofin* (hiperatividade semionírica de fim do sono), pertencente a um quadro mais amplo de depressão.

ou dejeto que voa, atravessando nosso espaço já marcado pelo ar rarefeito de abandono e de um tempo branco e vazio. Entende-se que, ao contrário do caso anterior, a produção onírica neste não repercute no trabalho analítico, isto é, na elaboração do processo analítico.

Esses exemplos, descrevendo apenas algumas situações de uma ampla gama de estados e configurações dos males do sono, confirmam a máxima freudiana da finalidade do sonho: garantir o sono ou, na expressão mais extremada de 1925, "*os sonhos que melhor cumprem sua função são aqueles sobre os quais nada sabemos ao acordar*".[10] O sono é, portanto, indissociável do sonho ou, para incluir o fenômeno mais abrangente da escuta, sono e sonho pertencem, como notou Bion, a uma só e *fundamental* função psíquica. Certa circunstância na vigília, como a reunião de trabalho, constitui uma excitação, *acordando* a trama que estrutura certa parte do acervo mnêmico do sujeito; uma exigência sobre o sujeito – de trabalho e de pensar – para que amplie *a rede* desse acervo. Este estado e a implícita ameaça de invadir a consciência geram insônia. Um resto diurno é "elegido" para formar o sonho, realizar alucinadamente o desejo, com a finalidade de alcançar o sono. Freud reconheceu nessa moção o investimento libidinal do corpo como um todo, congruente com a aspiração mítica, do narcisismo primário, de retornar ao ventre materno.[11]

A comparação entre os dois quadros clínicos ilustra que o desejo, no contexto do conflito edípico, é solidário à inserção do interlocutor no campo da escuta. Desejo e escuta são indissociáveis do alcance do sono (como estado e estrutura do narcisismo). Apesar

---

10 Freud, S. (1925). "Some additional notes on dream-interpretation as a whole". *S.E.*, vol. 19.

11 Cf. Freud, S. (1915). "A metapsychological supplement to the theory of dreams". *S.E.*, vol. 14.

de a medicina acentuar uma função fisiológica do sono, este faz parte, como pensou Freud, do *sonhar*. Entretanto, tal consolidação dos elos da linguagem com o narcisismo (ver a seguir) só ocorre – como fazem suspeitar as insuficiências e falências estruturais que despontam nos distúrbios do sono – como fruto da constituição e construção da vida psíquica, implementadas com o outro. Para avançar, vejamos inicialmente o surgimento do sono na psicanálise.

O *sono* e os estados correlatos, como a hipnose, ocuparam o centro de atenção de Freud nos primórdios da psicanálise – quando se inteira do tratamento da Anna O., e depois em Paris, ao assistir Charcot empregando a hipnose e tirando conclusões acerca da histeria, ao tomar partido da eficácia desse método na remoção e geração dos sintomas histéricos. Nesse momento, a hipnose e os estados hipnoides figuram os *aposentos* ou as *moradas* de representações, ou seja, o lugar onde as últimas "entram e saem". *Estados* para os quais adentrava Anna O. nos finais de tarde, na presença de seu médico, Josef Breuer: *palco* de encenação, teatro do eu, onde ocorre a elaboração psíquica e ab-reação. A hipnose é um estado propício à influência, mas é também o canal de acesso à reserva do recalcado. Com os *Estudos sobre a histeria* (1895), o estado parcial ou total de inconsciência – *consciência segunda* (Janet) – acaba perdendo grande parte desse estatuto. Freud, com base em Bernheim (da alucinação negativa), descobre a possibilidade de restabelecer, no próprio estado de vigília, os canais de comunicação com o território inconsciente. A divisão entre consciente e inconsciente não será mais vista como dissociação, hiato intransponível, mas *passagem* – espécie de membrana *seletiva*. Interessado naquele instante nos quadros clínicos, na compreensão dos mecanismos de formação de sintomas, Freud encontra a causa da formação inconsciente – do recalcado – no ingrediente virulento *sexual* (da representação) e na correlata *defesa* – a resistência – ao tal elemento *traumático*, porque incompatível com o feitio e a função do eu. O sentido e o veio simbólico, descobertos em 1892 no sintoma histérico, preparam entre 1895 e 1899 a fundação do aparelho psíquico sobre o desejo sexual infantil, concebido como precipitado ou *registro*, sob a égide do princípio de prazer, dos trilhamentos de vivências de satisfação primárias com o objeto.

Constatamos nessa história, de início, a distinção entre uma *morada*, área e ambiente, de um lado e, de outro, seus "moradores" e vida – cenas e manejo de conflito. A primeira parece ser superposta ao domínio do *sono*; a segunda abriga o cenário de representações, construídas em torno do conflito, portanto figurando os conteúdos e o sentido do *sonho* – personagens, desejo e roteiros para sua realização. No entanto, o exame das situações clínicas nos interroga: como entender o conjunto exposto no *segundo quadro*, em que o pobre ambiente torna as imagens do sonho quase insignificantes? Cenas oníricas assemelhando-se a assentamentos humanos esparsos no meio "do nada" (ou como se diz em inglês: *being in the middle of nowhere*). Pensamos, e já experimentamos isso na clínica, que o insone sonhador do segundo exemplo vive a "presença de ninguém"; ninguém está presente ali, *nem ele mesmo*. O ar rarefeito, precário, vivido pelo analista nas sessões de pacientes com depressões brancas anula o valor possível da fala, ficando quase apagada, morta, a zona de *comunicação* – de transmissão afetiva e representativa.

Se não é possível separar o sonho do seu sono de fundo, suspeita-se que o último se relaciona ao elemento espinhoso da experiência do sonhar e da possibilidade da análise. Pontalis tentou, face a essa problemática, diferenciar o sonho como *cena* de sua experiência – do *sonhar* – como *objeto*.[12] O objeto, aqui, diz respeito à experiência do ambiente-mãe, criada pela demanda do narcisismo

---

12 Pontalis, J.-B. (1974). "Dream as an object". *International Review of Psycho--Analysis, 1.*

primário. Atentos, no entanto, às diversas manifestações do sonhar, preferimos primeiramente distinguir as referências autoeróticas do sujeito, provenientes de registros das vivências primárias com o objeto de origem. Registros que se erguem *no desvio* – como consequência *secundária* do auxílio prestado pelo adulto na satisfação das exigências vitais. Winnicott apreendeu, nesse mesmo sentido, o surgimento do psiquismo como "*elaboração imaginativa das partes somáticas . . . da vivência física*" (grifos nossos).[13] Freud, já no *Projeto...*, refere-se à aquisição de *imagens dos* (próprios) *movimentos*; registros mnêmicos obtidos reflexivamente – sob a égide do princípio do prazer – com os "movimentos" da mãe. São, portanto, protótipos representativos tecendo referências autoeróticas – vigas e colunas-fontes para a ampliação do pensar e linguagem, das cenas do sonho e do mundo psíquico. A expansão constituirá a rede ou a malha representativa do eu, o que estabelecerá forçosamente os focos de atração da libido, no recolhimento para *o sono do sonhar* e do pensar da cena psíquica.[14] Esse seria o resultado da história de construção, libidinal e linguageira dos objetos e das referências internas do sujeito.

No entanto, tal dimensão figurativa – instaurando os trilhamentos cênicos no e pelo trançar das pulsações corporais às *respostas* oferecidas pelo objeto – é calcada sobre o plano não figurável de uma tela "forrada" no sustentar (*holding*) do objeto, e pela "cobertura" – "total" e contínua – deste. *Objeto subjetivo*, segundo Winnicott;[15] *área de criação, de trocas*, segundo Balint,[16] em que

---

13 Winnicott, D. W. (1949). "A mente e sua relação com o psico-soma". In *Da pediatria à psicanálise*. Rio de Janeiro: Francisco Alves, 1988.

14 No *Projeto...*, a criação, nas vivências primárias de satisfação, de trilhamentos mnêmicos gera uma espécie de *poços de ligação*, portanto focos de atração da energia desligada. Ideia que retorna no (1920) *Além do princípio...*

15 Winnicott, D. W. (1956). "Preocupação materna primária". In *Da pediatria à psicanálise*. Rio de Janeiro: Francisco Alves, 1988.

16 Balint, M. (1968). *The basic fault*. London: Tavistock.

atenção, intimidade e reclusão – *preocupação materna primária* – permitem o afinar-se do objeto às necessidades primárias do bebê. Se esse espaço de continência não for alcançado, se a demanda do narcisismo primário não for suprida, presenciaremos um fracasso no estabelecimento dos estágios finais de maturação – na tolerância da desilusão progressiva e no estabelecimento da dimensão *transicional* –, quando os registros das cenas serão postos à prova na área *cultural*, do brincar e da criação. Precariedade encontrada no segundo caso, em que os sonhos se tornam insignificantes, porque desenraizados ou situados em um deplorável terreno do sono. Manifestações mais obtusas são deflagradas no estágio ou teste final, do *uso do objeto*, em que o encontro com o outro requer a transposição – fora da área das projeções – para o mundo *compartilhado*, em que o sujeito, estando separado, pode se *sentir real* com os outros.[17]

Os últimos parágrafos aludem à relação da experiência do sono com a instauração do palco psíquico fundamental, primário, do sonhar. Distúrbios advindos do ambiente nesse estágio, do objeto subjetivo, impedem a maturação nas próximas fases de diferenciação. A área da escuta origina-se, segundo entendemos, também nessa fonte do objeto subjetivo, porém estendendo-se em uma espécie de gradiente, passando pelo *brincar*, até o domínio compartilhado de trocas, *do uso de objeto*. Winnicott atribuiu ao *enquadre analítico* a contenção de preocupações e cuidados maternos, inerentes ao estágio do objeto subjetivo, para propiciar um *processo* (analítico) em direção à esfera cultural, *transicional*, do brincar. Uma verdadeira comunicação no plano de uso de objeto ou, conforme Freud, na aceitação da castração é almejada como fim. Entretanto, os fracassos do ambiente de origem deflagram-se na dificuldade do sujeito em *confiar* nas "ofertas" do enquadre e

---

17 Cf. Winnicott, D. W. (1971). *O brincar e a realidade*. Rio de Janeiro: Imago.

seu *guardião*, o analista. Uma fala *pretensiosa,* onipotente e arrogante[18] precipita-se em forma de *realização alucinatória,* "visando" com isso suplantar a falência de origem. O pobre e intruso ambiente de origem acarreta, nesse retraimento, a regressão à condição defensiva, de *depressão primária* (ver adiante), à proliferação das psicoses e das patologias do falso *self. A comunicação perde sua condição e seu terreno.*

Essas considerações colocam-nos novamente diante dos mal-estares do sono. Que a mãe seja a "guardiã do sono"[19] explica por que o foco de atenção do psiquiatra é voltado, nos quadros de insônia, para a depressão e a angústia, nas quais ele concentra a estratégia medicamentosa. No entanto, o "papel" de guardião da mãe vem atender ou se superpor ao estado originário do desamparo dos inícios da vida. Trata-se, como afirmamos em várias oportunidades, de um estado *defensivo* primário, diante da exposição à violência dos respectivos mundos: sensório, pulsional e objetal.[20] A defesa surge como tendência narcísica, *centrípeta,* de conservação, continuidade e circunscrição do terreno, diante da natureza *centrífuga* da exposição à vida. Esse território originário, em razão da moção nirvânica descoberta por Freud, convoca o objeto a prosseguir com um trabalho que denominei, seguindo Melanie Klein, de *depressivo,* de integração da violência para a construção e diferenciação do mundo psíquico.[21] Que este terreno selvagem, de recolhimento ou *depressão originária,* seja coextensivo ao paradigma do sono é patente, dispensa esclarecimentos face ao fenômeno da entrada dos bebês no regime do sono. Compreende-se por que

---

18 Cf. Bion, W. R. (1957). "On arrogance". In *Second thoughts.* London: Tavistock, 1967.

19 Ganhito, N. C. P. (2001). *Distúrbios do sono.* São Paulo: Casa do Psicólogo.

20 Cf. nosso livro *Depressão, estação psique: refúgio, espera, encontro.* São Paulo: Escuta/Fapesp, 2002.

21 *Op. cit.*

a defesa depressiva e o cansaço predominam na vigília nos quadros depressivos. Os restos diurnos, em vez de propiciar o sonhar – atingindo as redes mnêmicas e ampliando-as, bem como a experiência e o pensar, e, desse modo, sofisticando os meios de contenção, e obtendo o gozo de satisfação e o decorrente repouso para "lidar com o próximo dia" –, empilham-se e entulham-se como excessos indigestos, angustiantes porque inassimiláveis às precárias redes mnêmicas criadas com o objeto. Assim, sob o peso de sua carga e a correlata defesa, desperta o sujeito, cansado e astênico.[22]

Neste contexto, lembramos outros quadros de distúrbios do sono: Winnicott destacou, a propósito de patologias infantis, a fuga para o estado primário, depressivo, do sono do lactente, em contraposição aos distúrbios de sono – abordados inicialmente por Freud – nas neuroses atuais, de angústia e neurastenia. Tal fuga, encontrada em alguns quadros e estados depressivos, sobretudo no início da crise, recorre, por um lado, ao meio defensivo primário do recém-nascido diante da violência e persecutoriedade advindas dos mundos sensório, objetal e pulsional, embora represente, por outro, a necessidade do retiro para poder assimilar, elaborar e construir o sonho. Winnicott e Fédida notaram que esse recolhimento é posterior a um período de um *agir*, frequentemente maníaco, de cunho também defensivo – o medo de sonhar –, e semelhante ao agito que antecede a hora de dormir das crianças. A fuga do sonhar no agir visa suplantar a ausência e a insuficiência do objeto nas montagens de moldes cênicos do desejo para pensar. Aqui, é possível vislumbrar outro grupo de fenômenos, certamente de outra – porém conexa – ordem do sonambulismo.

---

22 Na carta 52, de 6 de dezembro de 1896, Freud distingue os indícios de percepção, de sua configuração em cenas de desejo (que ele denomina *conceitos mnêmicos*), pertencendo a dois e distintos estágios de tradução (Wz e Ub, respectivamente). O último parece fracassar no segundo caso de depressão e insônia

Por fim, mais uma precisão. A colocação do objeto como fonte de sustentação do sonhar não deve nos incorrer no conhecido erro da apreensão *quase empírica* do ambiente materno, difundida entre alguns seguidores do aporte winnicottiano. A continência e o atendimento, próprios ao estágio do *objeto subjetivo*, requerem o estar junto (*to be at one with the patient* – Bion), a identificação, o afinar-se, mas não a fusão (que acarretaria a psicose) com o bebê. O que coloca *no fundo*, nas raízes da dita função materna, da escuta e do sonhar, as *coordenadas do pai*. A psicanálise, diz Pontalis, é um reino sem rei.[23] Certas insônias deflagram a abolição do nosso reino e *leis* denunciando a falência do objeto em garantir o sono, em virtude do fracasso *na instalação do pai no universo psíquico da mãe.*

---

23 Cf. (2002) *Fenêtres*. Paris: Gallimard.

PARTE II

Extensões da metapsicologia freudiana

Uma perspectiva de construção em Freud[1]

A construção da qual se pretende tratar aqui não diz respeito ao aporte trazido pelas correntes construtivistas e intersubjetivas que vêm habitando a psicanálise contemporânea, sobretudo nos Estados Unidos. Pretendemos nos indagar sobre a perspectiva da construção no modelo freudiano no que tange às origens e ao engendramento do aparelho psíquico, cuja investigação – oriunda da clínica, mas apoiada sobre metáforas e modelos emprestados, em grande parte, da biologia – sempre seguiu uma abordagem de cunho predominantemente analítico. Lembramos, neste contexto, que mesmo quando Freud recorre, na interpretação, à construção, ele se vale de um artifício, evocado na sua mente, para uma finalidade analítica: a de colocar em marcha a rede associativa no paciente, tendo o efeito de corroborar, ao menos em parte, ou de remanejar, a proposta oferecida ao analisando. Algo semelhante ocorre na montagem dos desenhos e figuras da metapsicologia freudiana. Onde, então, surge a perspectiva da construção da vida psíquica?

---

1 Este capítulo foi publicado na revista *Pulsional*, (177), mar. 2004, p. 51-65.

A ideia da construção é de uma sucessão, um processo, como na construção civil, em que de início instalam-se as bases e os fundamentos, erguendo sobre estes, com o auxílio dos andaimes, as colunas e as vigas de sustentação das lajes etc. Entretanto, todo esse processo é guiado por um projeto e uma programação que, portanto, o antecedem e o determinam. A construção implica meios e fontes materiais, além de uma condução e de formas de manejo. A existência de um projeto e de um programa remete a dois planos distintos: de um lado, a princípios constitutivos, e de outro, a um desenvolvimento.

O desenvolvimento é concebido como linha de fabricação, seguindo uma programação genética e executado de maneira quase automática. Vejamos que nesse modelo, da forma como o apresento aqui (como linha de fabricação), há pouco lugar para a criatividade e a virtuosidade – rigidez atribuída (erroneamente) à genética biológica –, ou seja, não há nenhuma autonomia no processo de construção. Uma concepção que talvez encontre certa semelhança com algumas teorias de aprendizagem na psicologia cognitiva, mas não na psicanálise. Nesta, muitos se utilizaram do termo desenvolvimento de maneiras bastante variáveis, em alguns casos em analogia parcial com os modelos de emergência das formas, da morfogênese e/ou da evolução na biologia clássica. Em oposição a tal estreiteza, entre o programa do projeto desenvolvimentista e sua execução e manuseio, a ideia de *constituição* implica uma *independência* entre esses regimes. Em meio à construção de certa sociedade, o parlamento ou senado de certo país pode vir a estabelecer uma constituição com pouca ou nenhuma condição de ser realizada. A constituição diz respeito a princípios e coordenadas gerais que orientam uma formação. Os princípios constitutivos são exteriores às fontes, aos materiais e aos programas de realização da construção conforme as leis constitutivas.

A constituição foi introduzida na psicanálise pelo aporte lacaniano inspirado no estruturalismo. Édipo, castração e linguagem constituem matrizes simbólicas – da cultura e do inconsciente de seus agentes – dentro das quais vai se inserindo o recém-nascido ou talvez o próprio recém-concebido ser humano.

Nas considerações anteriores, abstivemo-nos de demarcações conceituais e revisões mais acuradas das diferentes nuanças dos referidos modelos. Nossa intenção foi apenas evocativa. Acreditamos que a ideia de constituição, de cunho edípico, como matriz da cultura e do inconsciente de seus mensageiros é aceita, implícita ou explicitamente, por todas as correntes que habitam nosso campo (Freud afirmava ser ela *shibboleth* – a espiga – da psicanálise). Entretanto, alguns voltaram sua atenção aos destinos singulares da inserção e do advir do sujeito nessa matriz proposta pela cultura por meio de seus agentes – da célula familiar. Outros focaram os processos de *construção, crescimento* e *amadurecimento* das moldagens das estruturas, instâncias e funções internas com base em fontes endógenas, pulsionais e necessidades, e sob a condução e o manuseio do ambiente humano – nas respostas e atenção dos agentes da cultura, do núcleo familiar. São, portanto, dois grupos principais que costumamos, grosso modo, atribuir às respectivas psicanálises francesa e inglesa. Ambas retratadas nos fios do pensamento freudiano. Lembramos ainda que, para Freud, a matriz constitutiva do Édipo se impõe, em forma de aliança, apoiada em duas fontes: a lei da cultura vai se inserir sob o comando do "pai filogenético", uma matriz identificadora, molde do ideal, formatada pela estrutura edípica e instaurada na trajetória mnêmica da história da espécie;[2] e o substrato sobre o qual se impõe e opera

---

2 A formulação detalhada desta concepção encontra-se no Capítulo III do livro *O eu e o isso* (1923), além de suas versões precursoras no livro de 1921, *A psicologia das massas e análise do eu*, e nas conferências de 1917. Nas últimas,

112 UMA PERSPECTIVA DE CONSTRUÇÃO EM FREUD

o projeto edípico é o mundo pulsional, o que nos permite passar para a dimensão da construção.

Ver-se-ia que, enquanto a ordem constitutiva se impõe de cima para baixo, o crescimento – a construção – ocorre em direção vertical inversa, de baixo para cima. Na perspectiva freudiana de construção da psique, deve-se, de início, levar em conta, de um lado, as exigências pulsionais, e de outro, a circunscrição narcísica primária, uma moção defensiva de resguardo de certo território. O modelo aqui é o da vesícula ou bola protoplasmática à qual Freud recorre em 1895, e com a introdução da pulsão de morte, em 1919.

A título de adendo, lembramos a controvérsia atual entre freudianos, na qual alguns concebem as pulsões como derivadas da inserção na cultura (Laplanche), e outros enfatizam o seu caráter de força com pressão constante, como indício irredutível de sua fonte nas exigências vitais e necessidades instintuais do homem (Green). Acreditamos que as posições divergentes são conciliáveis se vistas sob a ótica da construção.[3]

Freud dá a entender que este "pai" é organizado pela matriz estrutural das três protofantasias formadas ao longo da pré-história humana.

3 A posição de Laplanche apoia-se na teoria traumática da sedução que amadurece, em Freud, entre 1892 e 1897, tendo, porém, seus estágios preparativos desde a volta de Paris em 1886, além de permanecer, de maneira mais circunscrita, ao longo de toda a sua obra. A carta de 2 de maio de 1897, na qual Freud afirma que as "estruturas psíquicas . . . são *impulsos* que se originam das cenas primárias [de sedução]" (grifos nossos), é o mais explícito suporte à posição de Laplanche. Entretanto, a coerência obsedante de Laplanche incorre em equívocos graves, como na suposição de que a tradução *inicial* das mensagens enigmáticas do adulto é efetuada por um esquema neurofisiológico, tornando sua teoria muito mais biologizante (a despeito de seu esforço) que a de Green, que nos parece muito mais fiel às proposições freudianas. Sobretudo se levarmos em conta que Green foi quem mais elaborou o conceito de *representante* da pulsão (Freud, 1915) como uma abertura da pulsão sobre o mundo psíquico da cultura, da cena psíquica, para a emergência do universo das representações e dos afetos.

As condições de construção da vida psíquica

Se não quiséssemos ignorar a dimensão do viver, o modelo vesicular precisaria incorporar a ordem econômica que a determina. Freud parte, no *Projeto de uma psicologia* (1895), do visível estado do *desamparo* (*Hilflosigkeit*) do recém-nascido, ao qual retorna trinta anos mais tarde em seu livro de 1925, *Inibição, sintoma e angústia*. Condição criada, de um lado, pelas pulsações das necessidades, as *"exigências vitais"* (Freud, 1895),[4] e de outro, pelo ambiente, os estímulos sensórios e as condutas, presença e paixões dos objetos humanos que o circundam. Os primeiros são inevitáveis. O desamparo implica, no entanto, na tentativa de *contenção*, de defesa ante a referida violência das exigências vitais que se abatem sobre o ser dos inícios, por seu despreparo em encontrar uma *ação específica* para satisfazê-las. Em termos econômicos e dinâmicos, a vida só se torna possível mediante este esforço de contenção, *centrípeto*, ante essas pressões, de caráter *centrífugo*, que ameaçam desfazer a unidade vesicular. A contenção figura, portanto, um narcisismo econômico, um princípio ou tendência quiescentes.[5]

A circunscrição do meio, no modelo da vesícula, trouxe a imagem da crosta morta formada sobre sua membrana – um escudo protetor de para-excitação, filtragem e fracionamento dos estímulos sensórios. E como consequência deste contato, a instauração,

---

4 A linguagem fenomenológica nunca abandonará Freud mesmo quando *Trieb*, a pulsão, passa a ser empregada sistematicamente. Em 1915, afirma que a tradução apropriada do termo pulsão é *necessidade*.

5 Uma versão sumária do que se segue encontra-se no Capítulo III, "A depressão, sua economia e seu objeto", do nosso livro *Depressão* (São Paulo: Casa do Psicólogo, 2000), e no item "Nirvana ou economia do mito, o psíquico", do Capítulo VI do nosso livro *Depressão, estação psique: refúgio, espera, encontro* (São Paulo: Escuta/Fapesp, 2002).

114　UMA PERSPECTIVA DE CONSTRUÇÃO EM FREUD

sobre sua superfície, do aparelho de percepção da realidade.[6] No contexto mais geral, trata-se, aqui também, de uma formação complexa guiada pela fuga e pelo retraimento – ambos implícitos à moção centrípeta – ante as experiências de dor que demarcam os contornos do *corpo*, da noção destes. Logo veremos a existência paralela, mas não semelhante, de experiências de dor oriundas das moções pulsionais e sua relação com a instauração do corpo.

Até o momento, examinamos a dimensão *mecânica* (Freud) do aparelho psíquico.[7] A predominância da moção centrípeta sobre os vetores centrífugos – pulsionais, sensórios e objetais – instauram, no imaginário geométrico, um *espaço*: no *Compêndio de psicanálise* (1939), Freud afirma que "a vida psíquica é uma função de um aparelho ao qual atribuímos as características de *extensão no espaço*" (grifos nossos). O desamparo, ao instaurar o espaço primordial, de caráter defensivo e narcísico, nos transpõe para uma dimensão vivencial das qualidades do viver. O desamparo articula-se com um regime de ordem mítica, do retorno ao ventre materno, de um *gozo da quietude*, o Nirvana. O Nirvana oscila, aqui, em uma zona indefinida, entre estado ou condição, e um princípio de um retorno a um gozo de plenitude infinita e ininterrupta, no tempo e espaço. Razão pela qual Freud explicita em 1924, no *Problema econômico do masoquismo*, que tanto a moção de retraimento, de retorno – que ele atribui ao princípio que ordena a pulsão de morte –, como o princípio do prazer são embutidos neste princípio-mãe de Nirvana.[8] Como se estivéssemos, em um estágio mítico, encapsulados numa mônada autista e dormente, imersa em um gozo eterno de si, e obrigada, com a emergência perturbadora da vida, a estender-

---

6　Cf. (1919) *Além do princípio do prazer*, (1923) *O eu e o isso* e (1939) *Compêndio de psicanálise*.

7　Cf. (1915) *As pulsões e seus destinos*.

8　O princípio da realidade é um princípio do prazer modificado pela realidade (*Dois princípios...*, 1911).

-se, a abrir um espaço de tensão, desamparo, lançando mão, então, de sua tendência de retraimento. A vida psíquica seria, portanto, marcada não apenas pela abertura sobre o desamparo, mas pela introdução de registros de prazer.

O prazer não se restringe à atuação da descarga, no alívio e afastamento das tensões provenientes das necessidades vitais. O prazer é o regime psíquico, ou seja, o registro e os indícios de consciência, não ainda do eu, mas de seus germes neste terreno inicial da vida. As pulsações, vindo, portanto, em ondas e aspirando à descarga, esbarram com a tendência contrária de contenção. Tal dialética econômica é tributária de uma *frequência*, do *período de onda*, oriunda da pulsão.[9] São essas faíscas de consciência – o domínio *auto* – nesse terreno sombrio do estado do desamparo que constituirão os precursores do futuro corpo erótico da psique. Razão pela qual Freud postula, desde o início, e antes de qualquer recalcamento, um estado frouxo e vagante de consciência/pré--consciência em um terreno indiferenciado eu-isso dos inícios da vida.[10] O que lembra o valor conferido por Winnicott à condição de *não integração* e de *amorfia* na vida psíquica.[11]

Essas bases que lançamos quanto às condições, princípios e forças que reinam no mundo primitivo da psique freudiana nos permitirão expor, em linhas gerais, os eixos de sua construção.

A construção do molde primário da representação

A construção deve se voltar para a instauração da cena psíquica, da rede de representações. Como essas nascem e constroem-se? O

---

9 Ver Capítulo VIII da Parte I do *Projeto de uma psicologia*.

10 Ver o artigo (1915) "A repressão" e sobretudo o (1939) *Compêndio de psicanálise*.

11 Cf. o capítulo sobre o fantasiar e o sonhar no seu livro (1971) *O brincar e a realidade* (Rio de Janeiro: Imago, 1975).

desamparo, articulado à mônada nirvânica que, no mito, o precede, coloca em relevo o *apelo*, uma demanda narcísica dirigida ao ambiente, visando à restauração do estado da quietude nirvânica. Não tendo uma sede corporal, psíquica, o ataque pulsional, sobretudo aquele do qual não há escapatória, o da fome (exemplo matricial da construção freudiana), é sentido pelo recém-nascido como dor, como ameaça de fragmentação, terror. O bebê chora e esperneia-se. Um adulto "sensível ao estado da criança está pronto a atendê-lo",[12] socorre-o, pega-o no colo, oferecendo-lhe o seio. O bebê acalma-se, seus movimentos tornam-se, progressivamente, ordenados e afinados aos movimentos de *manejo*, do *segurar* do adulto enquanto este se engaja em prestar o serviço *específico*, de uma *ação* que objetiva a *satisfação* da urgência vital, da alimentação.

O que ocorre em meio a essa ação? Freud refere-se, nesse momento, à ocorrência de uma *vivência*, de uma *experiência*. Esta não se gera no início, da urgência vital da fome, tampouco no fim, no saciar desta, mas na totalidade deste arco, sobretudo no intervalo entre essas pontas. O segurar no encontro dos corpos adulto-criança dota o bebê, reflexivamente, de *imagens de movimento*, os seus próprios. A descarga motora e sensória, movida pela pulsão, e gerando de início dor e medo, convertem-se – em virtude da *contenção* das ondas pulsionais que cria o *período*, consciência, prazer – em "notícias" do corpo, de sensações prazerosas acopladas às imagens reflexivas dos movimentos delineadas nas interfaces do contato dos corpos.

A via de escoamento da pulsão (Freud nomeia as três principais – de fome, respiração e sexualidade) assemelha-se à muscular.[13] Freud se detém sobre o processo em que a desordem expulsiva de início, dos estímulos pulsionais, acaba adquirindo uma ordenação

---

12 Ver Capítulo XI da Parte I do *Projeto...*
13 Cf. *A pulsão e seus destinos.*

figurativa, uma apropriação de formas – *imagens de movimento* – rudimentares de si, do próprio corpo. A *contenção* implícita nos movimentos corporais do adulto propicia a aquisição de uma noção do próprio corpo, promovendo também uma facilitação, um trilhamento mnêmico desta *vivência de satisfação*. A representação primordial diz respeito a esta totalidade da experiência.[14] Nos próximos ataques de fome, o bebê encontra-se já equipado, de certo ainda de maneira precária, pois a pulsão seria obrigada, ao menos em parte, a seguir as rotas dos trilhamentos da experiência passada. O bebê vai alucinar, mas o que ele alucina não é apenas o seio, mas a experiência total, sobretudo o "desenho" do seu trilhar, efetuada no intervalo descrito anteriormente.

A alucinação já é figura e forma de contenção dentro dos moldes dos trilhamentos do passado. Não há uma descarga direta, como no início, mas espera; nós diríamos mesmo uma esperança. E Freud insiste que o pensar é *Ersatz*, sucedâneo do alucinar (1895), este sendo seu molde primário. Todavia, o pensar surge em um momento preciso. O modelo, aqui, é engenhoso: o bebê, na escalada sobre o corpo da mãe, ao não encontrar o bico do seio, mas uma parte lateral do mesmo, recorre às *imagens do movimento* nele inscritas da experiência passada, "lembrando" assim que a parte do seio que enxerga constitui o "trecho" da trilha em direção ao seu alvo, o que o impele a recrutar o registro do movimento complementar para alcançar o bico do seio. Dessa maneira, sofistica seu acervo, aprende com as experiências sucessivas, a pensar, esperar e recorrer, para tanto, ao aparelho das representações que se encontra em constante crescimento e sofisticação. A aprendizagem sucessiva dotaria o ser de aparelho de pensar, propiciando ações compatíveis com a realidade. O pensamento, diz Freud, substituirá

---

14 Cf. Capítulo XI da Parte I do *Projeto...*

118 UMA PERSPECTIVA DE CONSTRUÇÃO EM FREUD

a *ação específica* despendida outrora pelo adulto à criança em estado de desamparo.

Como Freud entende essas disposição e função psíquicas do adulto que denomina, inicialmente, de "atenção sensível ao estado da criança"? Ele afirma que o estado do recém-nascido desencadeia no adulto uma série de alterações, uma via regressiva. A dor do anseio do bebê, os movimentos desordenados – o espernear – remetem o adulto, em uma espécie de *"reflexão empática"* (Freud, 1895), numa regressão interna às suas próprias vivências de desamparo de origem. Ocorre uma *rêverie*. Esse processo regressivo no adulto resulta em continência, que implanta no bebê uma função transformadora de contenção e de figuração dos próprios impulsos. Já no trilhar, na inscrição do traço da vivência, das imagens de movimentos, há uma contenção: para desenhar, para fazer traço, é preciso conter o impulso de esparramar ("defecar") a tinta e rabiscar todo o papel. Portanto, a *rêverie* ou a atenção do adulto tem, como caráter matricial, a contenção, aliando-se a essa moção centrípeta, *negativa*, de desinvestimento e retração que Freud atribuiu mais tarde à feição econômica da pulsão de morte.

Neste delineamento do constructo primário – do trilhar e da inscrição mnêmica – do molde do desejo, ressaltamos alguns aspectos.

O primeiro é a ocorrência de um *desvio* em que nascem as pulsões. As exigências vitais, como a fome, deslizam para os precursores autoeróticos, ou seja, *dão notícias* do corpo em forma de figuras de seus movimentos, sob a égide do princípio do prazer. O engajamento do adulto (mãe, mensageira da cultura) permite, como pensa Laplanche, a emergência das *pulsões* com base nas exigências vitais, já que a facilitação no trilhar conduzirá, com a pressão das últimas, à representação e ao prazer que lhe é implícito. As experiências sucessivas de *dor* (também gerada nas frustrações recorrentes) e *prazer* vão montando e sofisticando, na via do pensar, as bordas (internas e externas) e o estofo do corpo psíquico, respectivamente. Já a maturação e a instauração da pulsão como autoerótica são concomitantes ao nascimento do eu (ver a seguir).

O segundo aspecto diz respeito ao desencadeamento da via regressiva no adulto, evocando a empatia, a *identificação* com o estado de desamparo da criança. Uma espécie de *reflexão*, diz Freud, erguida no regime narcísico. No entanto, no segundo plano, o adulto recorre aos meios de *manejo* (que lhe foram fornecidos nos primeiros dias da sua própria vida), encontrando neles recursos para a condução do trilhar da exigência pulsional. Uma condução que proporciona, com a voz e o corpo, os moldes reflexivos para a *imitação*, como se nesses gestos o adulto sugerisse "acompanhe-me, siga minha voz e movimentos, vou guiá-lo nas trilhas possíveis em direção à satisfação". Essa seria a segunda via, acoplada à primeira, para equipar a criança dos meios do pensar e da ação: trata-se, aqui, da construção das rotas do desejo. O aspecto predominante é a *contenção*, a lentificação, para que a criança possa recorrer ao acervo do Nirvana, dos poços de prazer nele embutidos para permitir – pela condução feita pelo adulto – a *ligação*, formando o desenho do desejo. O que se assemelha a uma reação química, na qual é preciso abaixar a temperatura, diminuindo a agitação aleatória das moléculas, para que suas pontas de ligação sejam "vistas", formando as pontes para gerar os novos compostos. A via predominante seria, portanto, a moção centrípeta, que constitui a condição de possibilidade de tais concerto e entrelaçamento.

Como o adulto contém e orquestra este complexo processo? O adulto, diz Freud, enxerga ali um *Nebenmench*, um outro semelhante, ou seja, estar sensível ao estado da criança implica estar separado dela. A possibilidade de contenção e manejo provém da configuração triangular na mente do adulto. Não se trata de condução de cuidados conforme o manual de boa mãe, mas da disposição inconsciente da *identificação e dos meios amorosos* nos quais habitam a *sedução*, a *comemoração* e outros afetos do universo edípico.

Terceiro aspecto: os registros de prazer, as "notícias" do próprio corpo são geradas como consequência de contenção da descarga do impulso vital, instaurando seu *período* e *frequência*, a sua *qualidade* psíquica. No nosso modo de ver, este é equivalente ao *representante* da pulsão – o seu delegado –, um substrato disponível ao palco psíquico para a "fabricação" dos afetos e representações. O que explica por que vários autores, como Green, têm visto neste representante o sítio em que se entrelaçam pulsões de vida e de morte.[15]

O quarto aspecto, correlato ao terceiro, refere-se a um tema que só tocaremos de passagem: a palavra. As palavras, como Freud tinha descoberto já em 1891 – isto é, antes da psicanálise oficial –, são impregnadas do corporal, de representações sensoriais e motoras. Instalam-se, portanto, como assinala no início do livro de 1923, traços mnêmicos da experiência, das imagens de movimentos da linguagem (voz e palavras) que acompanham e integram o manejo, a ação específica do adulto. Esse elo constitui o cerne do trabalho analítico, de acesso ao recalcado, ocorrendo na região pré--consciente, em que a palavra surge concomitantemente à emergência das imagens (*O inconsciente*, 1915) da cena inconsciente – a experiência (o corpo) no molde primário na qual encontram-se as imagens de movimento das experiências de satisfação.

---

15 Cf. Green, A. (1975). *O discurso vivo*. Rio de Janeiro: Imago.

A *construção do eu*

As pressões das exigências vitais e do ambiente abrem uma fenda, gerando a primeira polarização na mônada mítica do estado nirvânico. Nesta espessura, do espaço de desamparo, formam-se, com a intervenção do objeto, as trilhas, as sementes do mundo psíquico. Razão pela qual Freud deduz haver, neste mapeamento inicial, a formação de consciência rudimentar na região indiferenciada eu-isso.

Passamos a descrever, em linhas gerais, o nascimento do eu.

Na construção do eu, Freud seguiu vários eixos. O primeiro detém-se no eixo narcísico de sua constituição. O segundo concerne o desenvolvimento do órgão de percepção e as respectivas funções associadas à realidade. O terceiro, conexo ao segundo, diz respeito ao seu regime defensivo – reorganização da defesa e da fuga implícitas ao inicial estado de desamparo. O quarto discorre sobre a instauração e a formação de suas instâncias em meio às identificações.

Os quatro eixos, em parte, entrelaçam-se e superpõem-se. O eixo narcísico atenta em sua origem ao resguardo do espaço instalado pelo estado de desamparo. O apelo, dirigido ao ambiente para restaurar a quietude, o estado mítico de nirvana, incita à fusão, à inclusão e à contenção no espaço e olhar do adulto, dando curso a um movimento oscilatório, especular, em que se assiste a um movimento pendular com o outro, resultando no investimento libidinal crescente da unidade espacial do eu em formação. Os contornos e estofo do espaço do eu, engendrado pelas respectivas experiências de dor e prazer, vão se formando paulatinamente no contexto das demandas narcísicas, de contenção e investimento, dirigidas ao objeto no plano especular e implementadas ao modo pendular. Como estamos interessados em focar a linha processiva

122 UMA PERSPECTIVA DE CONSTRUÇÃO EM FREUD

de construção, não vamos nos deter neste eixo geométrico, bastante acentuado na psicanálise, para o qual já dedicamos uma atenção especial em outro lugar.[16]

A introdução do princípio da realidade e as diretrizes construídas para tanto ficam ao cargo do eu. O desenvolvimento da percepção, do pensar e da ação como suas funções principais é, como apontamos, derivado do molde primário da representação – imagens de movimentos derivadas das vivências de satisfação. Daí a postulação do princípio da realidade ser princípio do prazer modificado. Como se faz esta modificação?

O pensar é arquitetado com base no movimento, como imagem, modelo sobre o qual Freud voltará nos ensaios da metapsicologia, aproximando-o ao pensamento dos antigos gregos, que assemelhavam a ação do cérebro, o pensar, à atividade (muscular) respiratória. Em vez de descarga direta, identificação projetiva, expulsão dos impulsos internos, geram-se ações coordenadas, intermediadas pela inscrição de imagens de movimento, *representações*. Entretanto, percebemos nesse modelo que, para pensar, é preciso haver um desinvestimento da descarga imediata, seja na ação (atuação), seja na alucinação, para evitar uma inadequação em relação à realidade; isso se faz necessário para poder distinguir o que está sendo percebido (a região do seio) do que está sendo inscrito com base nas experiências passadas, representações ou rotas das experiências de desejo que constituem os moldes de desejo. A derivação das funções de atenção e julgamento, com base na representação, compreende extensos capítulos do *Projeto*... retomados, sucintamente, nos ensaios de 1911 (*Os dois princípios do funcionamento psíquico*) e de 1925 (*A negativa*), respectivamente. O desinvestimento da descarga coloca-se a serviço da realidade, do seu princípio. Entretanto, as referidas funções amadurecem como tais com

---

16 Ver o Capítulo II do nosso livro *Depressão, op. cit.*

a configuração consolidada do eu. Pois o eu, no *Projeto*..., abriga dentro dele, como estofo, o material recalcado das redes ampliadas e sofisticadas das experiências de satisfação com o objeto.[17]

O que significa a organização progressiva das experiências, em que a moção de retração – desinvestimento – age em cada trilhamento e na sua rede ampliada em consequência da espera, de frustrações impostas pela realidade. O eu se moldará sob a égide de uma função-mestre de defesa diante da descarga, o que lhe permitirá desenvolver as funções de atenção, julgamento e ação, em vez de atuações. Em que consistem essas funções?

A atenção é um escrutínio e sondagem da realidade em busca de algo que conforme a realização dos projetos ditados pelas inscrições das experiências de satisfação, proporcionadas originalmente pelo objeto e acrescidas da fieira adquirida na experiência diante de vivências de frustração. Tudo isso demanda, portanto, a manutenção do desinvestimento da descarga – a distinção (tópica) entre percepção (do real) e as representações recalcadas do desejo. O julgamento constitui-se de maneira semelhante. Trata-se, neste caso, da especificidade na abertura da atenção sobre a realidade. Duas categorias, um juízo de *atribuição*, bom (gostoso) e mau (rejeitado), e um de *existência*, do real,[18] o último derivado do primeiro, das experiências originárias. O exercício do julgamento efetua-se pela *comparação* progressiva entre a busca de realização, orientada

---

17 Na linha vertical da conhecida figura do livro *O eu e o isso,* subimos do fundo do caldeirão – de sua região "selvagem", de excitações em procura de descarga – para a reserva cultuada do recalcado, base de uma região do eu; e, na continuidade vertical, atravessando o eu, vamos nos deparar, na sua extremidade, com os contornos dos instrumentos estruturais da percepção e da consciência que se formam na interface com o mundo exterior. Ao nosso ver, é uma versão modificada, estrutural, do esquema do *Projeto*... e do *Manuscrito G*, no qual as exigências vitais são postas fora da malha representativa que compõe o eu.

18 Cf. (1925) "A negativa".

124 UMA PERSPECTIVA DE CONSTRUÇÃO EM FREUD

pelo projeto abrigado no recalcado, e a observada disponibilidade parcial da realidade, impondo espera, a realização regrada dos objetivos – o pensamento. O que permite essa organização do eu? O desenho proposto aparenta-se com uma organização política em que um regime instala-se com base na retirada parcial do poder dos indivíduos, sua centralização e administração em benefício de um Estado que se instala no meio de uma selva. Sim, os "indivíduos" são, neste caso, os assentamentos, de início esparsos, dos trilhamentos mnêmicos construídos das vivências de satisfação; a necessidade de organização e sofisticação em funções e instâncias surge para a exploração da selva pulsional, sensorial e ambiental em direção à construção de um artifício, o psiquismo, que é obrigado a levar em conta a realidade. No entanto, é o eixo narcísico, do estado do desamparo, que impõe, em função da circunscrição espacial que o caracteriza, tal centralização e organização.

O estado de desamparo – sob a feição econômica negativa que o determina em relação ao anseio de "voltar" a encontrar a paz do mítico estado do Nirvana – é caracterizado pela fuga e retraimento ante a violência das moções centrífugas. O retraimento ante a violência é tributário da polarização extremada, impondo um regime primário, feroz e cruel, da *idealidade* (ver a seguir). Cabe ao objeto, na ação específica que proporciona, levá-lo ao contato, trazer-lhe as notícias sobre o prazer e a possibilidade, submetendo-se às frustrações, de instaurar um corpo, e a crença em adquirir certa autonomia e soberania. Freud acentua ou foca dois caminhos ou dimensões: positivo, o primeiro na obra, é o da demarcação progressiva, em que o bebê se apropria de um capital erótico, portanto passível de manejo, permitindo, em certo momento, a percepção e a efetuação de uma separação do objeto. Freud o descreve em forma de anedota sobre um episódio:[19] a criança percebe "um dia" que o seio ao qual se endereçava desde sempre pertence a um corpo, o da mãe. Tal configuração, de "separação dos corpos", seria, na linguagem de Klein, o protótipo da posição depressiva. Neste momento, afirma Freud, ocorre uma aquisição: a pulsão torna-se autoerótica, deixando subentendido que a condição de tal "percepção" carrega consigo a noção da emergência de si próprio com base no mar materno ao qual era outrora, sem o saber, fundido. A dita separação é, portanto, relativa, e jamais completa: o eu configura-se sobre um fundo como uma figura de estátua sobre o fundo infinito de um rochedo. Não obstante, esse episódio é "apenas" um aspecto e uma consequência de longa e ferrenha batalha, decorrente do poder maciço de instâncias e instituições que sucedem e instauram-se sob o regime negativo, de coerção, da *idealidade*. Este seria o último eixo, desenvolvido entre 1915 e 1925, que passamos a descrever.

Vimos que o terreno selvagem é perpetrado pelas "mensagens" da cultura – do adulto – que abrigam em seu interior a estrutura de Édipo. Freud preocupa-se, no entanto, com o receptor, o decifrador de tais mensagens. Quem se encarrega disso? A resposta é a constatação da existência de uma instância que assinala e orienta, e que tem sido perturbadora e enigmática para os leitores de Freud: o "pai" herdado, formado na cadeia filogenética da espécie. A submissão a este é imediata, pela identificação, mas *sem investimento*, encontrando um suporte na figura dos pais ou pai. No quinto capítulo do livro de 1923, Freud afirma que a idealidade, inerente ao regime do desamparo, instaura o superego como primeira instância do eu. As moções centrífugas aglutinam-se em torno desse "pai", revestindo-o e dotando-o do poder totalitário de idealidade.

---

19 Cf. o item "Reencontrar o objeto" do terceiro artigo dos (1905) *Três ensaios sobre a sexualidade*.

126 UMA PERSPECTIVA DE CONSTRUÇÃO EM FREUD

O "pai" passa, em função disso, a transformar os bens dos investimentos libidinosos das experiências de satisfação, moldando-os sob seu regime, ou seja, sublimando-os, tornando-os *identificações*, formadoras do futuro eu. O que esclarece a afirmação, no ensaio de 1915 (reiterada em 1923) sobre o luto e a melancolia, de que os primeiros investimentos confundem-se com as identificações que passariam a constituir o eu (processo apoiado no eixo de basculação narcísica movida pelo estado de desamparo, em que o apelo de continência e a resposta continente, amorosa, do objeto instauram o campo e o processo contínuo das identificações). Eis o início do último eixo de construção da psique que nos propusemos a examinar e cujos destinos e desdobramentos são explanados no livro de 1923.

Nota sobre a pulsão no processo de construção

Com base nessa perspectiva de construção, delineada em linhas gerais, depreendemos algumas conclusões acerca da origem das pulsões.

As pulsões têm data de nascimento; são consequência de uma diferenciação econômica do Nirvana. Uma diferenciação que acontece em decorrência da força que exercem as necessidades vitais sobre a promessa mítica nirvânica, acarretando o desamparo. Mas o guia e a modalidade de sua derivação e seus destinos são determinados pelo objeto, pelo adulto. Portanto, o objeto ou suas mensagens não são fonte da pulsão. O objeto é fonte "apenas" de sua derivação, mas não de sua origem, como quer Laplanche. Tal conversão é parcial; o caldeirão (o isso) de excitações buscando a descarga bruta é imenso, inesgotável. Se pudermos abstrair o caráter *econômico* da função do adulto, diremos que esta se resume, *no início*, à contenção; alia-se a uma tendência paralela implícita ao recolhimento da mônada nirvânica. A representação, unidade básica do mundo psíquico, abriga dentro dela o registro de prazer, da apropriação corporal da psique. Assim, a libido surge como uma diferenciação da sua represa nirvânica. Vejamos, entretanto, que o trilhamento e seu germe *representante* (o da pulsão) são consequências do entrelaçamento da exigência de descarga e de seu desinvestimento, resultando na contenção e emergência das *qualidades* psíquicas. Encontramos aqui o clássico intrincar ou mistura dos dois grupos de pulsões da segunda tópica freudiana. No entanto, no movimento global, a represa nirvânica, aquela explorada pela intervenção do adulto, converte-se, em parte, sob o apelo (*passivo*, portanto) do estado do desamparo – com o entrelaçamento progressivo das tendências centrífugas e centrípetas em meio à construção da representação e do pensar –, em um arranjo econômico pulsional primário do masoquismo (Freud, 1924). O masoquismo primário refere-se à passividade, oriunda da predominância da moção centrípeta sobre as centrífugas, o que configura, posteriormente, uma matriz masoquista primária.[20] Os precursores deste arranjo, ameaçado constantemente pela desfusão, formam a ambivalência afetiva e bissexualidade originárias. Trata-se de diversas dimensões pertencentes às feições desse arranjo no contexto da trajetória edípica, como atesta o mito do livro *Totem e tabu* e sua montagem pelo jogo das instâncias, como processamento da bissexualidade originária (cf. Capítulo III do livro *o eu e o isso*, 1923).

Nesta torção que efetuamos sobre a teoria freudiana das pulsões, as chamadas pulsões de vida parecem-nos apenas uma força de expressão da participação da derivada libido, ou sua

---

20 A entrada do "pai" filogenético em ação, descrita anteriormente, é tributária de outra formação do arranjo pulsional. Segundo Green, inspirado pelo conhecido trabalho da Isaacs sobre a fantasia inconsciente, *o representante da pulsão* abriga – no amalgamar das moções centrípeta e centrífuga que lhe deram nascimento – o projeto e o roteiro ditados pelas protofantasias.

128 UMA PERSPECTIVA DE CONSTRUÇÃO EM FREUD

implementação nas ligações conduzidas pelo objeto. No que tange à pulsão de morte, ressaltamos a feição econômica de retração e desinvestimento. Seus destinos dependem, novamente, do trabalho do objeto. A destrutividade é consequência da desfusão, melhor dizendo, das falhas do objeto. Trata-se, neste caso, de um despreparo em razão da precariedade da reserva do recalcado em lidar com as exigências sublimatórias da cultura, mediadas pelo supereu, como elabora Freud no final do livro de 1923. Quanto à compulsão à repetição, ela resulta, como sugere a imagem dinâmica da *insistência* dos derivados, das exigências de descarga da pulsão sobre o seu freio e desinvestimento, o que se converte, portanto, em *compulsão*.

O valor que atribuímos à tendência de contenção, oriunda da pulsão de morte no recorte do corpo psíquico, converge com a ação negativa que Lacan lhe confere em seu aporte discursivo. O efeito do sujeito, da diferença, entre outras formulações, é certamente um modo de articular, no plano da linguagem, grande parte do nosso arrazoado econômico.

Consideração geral

Para que serve a perspectiva de construção? A linguagem da clínica é outra; necessita de apreensões em um regime descritivo, que condiga com as experiências subjetivas dos envolvidos, paciente e analista. Qual seria a utilidade dos modelos econômicos e dinâmicos dos quais fizemos uso neste trabalho? Muitos rejeitaram essas descrições freudianas, rotulando-as de nomes pejorativos. As descrições metapsicológicas – adjetivo que Freud atribuiu às ordens tópicas, dinâmicas e econômicas (*O inconsciente*, 1915) – devem servir de guia para a clínica, embora esta esteja na ordem do viver e do sentido. Ao nosso ver, as obras "inglesas", voltadas para

DANIEL DELOUYA   129

os pacientes difíceis, são descrições, na linguagem da experiência, dessa mesma perspectiva. Contudo, ela aguarda maior exploração para o uso clínico.

O empreendedor central do trabalho de construção é o objeto.[21] São suas possibilidades psíquicas que vão permitir uma construção psíquica "suficientemente boa" para o sujeito. As falhas na sua condução podem verter a economia psíquica para um escopo bastante largo de configurações psíquicas, muito danosas para a existência. As cisões, esquizoidias e desafetações extremadas – as "sabotagens dos prazeres"[22] – devem-se, em vários graus e formas, a essa falta de apropriação e integração da rede mnêmica das experiências de satisfação com o objeto. Tal falta de inclusão da vida – outra maneira de chamar a contenção dos registros de experiências de prazer com o objeto – deixa o sujeito vulnerável à violência originária, gerando rachaduras e cisões no eu ou seu enclausuramento (depressivo, ou pior, no tédio) e despersonalizações graves do eu, em que o corpo se reduz, insuportavelmente, a uma armadura que lembra a formação da crosta mineralizada da vesícula freudiana. O que predomina nessas patologias são defesas em que o recalque se faz – em vista da rarefeita reserva de ligações do precário acervo do recalcado – "para fora", como Freud assinala no artigo sobre as psiconeuroses de defesa, de 1894, ou seja, aos modos de rejeição da vivência do real no plano das relações com os outros. Os modos de *desautorização*[23] e rejeição (forclusão), operantes nas for-

---

21 A oposição instaurada por Fairbairn, entre a busca de prazer e a dos objetos, se dissolve na perspectiva de construção. De um lado, o desamparo reforça a moção primária da busca de objeto, mas, de outro, são os registros de prazer na constituição do corpo psíquico que dotam o sujeito daquilo que o define na cultura.

22 Ver Capítulo VI de Figueiredo, L. C. (2003). *Elementos para a clínica contemporânea*. São Paulo: Escuta.

23 Bela tradução de Figueiredo do *Verleugnung* freudiano (ver *Elementos...*, *op. cit.*).

mas de dessubjetivação, reaparecem, então, em consequência da vulnerabilidade à quebra e fragmentação do tecido do eu, diante da configuração edípica no palco social e cultural para o qual o sujeito é obrigado a ser lançado, expondo-o às agressões primárias da violência originária.

Essas patologias prometem nos ensinar, como tem sido feito nas obras de vários psicanalistas, entre eles Fairbairn, Klein, Bion, Winnicott, Green e Searles, sobre os processos de construção, ampliando e enriquecendo o projeto freudiano.

A pulsão "destrutividade" e o "pai" do *self*: o acesso ao real em Winnicott[1]

> *Entre o falso e o verdadeiro, o amor.*
>
> Arik Einstein, *Tenho em mim o amor*, 1980

Em um comentário relativamente tardio e, segundo os editores, inacabado, Winnicott parece promover um encontro extremamente profícuo entre suas recentes explorações e as de Freud: o artigo "Uso de um objeto no contexto de *Moisés e o monoteísmo*"[2] não fornece apenas um indício sobre o grande potencial winnicottiano do último livro de Freud, mas revela também como, por meio desta íntima conversa, Winnicott utiliza-se de um *insight* para conquistar mais um terreno na sua já extraordinária caminhada.

---

1 Publicado em 1997 na revista *Percurso*, (17), p. 27-34.

2 (1969) "The use of an object in the context of Moses and monotheism" é o sétimo e último artigo do capítulo "On 'The use of an object'", in *Psychoanalytic Explorations* (*PE*), coletânea editada por C. Winnicott, R. Shepherd e D. Madeleine e publicada pela Karnac Books, 1989.

132 A PULSÃO "DESTRUTIVIDADE" E O "PAI" DO *SELF*

Freud e Winnicott: nota introdutória

Winnicott costumava dizer que, ao escrever, tentava explicitar suas ideias para si mesmo e com as próprias palavras, sem se preocupar se fazia uso de elementos que tinha tomado (*"roubado"*) de outros. No entanto, embora empregue termos simples, ele demonstra um rigor sem igual na maneira como submete suas intuições clínicas à elaboração teórica. Tal qualidade, somada à sua implacável honestidade intelectual, contrasta gritantemente com certa pieguice que caracteriza hoje algumas adesões ao seu trabalho. Por outro lado, ele teve Freud como um acompanhante vivo e constante. Ter iniciado uma longa análise (1923-1933) com James Strachey, logo após este concluir a sua própria com Freud, não é de pouca importância.[3] Portanto, não nos surpreende encontrar no início da primeira carta a um futuro paciente a seguinte frase: *"Convido você a examinar sua relação com Freud para que você possa ter a sua própria relação"*.[4]

Entretanto, a coerência, a clareza e o rigor de Winnicott não significam, ou são mesmo contrários – sobretudo em relação ao

---

3 Strachey fez do estudo e tradução dos escritos de Freud uma obra da própria vida. No obituário, que é contemporâneo ao trabalho citado (nota 2), Winnicott diz que "como resultado da visita que Strachey fez a Freud, ficou claro para o primeiro que o processo se desenvolve no paciente e o que dele transparece pode ser apenas utilizado, mas não produzido. É isto que sinto da minha análise com ele e tentei seguir este princípio em meu próprio trabalho. . . . Depois de passar pelas suas mãos, suspeito de qualquer descrição que credita à interpretação tudo que acontece na análise, perdendo de vista o processo que transcorre no paciente" ("James Strachey, Obituary", 1969, e: *PE*, pp. 506-510).

4 H. Guntrip (1975) "My experience of analysis with Fairbairn and Winnicott. (How complete a result does psycho-analytic therapy achieve?)", *International Review of Psycho-Analysis*, 2, pp. 145-156. Após 150 sessões, ao longo de quatro anos, Harry Guntrip pôde dizer que o profundo e intuitivo *insight* de Winnicott "para dentro de um período da minha infância permitiu-me ter acesso a uma parte à qual muito necessitava chegar".

trabalho de Freud –, a uma exegese. Esta levou, muitas vezes, ao enrijecimento do já *"disciplinadíssimo sistema de Freud sobre o funcionamento mental".*[5] Uma exegese freudiana (de Lacan e Laplanche) – que distingue pulsão de necessidade, ou pulsão sexual de autoconservação, com o intuito de exilar, apressadamente, o segundo termo de cada um desses binômios para o desconhecido terreno da biologia – jamais poderia abrir lugar para um interesse como o de Winnicott acerca do mundo psíquico proporcionado pelo ambiente, da adaptação materna, das necessidades etc. Winnicott evitou esse escolho também por ter sido dotado de uma intuição clínica que, diferente do acolhimento imaginativo de Freud, era impregnada de uma "capacidade [semelhante à] da mãe de se identificar com a criança ... que é a coisa viva daquilo que chamei de *preocupação materna primária"* (grifos nossos).[6]

Winnicott e a função do pai

Freud adiantava-se em suas formulações metapsicológicas antes de ter obtido, segundo Winnicott, uma base clínica para assegurá-las. Continua afirmando que a pulsão de morte é um dos lugares em sua obra onde Freud estava perto de uma conclusão teórica, que, no entanto, não pôde realizar porque não dispunha ainda de tudo o que os casos-limite e a psicose viriam a ensinar no decorrer das três décadas que se seguiram à sua morte. Winnicott adverte o leitor: ele nunca foi apaixonado pela pulsão de morte, e

---

5   O "Uso..." (nota 2) é a fonte das citações cuja referência não especificamos no texto.

6   "Postscript: D.W.W. on D.W.W.", in *PE* (pp. 569-583), no qual se refere ao seu trabalho (1956) "Preocupação materna primária"; cf. *Da pediatria à psicanálise*. Rio de Janeiro: Francisco Alves, 1988, p. 491.

"ficaria muito feliz se pudesse aliviar Freud deste fardo que carrega para sempre em suas costas de Atlas". Penso que ele faz muito mais.

A clínica dos casos-limite mostrou (aqui Winnicott é enfático) que "grande parte do que acontece com e nos bebês, está associada com a área da *necessidade*, quer dizer, fora do âmbito do desejo e das representações pré-genitais do Id que clamam por uma satisfação" (grifos nossos). O interessante aqui é o elo novo, ou pelo menos raro, em Winnicott, que ligaria a necessidade e o ambiente com a presença do pai. Freud não podia saber, continua ele, que grande parte dos problemas com que nos defrontamos hoje se relacionam à *presença efetiva do pai*. A parte que este toma na experiência do relacionamento entre ele e o bebê, e vice-versa, além das consequências que a *imago* paterna – e o destino que esta toma na realidade interna da mãe – têm para este relacionamento, "são coisas para se viver (mais do que interpretar) na relação transferencial".

O fortalecimento do ego imaturo do bebê pela adaptação suficientemente boa da mãe às suas necessidades tem toda a relevância para a questão do pai. *"A terceira pessoa me parece ter uma grande parte"* neste fortalecimento progressivo, que leva o bebê, num ambiente favorável, a integrar uma identidade própria. Winnicott precisa que o "papel" do pai ao qual se refere independe de o pai ocupar, ou não, o lugar de substituto da mãe (*"surrogate mother"*). Em algum momento, a presença do pai passa a ser sentida de modo singular:

> *nesse momento o bebê tende a* usar *o pai como molde* (*"blue-print" – diagrama) para sua integração quando vem a se formar, de tempos em tempos, enquanto unidade.* . . . *O pai é para a criança esse primeiro vislumbre* (*"glimpse"*) *de uma integridade e do um todo da pessoa* (*"personal wholeness"*). *(grifos nossos)*

E, para não deixar lugar a qualquer dúvida, afirma que se a mãe é de início um objeto parcial, ou um conglomerado de objetos parciais, para o bebê, isso não ocorre em relação ao pai, porque se o caso for favorável: "de início o pai se apresentará na conceptualização mental do bebê, como um todo ... enquanto organizador de uma integridade, e só *depois* torna-se um objeto parcial significativo".[7]

Intervalo: o Moisés de Freud

Basta esta exposição para introduzir a proximidade que Winnicott encontrou no livro de Freud, no qual trata da religião monoteísta em relação com o pai. Mas Winnicott a afina com a seguinte pergunta: estaria Freud pronto para aceitar a hipótese de que as duas ideias, a de ter um pai e a do *monoteísmo*, representam as primeiras tentativas na história de reconhecer a *individualidade*[8] do homem, de cada indivíduo? A pergunta de Winnicott não é de ordem histórica, mas tem como alvo uma indagação acerca da origem e do processo de formação do *self*. Em vista de suas recentes descobertas relativas ao uso do objeto, ele se vê perto da solução

---

7 Cf. Le Guen, C. (1974). *L'Oedipe originaire*, Payot, onde a precedência do *todo* em relação à parte é, como em Winnicott, um tema central e o ponto de partida da crítica aos kleinianos.

8 No texto (1970) "Individuação" (*PE*, p. 284), Winnicott confessa que nunca gostou da palavra *individuação*: "eu jamais a usaria". No entanto, o fato de ter encontrado este termo e seus derivados na citação trazida por Freud (ver a seguir) o faz partir dela para traçar a origem do *self* ou do acesso do sujeito ao real – do sentir-se real – e a vivência da realidade do *objeto* (de estar *aí*, no real). A origem do *self* é calcada num processo *primeiro* e *primário*. Já a constituição do eu, da identidade e da individuação ocorre em fases posteriores do desenvolvimento: quando se junta, sobre este substrato primário, o trabalho da libido, das pulsões, dos investimentos objetais, do narcisismo, a área das projeções e as identificações cruzadas.

136 A PULSÃO "DESTRUTIVIDADE" E O "PAI" DO *SELF*

para um questionamento que para ele fora sempre central. Por outro lado, seu *insight* sobre a função do pai na constituição do mundo psíquico do bebê deixa um terreno fértil ao crescimento de uma das sementes deixadas por Freud, aquela encontrada em *O eu e o isso,* que alega que a primeira identificação da criança é com o pai. No entanto, o que nos guia aqui é o contexto no qual Winnicott trabalha e pensa. Nesse sentido, uma parte de sua argumentação, cuja evolução acompanhamos até o momento, já suscita uma série de questões. Destacaremos as que julgamos pertinentes para o tema.

Vimos que Winnicott evoca, desde o início, a pulsão de morte. Qual é a ligação dela com a função que ele designa para o pai? Como este "papel" relaciona-se com o *uso de um objeto,* o último estágio no desenvolvimento do seu pensamento? Por fim, teriam esses aportes consequências significativas para a reconfiguração da questão do pai em Freud, em relação à sua teoria das pulsões?

O espaço não me permite tratar todas essas perguntas com a atenção que merecem. Contudo, pretendo considerá-las seguindo a argumentação que há pouco interrompi.

Winnicott encontra um apoio para a origem da individuação, do *self,* na citação seguinte que Freud coloca em nota de rodapé: "Breasted (1906) chama Amenophis '*o primeiro indivíduo na história da humanidade*'" (grifos nossos). Segundo Winnicott, Freud não integrou a citação no corpo do texto porque não podia dar conta dela em termos do recalque e das instâncias do aparelho psíquico, razão pela qual

> *sou viciado de citações e notas de rodapé do seu texto, onde Freud se permite ir mais longe do que a sua própria teoria do momento ... sinto que ele daria boas vindas a um novo trabalho, que forneceria um sentido para o comentário de Breasted em termos de uma ten-*

dência integrativa no desenvolvimento emocional do indivíduo que leva o sujeito para um estado [status] unitário. *(grifos nossos)*

Se juntarmos esta tendência integrativa (do interior do sujeito) com a formulação anterior (que foi dada em termos de um pai real, no exterior, necessário para fornecer o molde de *um todo* para a criança), já entramos no âmago do domínio winnicottiano: a zona dos paradoxos situados a meio caminho *entre* ambiente e necessidade, criação e encontro do objeto, fenômenos transicionais etc. Mas não vamos nos adiantar, sob pena de perder um novo desdobramento que Winnicott está prestes a efetuar sobre um dos fios soltos deixados por Freud.

Da relação *de objeto ao* uso *do objeto*

O passo decisivo de Winnicott consiste em tecer essas considerações no contexto do tema do *uso* do objeto. Para isso, lança mão do que pôde apreender dos casos-limite, descoberta que já havia intuído, de certa maneira, no contato que teve com crianças delinquentes e também no esboço de suas ideias em torno da agressividade.[9] No tocante ao problema do uso do objeto, é sua variante, *a destrutividade*, que se torna premente. Meu intuito, neste momento, é de chamar a atenção para a relação entre o *real* e a *destrutividade*. Veremos como toda a descoberta em torno do *uso* está associada com o desvelamento de um processo de desenvolvimento/amadurecimento (*maturation*): este permite ao sujeito desfrutar

---

9 Cf. "Roots of aggression", em: *The child, the family and the outside world*, Penguin, 1964.

de um *sentir-se real* (*"feeling real"*), solidário com a emergência do *self*, e que se denomina, nesse trabalho, como *individuação*.

Quando Winnicott fala do uso de um objeto, pressupõe como dada a relação de objeto. A *relação* diz respeito aos mecanismos de projeção e introjeção em que o objeto serve apenas como apoio, isto é, sem relação com sua natureza ou com seu comportamento. Para que haja um uso do objeto, este deve deixar de ser, no sujeito, apenas um "pacote de projeções". Então, sua realidade pode vir a ser levada em conta: primeiro, enquanto ser real que faça parte de uma realidade compartilhada; segundo, para que sua existência independente possa ser aceita e reconhecida, "tendo o caráter de ter estado aí o tempo todo". O atributo de *realidade* desdobra-se, então, em vários planos que emergem concomitantemente no e para o sujeito: a realidade compartilhada, o objeto enquanto ser independente ("de mim"), e o eu sentido-se real (um *self*) são interdependentes no lugar e tempo do seu surgimento. Contudo, tal eventualidade é condicionada por *mais um* real (sem o qual Winnicott não seria winnicottiano): para que esse processo vingue, é preciso que a presença, o caráter e o comportamento real do próprio objeto constituam o ambiente facilitador e não reajam contra o processo.[10]

A sucessão de estados por meio dos quais o sujeito colocará o objeto fora da área subjetiva (domínio das relações de objeto), ou seja, fora do controle onipotente do sujeito, é mediada por aquilo que Winnicott chamou de *destrutividade*. Foram os casos-limite que o levaram a esta evolução em relação à questão do uso. O acesso no paciente a esta destrutividade – que é vivida frequentemente como loucura – é uma necessidade não só dos casos-limite, mas também configura um limite que muitos "casos" precisam atravessar. Adquire-se tal privilégio somente quando o analista for

---

10 O desenvolvimento do tema *o uso do objeto* encontra-se no capítulo citado na nota 2.

bem-sucedido em se fazer disponível para este (se) *colocar para fora*, que é um acontecimento interno no paciente. Fica claro porque Winnicott descreve este processo em termos de destruição do objeto na fantasia – chamando-a de "fantasia pano de fundo" (*"backcloth fantasy"*) – e em termos da sobrevivência do objeto.[11] Sua perspicácia clínica revelou-lhe como a destruição do objeto na fantasia torna-se também o pano de fundo inconsciente para que o amor ao objeto possa advir. É por isso que ele sempre compara esse processo com o fenômeno de reparação, descrito muito cedo por Melanie Klein. A hesitação de Winnicott entre os termos *provocação* e *destruição* para o processo faz-nos lembrar Pontalis, que diz que o ódio desvairado da reação terapêutica negativa esconde um anseio amoroso (pelo objeto).[12]

Resumindo, o processo em questão está descrito nesta sequência: "1. O sujeito *relaciona-se* com o objeto. 2. O objeto está em vias de ser encontrado, ao invés de ter sido colocado pelo sujeito no mundo. 3. O sujeito *destrói* o objeto. 4. O objeto sobrevive à destruição. 5. O sujeito pode *usar* o objeto" (nota 2, artigo 1, grifos nossos).

A pulsão unitária do não eu e o terceiro do self

No começo, o bebê não tem a capacidade de perceber, reconhecer ou repudiar o *não eu*. A clínica mostra que a aquisição dessa capacidade desenvolve-se mediante a aceitação ou reação, por parte do ambiente, aos *anseios* (*"strivings"*) do bebê. A novidade neste trabalho de Winnicott surge quando se refere à destrutividade

---

11 Cf. a análise do sonho de Winnicott no segundo artigo do capítulo citado na nota 2.

12 Klein, M. (1929-1935). "Love, guilt and reparation and other works". In *The writings of Melanie Klein*, vol. 1. Nova York: Free Press, e Pontalis, J. B. (1988). *Perder de vista*. Rio de Janeiro: Zahar.

140 A PULSÃO "DESTRUTIVIDADE" E O "PAI" DO *SELF*

enquanto *pulsão*, o que não ocorre em seu trabalho original sobre o uso de um objeto (ver nota 10).[13] Diz ele: "examinei os primeiros estágios das pulsões [*drives*] . . . e quero dar conta deste processo em termos do ambiente ir *pari passu* com as *pulsações de vida* do indivíduo". Enquanto pulsão, a destrutividade permite-lhe reconfigurar a pulsão de morte, ao entremeá-la na função do pai. É com isso que esta nota inacabada dá início a uma revolução.

Diz ele: "O ponto crucial do meu argumento é que a primeira pulsão [*drive*] é *uma* coisa só ['*is itself* one *thing*'], algo que chamo de *destrutividade*" (grifos nossos). Interrompemos a citação porque o que se segue nesta frase diz respeito à conversa que vem travando com Freud ao redor da pulsão de morte. Freud, segundo Winnicott, não se mostra apenas generoso para com Empédocles (495 d.C.) quando reconhece em seus escritos os precursores da dualidade pulsional, de vida e morte; ele permite-nos usar a citação do filósofo, trazida no final da *Análise terminável e interminável* (1937), para mostrar que o grego deu um passo à frente de Freud. A força de amor (*philia*), que *anseia aglomerar*, é segundo Winnicott a tendência integrativa que nada tem a ver com a relação de objeto. No entanto, é *neikos*, a força de embate-disputa-contenda ("*strife*"), tendendo a desligar e desatar, que lhe permite (na continuação da frase que citamos) chamar a "destrutividade" – *primeira* pulsão – de "pulsão de amor-disputa". "*Esta unidade é primária.*" Solução brilhante, pois o despertar da tendência aglomerativa (*philia*), que se realizará no decorrer do processo de amadurecimento, depende de se vislumbrar, num real que começa a se esboçar e a se constituir, um pai como uma e só unidade. Entretanto, é somente a potencialidade destrutiva de *neikos* que abre o caminho para chegar

---

13 No entanto, a pulsão de destrutividade já foi constatada e elaborada em seu trabalho de 1950 a 1955 sobre a agressividade (o assunto será aprofundado no próximo capítulo).

ali (ao real). Ao mesmo tempo, tudo isso depende do acolhimento da destrutividade pelo ambiente, facilitando o processo.

A dificuldade em explicitar a novidade introduzida por Winnicott é visível: estamos num campo minado, em que a descrição pode se apresentar somente em forma de paradoxos. Esse fato, porém, não deve nos desencorajar no exame do saldo positivo deste esforço: além de a pulsão unitária abrir o caminho para o uso do objeto – estabelecendo, concomitantemente, a realidade do não eu, o sentir-se real (*self*) e a consciência do investimento amoroso em meio a uma realidade compartilhada –, ela mostra sua solidariedade com a função do pai; o uno da pulsão destrutiva se superpõe à função do pai, à sua figura como molde unitário para o bebê. Mas, atenção! Toda a dificuldade provém de esta pulsão não preservar o sentido pelo qual Freud concebeu a pulsão sexual (investimento, descarga, prazer etc.), pois, na pulsão primária de Winnicott, a ação do verbo é atrelada ao objeto e com o objeto: "a pulsão é potencialmente destrutiva, porém, se ela o *é* ou não dependerá de como é e quem é o objeto" (grifos nossos). Entende-se por que ele reconheceu *a posteriori* a contribuição de Fairbairn em torno da noção de *object-seeking* (procura-objeto) e seu elo com o sentir-se real (ver notas anteriores sobre uso do objeto). E por falar em dívidas, e ainda que Winnicott ande, neste texto, de mãos dadas com Freud (o do *Moisés*), mal sabe ele que, no que diz respeito a esta evolução (primazia da pulsão "destrutividade", eu/não eu, relação com um objeto total etc.), Freud o antecedeu em seu *As pulsões e seus destinos* (1915):

> Bem no início da vida *há uma identidade entre aquilo que é odiado, o mundo externo e seus objetos. . . . No* primeiro momento*, são as pulsões de autoconservação que trazem o objeto, do mundo externo para o eu;*

> *. . . é o ódio que caracteriza a primeira relação . . . é só depois que os objetos passam a se constituir enquanto fonte de prazer. (grifos nossos)*

Após firmar a sequência indiferença-ódio-amor, Freud dirá que amor e ódio são relações que não cabem naquelas que as *pulsões* têm com seus objetos, mas pertencem a um gênero de relações *totais* entre o eu e o objeto. E coloca mais uma restrição: as pulsões de autoconservação não amam o objeto, é esquisito dizer isso, mas *necessitam* dele. E o ódio? Qual necessidade preenche? Quem tiver boa vontade poderia traçar, em Freud, uma linha reta da autoconservação à pulsão de morte. Mas no que diz respeito a Winnicott, espero que tenha ficado claro que, invertendo a ordem gramatical das frases citadas, aproximamos – e muito – Winnicott de Freud, como se as afirmações dos dois se situassem num palíndromo. É que Freud olha desde o sujeito e Winnicott desde o ambiente. Winnicott, por conseguinte, obtém uma vantagem sobre Freud, ainda mais quando o pai encontra aí seu lugar.

Do objeto subjetivo ao sujeito objetivo (self)

Os escritos em torno do uso de um objeto datam do último período da vida de Winnicott, e neles há a preocupação em descrever esse fenômeno de acordo com o que ele foi vivendo na clínica dos casos-limite (em adultos). Com exceção de algumas inferências esparsas, Winnicott não teve tempo de se deter sobre as consequências desta descoberta para a vida infantil e para a constituição da vida mental do sujeito. Somente aqui, no contexto do *Moisés*, tal tarefa está sendo empreendida. A interrupção precoce torna-se motivo para tentarmos um desfecho que lhe possibilite inserir-se no seu pensamento e renovar o conjunto dele.

Quando Winnicott diz que a pulsão é destrutiva e que a sobrevivência do objeto leva ao seu uso, ele se refere ao fato de que, se houver reação (retaliação) a ela por parte do ambiente, o bebê tomará esta atitude como seu próprio impulso provocativo (agressivo, destrutivo). Neste caso, o bebê nunca poderia experienciar *ou fazer sua* esta fantasia destrutiva. Ou seja, a fantasia inconsciente da destruição do objeto *libidinizado* não sucederá, impedindo, por conseguinte, tanto a colocação do objeto fora da área *das projeções* como a abertura para a consciência do amor que tem pelo objeto que o tornaria real e disponível. Enquanto apreensão clínica ou *insight* de situação transferencial, este fenômeno é compreensível; representa uma grande contribuição para a psicanálise, em especial a dos casos-limite. No entanto, Winnicott defronta-se com uma série de problemas: se o caminho para o uso é travejado pela área *das projeções,* e por outro lado pressupõe um objeto *libidinizado*, por que – no que diz respeito à constituição do sujeito – ele continua afirmando que o processo que vem descrevendo pertence a um estágio primário e primeiro, que nada tem a ver com a sexualidade e o mundo pulsional freudiano? "Esta insistência [*urge*] provocativa – destrutiva, agressiva, invejosa [Klein] – não pertence ao princípio de prazer e *nada tem a ver com a raiva que resulta das frustrações inevitáveis associadas ao princípio de realidade. Ela os precede*" (grifos nossos).

A solução possível é que se trata aqui de aspectos constitutivos e estruturantes de certo curso, que se realiza mediante um processo de amadurecimento, no qual o ambiente está necessariamente implicado. É verdade que falar, em Winnicott, de estrutura e constituição soa muito estranho. Entretanto, a pulsão, a destrutividade, é de *procura-objeto* (*object-seeking*), que existe desde o começo para "cavar" agressivamente – em meio a um processo de amadurecimento que tem como condição a provisão materna – um caminho para a criação do *self*. No entanto, para se constituir,

144 A PULSÃO "DESTRUTIVIDADE" E O "PAI" DO *SELF*

essa tendência (de contenda-disputa, mas que ao mesmo tempo aglomera/integra em direção ao *uno*) necessita do pai enquanto *unidade* estruturante. Como se a experiência de um terceiro presente constituísse o ponto final, de chegada, de uma trajetória de disputa – integração –, mas ao qual não se daria início (outro paradoxo) sem a efetiva presença desse pai. É uma função estruturante para um "projeto", cuja realização se dá no amadurecimento, que além de se desenrolar num ambiente e ser condicionado por ele, implica, nos estádios que aproximam a emergência da "personalidade total", interações com elementos e processos de outras fontes, como as pulsões sexuais e alguns mecanismos operantes, entre os quais a introjeção, as projeções, as identificações cruzadas. Como dissemos anteriormente, o "projeto" do qual se trata aqui é o de se tornar um *self*. No entanto, se o pai tem um papel estruturante, a matéria-prima e o recheio para esse *self* provêm de outra fonte; eles brotam, de alguma maneira, do mesmo meio que condiciona o processo. Refiro-me, evidentemente, ao ambiente materno. De que forma e maneira? Antes de esboçar em linhas gerais uma resposta, gostaria de apontar para um fato curioso: no início de um artigo muito conhecido, Winnicott deixou em aberto a seguinte pergunta: a capacidade do bebê de estar só na presença da sua mãe pressuporia uma situação triangular?[14]

A função do pai não o coloca necessariamente numa situação triangular clássica, pois o processo em questão diz respeito à diferenciação entre eu e não eu; o instante de vislumbrar o pai constitui o sinal de disparo para um processo no qual um *self* começa a se esboçar, emergindo de um ambiente materno com o qual o sujeito se encontrava até então fundido. Se queremos auxiliar Winnicott em uma das suas preocupações centrais, a natureza e a origem do

---

14 Cf. (1958) "The capacity to be alone", em: *The maturational processes and the facilitating environment* (p. 30). London: Hogarth Press, 1965.

self, devemos integrar esta análise em sua tentativa de elaborar a questão em termos de elementos masculinos e femininos puros:[15] o primeiro relaciona-se com as pulsões sexuais e com seus "vetores" – ativo e passivo – em relação ao objeto, bem como às experiências envolvidas com as zonas erógenas. Em contraste, o elemento feminino puro relaciona-se com o seio, ou a mãe, não por intermédio dessas pulsões, mas no sentido de uma relação de indiferenciação entre sujeito e objeto. Este primeiro objeto é um *objeto subjetivo* no sentido de ser "*um objeto ainda não repudiado como um fenômeno não eu*". Referir-se a uma relação significa, neste caso mais que em outros, uma estreita confluência desse fator com o ambiente (mais fundamental que o que diz respeito aos fenômenos transicionais), por se tratar de uma provisão materna *primária* do sentimento de *ser* (*being*). É por isso que Winnicott, nesse momento, fala de uma *identidade* e *identificação primária*. É dessa capacidade (ou fracasso) da mãe em atender à necessidade, implícita no elemento feminino puro, que dependerá a abertura do caminho em direção ao *sujeito objetivo*, ao *self*, e ao sentir-se real. A capacidade de ser é, então, fruto de uma herança de caráter cultural, de mãe para o filho. *Ser* é um estado no qual o bebê vive em um mundo subjetivo, onde não há lugar ainda para uma *relação* (não há *dois*); não se pode falar, neste caso, de uma união *entre* ou *com* a mãe, mas de um estado fusional, total: é um "objeto subjetivo".

Masud Khan encontrou um paralelo para esta vivência no adulto no estado de *deitar-se arado* ("*lying fallow*"): "um modo de ser de quietude alerta; um estado de consciência acordada e receptiva, vagueando lenta e suavemente".[16] Eis então a posição do bebê: *deitado, como* a terra arada, receptivo; ainda sem sementes, porém

---

15 Cf. (1966) "The split-off male and female elements to be found in men and women", *PE*, pp. 176-182.

16 Cf. (1977) "On lying fallow", em: *Hidden Selves* (p. 183). Nova York: International Universities Press, 1984.

146 A PULSÃO "DESTRUTIVIDADE" E O "PAI" DO *SELF*

fertilizado pela matéria orgânica – a presença materna, depositária de uma herança viva de provisão materna, que se transmite pela cadeia de presenças sucessivas de mães...

Nesse estágio primeiro, não há lugar para o isso nem para relações pulsionais, porque a separação entre objeto e sujeito não ocorreu ainda. Para que esta aconteça, é necessário haver um *novo ato psíquico*, já que o qualitativo *ser* descreve um estado que antecede o de *estar-em-união-com*. Uma vez adquirido um recheio, o *ser*, o novo elemento – o *self*, o uno – vai se formando por intermédio da pulsão winnicottiana, a destrutividade (é este *o ato psíquico*), que, ao fisgar o pai que a desperta (paradoxo), recorta o *um*. Os contornos deste *self* incipiente são gerados ativamente – à semelhança de envelopes no ser vivo em formação – circundando *ser* para esboçar um *self*. *Ser* condiciona, então, a possibilidade de poder "enxergar" o terceiro que incita a destrutividade de um "*colocar fora*" e de criar, concomitantemente, o real objetivo *do objeto* (estar *aí*) e o real objetivo subjetivo (eu/não eu) do ser, isto é, o *self*, a raiz da identidade de um indivíduo.

Tendo estabelecido as condições primeiras e primárias para a constituição do *self*, o caminho estará aberto para que a mescla entre elementos puros femininos e masculinos participe da criação dos mecanismos projetivos e introjetivos. Junto com as instâncias do eu, do isso e do supereu, que se constituíram no meio do caminho, entre um eu rudimentar e os processos descritos, ocorrem identificações secundárias, chamadas identificações cruzadas. Elas fazem parte de processos complexos, descritos por Freud, Klein e outros. Assim, a inserção dos processos primeiros e primários no jogo complexo de construção daria vez e lugar a etapas sucessivas no "acabamento" do *self*.

Remate: Winnicott e Freud

É a primeira vez que o pai vem ocupar um lugar tão fundamental na obra e pensamento de Winnicott.[17] É somente com base em questões em torno do uso do objeto que o pai passa de um mero substituto (*surrogate*) da mãe (em sua função ambiental), ou do lugar que lhe foi consagrado na triangulação edípica clássica – um estágio distante da área sobre a qual focalizou seu trabalho –, para a função que nada mais é que a construção do real; o objeto primordialmente subjetivo torna-se sujeito objetivo (*self*). É interessante que nessa tentativa de descrever *o originário* – o que é chamado, com frequência, de *matriz edípica primordial* – Winnicott colocará, na base do acesso ao real, um elemento *estruturante e constitutivo* de caráter *negativo*: a pulsão destrutiva que "coloca para fora" para ser real e ver-se no real. Quer dizer, é uma força que paradoxalmente constrói ao destruir e destrói ao construir (é o que ele nos lembra sobre a concepção do fogo entre os gregos – cf. nota 2 sobre uso de objeto). O *negativo* enquanto constitutivo do acesso ao real é algo muito freudiano. Todavia, nesse caso, Winnicott o faz surgir do sujeito, enquanto pulsão, ao passo que em Freud – e nos freudianos – o negativo é constitutivo da realidade.[18] Foi isso que tentei descrever, com a ajuda de Le Guen (citado anteriormente), num trabalho que se debruça, curiosamente, também sobre *Moisés e o monoteísmo*.[19] Entretanto, em Winnicott, a capacidade materna de prover *ser* é primeira. A realidade tem por função prover, por

---

17 Queremos dizer, com este papel fundamental e primário, já que nos estágios que Winnicott considerava posteriores, do Édipo, ele acatou as proposições psicanalíticas clássicas.

18 Uma reconfiguração desta afirmação encontra-se no capítulo "Uma perspectiva de construção em Freud".

19 "Ética, Judaísmo e Psicanálise: sobre a con-tradição judaico-cristã", *Boletim de Novidades da Pulsional, 81*, p. 29, 1996. Embora eu o tenha redigido antes mesmo de conhecer o comentário de Winnicott, lá também enfatizei os en-

148 A PULSÃO "DESTRUTIVIDADE" E O "PAI" DO *SELF*

meio da mãe, o ambiente facilitador para o trabalho da pulsão, da destrutividade, para que esta trilhe *ser*, dando-lhe acesso ao real; para que emerja um *self*. Há uma primazia do positivo, a ser provido com base na realidade, para que um interno *negativo* facilite o acesso ao real. Para isso, é preciso haver um indício do real, dado por um terceiro (pai), cuja notação é condicionada pelo *ser* do qual o sujeito é provido. Já no modelo freudiano, a realidade do ambiente é impregnada de um negativo constitutivo, que age sobre o anseio pulsional *positivo* para possibilitar o acesso do sujeito ao real.

No entanto, a concordância com Freud quanto à primazia do negativo para o acesso ao real, e quanto à ligação entre um sujeito objetivo (do *self*, de poder ter uma identidade e de ser um indivíduo) com a questão do pai e seu negativo, não gira apenas em torno do que Freud elaborou em seu *Moisés*. Freud encontra-se numa situação muito delicada, quando aventa, implicitamente, a possibilidade de as pulsões investirem objetos no início da vida, quando o que existe é apenas um eu rudimentar. Pois investimento pressupõe uma diferenciação prévia do eu e do supereu a partir de um isso indiferenciado, o que não se coaduna com o desenvolvimento teórico segundo o qual o eu se constitui por intermédio das pulsões. A urgência de uma solução para este problema transparece com força, pelo menos desde 1914, e permanece até 1926. A solução veio com seu grande trabalho *Luto e melancolia* (1915), no qual colocava as identificações na frente, como primeiras, em relação aos investimentos de objeto; linha de pensamento que reforçará em *O eu e o isso* (1923). Faltava-lhe muito pouco para relacionar o destino dessas primeiras identificações com a implicação do objeto, isto é, com a maneira como o objeto primário se dispõe

---

trecruzamentos e a interdependência, dialética e paradoxal, entre a provisão materna e o negativo.

para o sujeito.[20] O estado pré-constitutivo do eu indicaria o ponto de convergência com Winnicott, que se referia a tais identificações como *identidade primária* entre sujeito e objeto, ou *provisão de ser* por parte do objeto, um objeto subjetivo. Por outro lado, uma linha de continuação-renovação seria aquela que pudesse mostrar os elos entre a destrutividade winnicottiana e o ódio, que em Freud é o momento de estabelecer a fronteira – relação total de objeto – que diferencia o eu do não eu. Freud encontra aqui uma raiz *negativa* numa fonte pulsional que não é aquela – nem tem o caráter – das pulsões sexuais, mas pertence à área das *necessidades*, da autoconservação. Tal contribuição, que ancora a pulsão de morte nas necessidades de *auto*conservação, constitui o subsídio eficaz para a revolução winnicottiana.

A descoberta da pulsão "destrutividade" em relação ao nascimento do *self* lança uma nova luz sobre um jogo infantil (relacionado ao célebre *fort/da*; Freud, 1920) ao qual se dedicam tão energicamente crianças entre 10 a 20 meses de vida. Trata-se do modo como estas jogam ou atiram objetos para longe, acompanhando, por vezes, os seus destinos. É notável como o jogar *para fora*, ou *para longe*, se faz sempre por meio de um *enquadre* (janela, grades ou traves do berço), como na lembrança de Goethe analisada por Freud (1917). É de um fracasso do enquadramento ou do *ambiente dos começos* em facilitar um *lançar-se para fora* que nos falam certas práticas suicidas – a última tentativa desesperada do sujeito de *ser*.

O interesse de Winnicott pelo papel do ambiente no desenvolvimento psíquico do bebê mostra-nos como questões-chave da metapsicologia freudiana e da clínica psicanalítica podem encontrar, surpreendentemente, respostas renovadoras no continente desconhecido no qual habitam as necessidades e as pulsões de autoconservação. Uma direção muito inesperada para quem prefere beber

---

20 O próximo capítulo fornece uma visão mais nuançada sobre este aspecto.

150   A PULSÃO "DESTRUTIVIDADE" E O "PAI" DO *SELF*

nas águas da sabedoria de um certo freudismo. Em nome de uma coerência em torno do sexual, a fixação na teoria do apoio levou à confusão deste continente com o da biologia, gerando um efeito irônico quando da incorporação de elementos biológicos no interior da teoria sobre o psiquismo: por exemplo, quando Laplanche diz que, na tradução das mensagens fornecidas pela mãe, a criança lança mão inicialmente de funções biológicas.[21] Em vez de deixar que tal heterogeneidade permaneça no seio da teoria psicanalítica, Winnicott renova a noção de apoio, dando um outro sentido para a sua origem. Assim, ele pôde transformar, verdadeiramente, uma parte desconhecida, ainda em um estado embrionário, da teoria freudiana, o que implica remanejar, do ponto de vista metapsicológico, o conjunto do legado freudiano.

Ao considerar um eixo central da fase ulterior do trabalho de Winnicott, nos demos conta de que nosso estilo pode parecer atípico para os integrantes do "paradigma winnicottiano" (será que este existe?). Apesar disso, no trato, tentamos ser *justos* com Winnicott: não o "pegamos" pelas palavras, nem "cobramos" dele as disciplinadas distinções entre eu e *self* (e outras)... já que o fizemos assumir, e publicamente, mais do que pôde admitir ao longo da sua brilhante caminhada (até o comentário sobre *Moisés*), e o fizemos também reconhecer uma descendência de Freud, muito mais direta do que podia imaginar: um terceiro na origem associado à *destrutividade* em direção ao real; pulsão que faz ponte entre as de morte e de autoconservação. Freud na companhia de Winnicott é a ocasião de um dos mais frutíferos diálogos que a psicanálise pode nos oferecer atualmente.

---

21 Cf. *Percurso*, (13), p. 85. Para uma crítica desta posição, ver o capítulo "O biológico em Freud, 'corpo estranho' para o psicanalista" e o "Um autor na instituição de formação".

Repensando o pai e a destrutividade em Winnicott

> *... há muita coisa a ser levada em conta*
> *quanto ao imago do pai no mundo interno*
> *da mãe e o destino que ali toma ...*
> Winnicott, "O uso de objeto", 1969

No final do artigo sobre o uso de objeto (1968), Winnicott adverte que o tema nos obriga a reescrever a teoria sobre as origens da agressividade. Ao nosso ver, o questionamento constante sobre a agressividade e a destrutividade, iniciado em 1939 – mas que um escrutínio atento revelará sua enunciação, em outros termos, desde 1931 – e alastrando-se ao longo de toda a obra, abriga em si o que Winnicott entende ser o cerne da facilitação prestada pelos cuidados do ambiente, além de constituir o substrato fundamental que se submete aos processos de amadurecimento.[1]

---

1 Os textos principais sobre a agressividade são: (1939) "Aggression", (1950-1955) "Agressão e sua relação com o desenvolvimento emocional", (1960) "Aggression, guilt and reparation", (1964) "Roots of aggression". O segundo texto encontra-se no livro (1958) *Da pediatria à psicanálise*. Rio de Janeiro: Fran-

Na continuação da referida citação, ele afirma que "a pulsão de destrutividade cria a qualidade de *externalidade*", ou seja, de indícios de *ser*, adquiridos pela *contenção* ("oposição", 1950, nota 1) do adulto, em que o último concede uma *legitimação* ao ser das condutas – dos gestos – de agressividade que remontam à motilidade originária oriunda da "força vital" (1950, nota 1) do feto e bebê. Aquisição esta que vai obtendo, progressivamente, diversas modalidades, em meio à adaptação do ambiente aos estádios emocionais pelos quais passa a criança, desde o estado inicial [de não integração e *pré*-preocupação (*pré-remorso*)], o intermediário (integração, preocupação, culpa), até a personalidade total (relações interpessoais, conflitos, triangulação). Entende-se, portanto, que a emergência do *self* como unidade, isto é, de um sujeito capaz de se sentir real em uma realidade compartilhada com os outros, só ocorre na passagem do segundo para o terceiro estádio, na culminação deste longo processo. Essa saída para o mundo é determinada, no entanto, pelos estádios iniciais e o destino que tomam. Entretanto, tal emergência é norteada pelo vislumbre do *pai* – real ou de sua *imago na mente da mãe* – como figura unitária situada a distância, *no exterior*, portanto fora do ambiente (mãe), e que serve como molde ("*blueprint*") para uma identificação direta. "Requisito" este introduzido por Winnicott no último ensaio dos textos que compõe o tema de uso do objeto.

O artigo que dedicamos a esse lugar do pai (capítulo anterior) suscitou, entre colegas, reações que nos surpreenderam. Alguns julgaram ter encontrado nele inferências muito distantes da visão

---

cisco Alves, 1988; os três restantes compõem o livro (1984) *Deprivation and delinquency*. London: Tavistock. O texto de 1950-1955 contém uma formulação mais aprofundada acerca da agressão e seus destinos na construção do *self*. Já o texto de 1960 traz sequências clínicas bastante elucidativas, ilustrando a reconfiguração do conceito de reparação kleiniana à luz do valor dado por Winnicott à destrutividade e à agressão para o crescimento.

de Winnicott, outros pensaram ser uma descoberta inusitada na concepção do grande psicanalista. Curiosamente, salvo as aproximações a Freud, reiteramos quase literalmente (do texto de 1969 e de outros sobre o uso do objeto) as constatações de Winnicott sobre o pai como um guia da criança para o real, com base no ambiente em que está imersa. Os comentários dos colegas justificam-se, em parte, pelo fato de se tratar de um escrito inacabado de Winnicott redigido no final de sua trajetória. Seus julgamentos devem-se, no entanto, à adesão, hoje crescente, ao dito "novo paradigma" winnicottiano restringido ao colo da mãe, ao ambiente. Adesão distante e mesmo nefasta ao espírito de Winnicott. A epígrafe deste capítulo demonstra que o ambiente remete a criança a "algo" unitário que se situa *alhures* – um "pai" sumamente importante, essencial, para os propósitos do crescimento. Não obstante, nossa intenção é retomar o tema, repensando alguns pontos que, de fato, foram imprecisos ou mal situados no capítulo anterior. Propomo-nos essa tarefa já que lidamos com um tema central em Winnicott e na psicanálise.

As origens da agressividade e do real

A agressividade é, de início, *sem intenção*, compreendendo todos os movimentos e atividades do bebê; é, portanto, espontânea e Winnicott conclui, no ensaio de 1950-1955, que a agressão se origina da *motilidade*. "Entretanto, toda vez que um comportamento tem um propósito, há intenção de agressão. Aqui se chega imediatamente à *principal fonte* da agressão, a experiência pulsional". Seria preciso, no entanto, distinguir dois estágios, pois se a *fonte* da agressão é a motilidade *espontânea* dos inícios, como ela se coaduna com a experiência pulsional almejada pelo comportamento *proposital*, intencional? A motilidade, oriunda da força vital, ocorre já no desenvolvimento embrionário, mas são os limites da parede do útero que, "opondo-se" aos movimentos do feto, constituem os precursores da externalidade, de noções de si, articuladas concomitante e dialeticamente aos indícios do futuro não eu (*"not-me"*). Winnicott insiste sobre a *oposição* do meio porque esta instaura o *efeito* agressivo da força vital. Oposição que é tributária de uma experiência. No entanto, só se pode entender *a qualidade* de experiência no contexto do ambiente humano; a primeira, do feto, pertence a uma espécie de memória somática.

A motilidade é expressão da "verdadeira pulsão", que comporta um *erotismo primitivo*. No entanto, este é, enfatiza Winnicott, muito distinto – é de outra natureza – do erotismo que emana das zonas autoeróticas do corpo (1950).[2] O elemento erótico primitivo, sobre o qual vamos nos deter a seguir, é fonte de uma *qualidade*, da experiência do impulso agressivo. Na oposição, ou como preferimos, na contenção pelo meio, cria-se a experiência agressiva. "Toda experiência é tanto física quanto não física. As representações acompanham e enriquecem a função corporal e o funcionamento corporal acompanha e realiza o representar" (realização que ele associa à "realização simbólica" de Sechehaye). Afirmação que ecoa da conhecida definição da psique, em um texto contemporâneo, como *"elaboração imaginativa de partes, sentimentos e funções somáticas*, isto é, da vivência física".[3]

Assistimos, pois, a um quadro complexo, em que as manifestações do amor primitivo, sobretudo orais, iniciam-se com os impulsos agressivos – abrigando um erotismo primitivo – expressos na motilidade, e desembocando na experiência, imaginativa e representativa, do corpo em função da contenção do meio. Vivências

---

2 Erotismo este que foi motivo de inquietação para Winnicott até ele decidir aboli-lo nos escritos posteriores, em que permanece apenas a força vital de uma pulsão de destrutividade.

3 Cf. "A mente e sua relação com o psico-soma", em: (1958) *Da pediatria à psicanálise*. Rio de Janeiro: Francisco Alves, 1988 (grifos do original).

que portam os indícios, evanescentes e parciais, de um real, de uma objetivação dos atos de ser, de si. Apropriação parcial do corpo, de seus movimentos, tornando-se "meus" em função da descoberta, propiciado pela contenção do meio, de uma área objetiva, isto é, do não eu.

É curioso notar que Freud se utiliza no *Projeto de uma psicologia* (1895) de termos quase idênticos aos de Winnicott, ao se referir aos precursores da pulsão: nestes estágios iniciais, Freud refere--se às *exigências vitais*, expressos no agito motriz. Os movimentos musculares são, segundo Freud, as vias primárias de escoamento da pulsão.[4] Diante dessas exigências, um "adulto *sensível ao estado da criança* está pronto a atendê-la" (grifos nossos). O segurar no colo dá início a um processo complexo, motor e sensório, dirigido pela sensibilidade do adulto, em que a contenção do bebê pela mãe proporciona para o bebê *formas reflexivas*, dotando-o de *imagens de movimentos,* os seus próprios. Durante a ordenação motora e sensória no bebê, diz Freud, "chegam, de várias regiões do corpo, *notícias*" (grifos nossos), indícios da experiência de si. Essas notícias do ser regem-se pelo princípio de prazer.[5] O que se equivale à realização representativa, em meio à "oposição do objeto", do erotismo primitivo que Winnicott supõe embutido no impulso agressivo.[6] Winnicott jamais aceitaria a intervenção, neste contexto, do princípio do prazer, pois ele o concebe como descarga erótica pura, ignorando o arrazoado de Freud de que o prazer – sobretudo no

---

4 Quanto às exigências vitais, ver a primeira parte, Capítulos II a XII, do *Projeto de uma psicologia*. Exigências implícitas à força (da pulsão), explicitadas em "As pulsões e seus destinos". Neste último, reitera que os grupos pulsionais expressam-se no movimento muscular das manifestações da respiração, fome e sexualidade.

5 Ver o capítulo "Uma perspectiva de construção em Freud".

6 Para acompanhar Winnicott, diremos, na linguagem posterior de Freud, que esse erotismo primitivo é o *representante* da pulsão que se realiza, na experiência com o objeto, em uma representação de si.

que concerne, como vimos, à área das notícias de si, das evidências do ser – se cria sob a condição de contenção.[7]

A geração de experiências sucessivas em que surgem tais indícios torna os últimos propícios a integração em um processo de vir a ser (*"going on being"*) que, no texto de 1950-1955, Winnicott designa, sistematicamente, de *construção* da rede de relações do eu em formação ou, segundo Freud, o seu "grupo psíquico" ou sua malha de representações (1895). Não havendo, inicialmente, uma pessoa – uma noção de um corpo próprio –, os impulsos agressivos são "sentidos" como advindo de "algum lugar", não mapeável no universo subjetivo (no domínio do narcisismo primário) em que a criança está imersa. Se não houver um acolhimento ("oposição") apropriado – em caso de reação reprovadora, de indiferença ou retaliação – as moções do impulso agressivo, não encontrando uma realização (externalidade), acumular-se-ão, "aguardando" na vasta reserva do território subjetivo e cultivando *fantasias mágicas* de destruição (1964, nota 1). Cabe esclarecer que a fantasia de destruição nasce com a motilidade, mas vai crescendo no decorrer do processo de construção, e se estruturando como vontade de dissolução do terreno subjetivo e a emergência do *self*, como uma só unidade, no real. Razão pela qual Winnicott a denominará, nos textos sobre o uso de objeto, fantasia pano de fundo (*"backcloth fantasy"*). O destino dessa fantasia – ser implementada em efetiva realização construtiva, ou permanecer enquistada em um regime mágico – dependerá da maneira como o ambiente conduzirá (*"taking through"*) a intenção agressiva nas condutas da criança.

Ver-se-ia, então, que os impulsos agressivos – derivados da pulsão de destrutividade – impelem e implementam o erotismo primitivo, por meio da contenção do meio, para a construção.

---

7 Contenção da descarga junto e por causa do objeto. Cf. (1915) "As pulsões e seus destinos".

No entanto, nesta, num estágio posterior, outro elemento entra em jogo, *a sexualidade*. Esta, fundindo-se ao erotismo primitivo, fomenta e promove, segundo Winnicott, o processo de construção, reforçando o ser. Mas, se o ambiente, em sua oposição, não legitimar a intenção desses impulsos em obter indícios de si, do ser – reagindo, invadindo ou retaliando –, a referida fusão sofrerá rearranjos: assistiremos, então, na criança uma busca de cumplicidade com o meio na qual uma sexualização toma frente, no esforço de suplantar a carência do ambiente ("regressão maligna", segundo Balint) ou mesmo se submetendo ao modo masoquista (1950-1955, nota 1 deste capítulo).

A divergência entre Winnicott e Freud transparece neste ponto. Uma diferença nos pressupostos, mas não quanto à construção e sua sequência: para Freud, a coalescência entre as pulsões é primária, havendo, não obstante, uma desfusão basal cujo destino é determinado pelas experiências com o meio. Ponto cuja discussão afastar-nos-ia do nosso tema. Outro aspecto, sumamente importante, diz respeito à sexualidade. Assinalamos, de passagem, a essencial contribuição da sexualidade para a construção do *self*, para a qual Winnicott volta nas exposições mais sistemáticas dos anos 1960, acerca do verdadeiro e falso *self*. O mesmo não ocorre nas propagações atuais da suposta nova doutrina. Nelas, a sexualidade está prestes a desaparecer. A motilidade, o gesto espontâneo e a mãe suficientemente boa dão margem à ênfase, nas filigranas da herança ferencziana, sobre as irredutíveis inocência e ingenuidade infantis, em oposição à malícia sexual da criança do suposto "pansexualismo freudiano". A inocência infantil que transparece em Ferenczi e Winnicott não é apenas conciliável com a descoberta freudiana, mas constitui seu cerne: em todo o trajeto clínico – não só aquele que compreende o professado período da sustentação da teoria da sedução, entre 1892 e 1897, mas também nos casos conhecidos, de *Dora* ao *Homem dos lobos*, e os analisados da literatura até 1927 – a patologia é atribuída a um "desrespeito" a tal inocência, a um acordar precoce da sexualidade pela deturpada paixão do adulto. É lamentável observar como certa preguiça tende a suprimir toda a complexidade da sexualidade infantil freudiana – desde os registros primários do prazer, da sedução, da sexualidade perversa polimorfa, da trajetória da libido e da aquisição de referências autoeróticas do corpo psíquico –, para se entregar a um discurso angelical em torno da mãe, que junta uma visão vitalista *à la* Bergson sobre o bebê a uma descrição existencialista de sua caminhada. Winnicott está longe de tudo isso, apesar de se equivocar, em brevíssimas passagens, sobre Freud.

Após este desvio, voltemos à questão da construção do *self*. Detivemo-nos sobre a integração progressiva em que uma construção se põe em marcha. Como o *self* amadurece em uma unidade capaz de emergir do ambiente, dissolvendo-o e se colocando no real para compartilhar uma realidade com outros sujeitos? Winnicott afirma que o recém-nascido vem ao mundo como um todo (*"as a whole"*) e precisa encontrar uma contrapartida ambiental para essa totalidade, uma vez que ele se encontra em estado de não integração, não tendo um estofo para se diferenciar. O ambiente precisa adaptar-se a essa necessidade narcísica primária (*a preocupação materna primária*, o afinar-se à onipotência e à necessidade de ilusão etc.) e empenhar-se na condução das pulsões – das manifestações destrutivas e depois da libido – para que se teça na criança um estofo experiencial para amadurecer e se diferenciar. Embora Freud não lance mão com frequência da descrição fenomenológica, ele se detém também sobre essas duas dimensões das necessidades do bebê e do trabalho do e no objeto em relação a essas funções; ao nosso ver, de maneira mais precisa, ampla e consistente que Winnicott. No *Projeto...*, Freud discorre sobre a sensibilidade da mãe ao estado de desamparo da criança; traça no adulto as vias de desencadeamento e seu acesso dos recursos para essa preocupação e atendimento da criança. Fala, de um lado, da reflexão empática, e de outro, de uma imitativa, de condução da motilidade em direção à construção da experiência, da representação, com base nas moções pulsionais.[8] O desempenho do objeto esmaece em *A interpretação dos sonhos*, livro *princeps* em que Freud, reiterando o trajeto de construção delineado no *Projeto*..., interessa-se mais em focar a formação, a partir da pulsão, do trilhar mnêmico, e a precipitação das experiências em um molde primário do desejo. No entanto, o objeto e sua parte não são esquecidos; são reconsiderados não só na descrição clínica, mas também na teórica, e de maneira sistemática, no ensaio de 1914 sobre o narcisismo, e sobretudo no livro de 1925, *Inibição, sintoma e angústia*.

O real e o pai

No capítulo anterior, tratamos da questão posta no último parágrafo. A seguir teceremos alguns comentários e reparos ao referido texto.

As realizações das experiências pulsionais integram-se, aglutinando-se, segundo Winnicott, em uma unidade sob a orientação da *imago* unificada do pai. O vislumbre deste como um molde (*"blueprint"*) situado fora da área subjetiva ocorre paulatinamente ao processo de construção. Os derivados da moção destrutiva – pertencentes a cada ato que deu origem, junto com o meio, às partes do *self* e ao processo de construção – reúnem-se para o "acabamento final" do recorte do *self*, dissolvendo o meio que o circunda. O impasse nesta marcha (algo que Winnicott observou nos casos-limite) está no aprisionamento em envelopes de projeções – restos das fracassadas realizações dos impulsos agressivos. Não

---

8 Cf. o capítulo "Uma perspectiva de construção em Freud".

160   REPENSANDO O PAI E A DESTRUTIVIDADE EM WINNICOTT

sendo legitimados, não se transformando em realizações produtoras de indícios de si, eles formam o pacote de projeções (*"projective bundle"*): a destrutividade permanece no regime mágico. Portanto, apelos aprisionados e aprisionantes (nas "celas" da identificação projetiva) deixam o sujeito descrente da *sobrevivência do objeto* caso pudesse alcançar o almejado êxito para o mundo, o real, em analogia a alguns adolescentes que sentem que "a mãe não aguentaria minha saída de casa; ela não sobreviveria".

Outro aspecto: Winnicott não nos remete a uma condição no bebê que o capacitaria a vislumbrar o pai como uma só unidade. Ele afirma que, no processo de construção, o bebê vai se "nutrir" da mãe em partes, mas ele se identifica com o pai como um todo. O vislumbre de algo que *se situa fora* pode ser atribuído à própria moção destrutiva, mas qual seria a origem desta forma unitária? Pode-se especular que, se o bebê vem ao mundo como um todo, e há um meio que de início propicia ilusoriamente uma continuidade ilimitada – o objeto subjetivo – para se construir, sua saída, sua objetivação, só pode dar-se como um todo, como unidade – daí o vislumbre do pai como tal. A preocupação de Winnicott era descrever o que estava ocorrendo. Assim, ele dirigiu nossos olhares para alguns fenômenos clínicos. Ele não tinha um gosto especial pela postulação e pressuposição de estruturas.

Freud era diferente. Inicialmente, ele descreve, como Winnicott, um processo em que a criança emerge do meio materno em que está imersa, percebendo-se separada do corpo da mãe, tendo um corpo próprio, o que lembra a posição depressiva de Melanie Klein. Momento em que a pulsão se instala como autoerótica.[9] Mas voltando à questão da circunscrição do sujeito, ele procurava uma moção narcísica de alteridade. Para esta, ele postula o ódio e

---

9 Cf. o item "reencontrar o objeto" da Parte III do livro (1905) *Três ensaios sobre a sexualidade.*

DANIEL DELOUYA 161

a indiferença. Mas estes, em seus estágios primários, não se referem ao conteúdo maduro deste sentimento, como Winnicott tem sido levado a criticar Freud, mas à sua raiz constitutiva, do mesmo modo que o amor primitivo reporta-se à série de manifestações, sobretudo orais, da busca de realização do erotismo primitivo embutido na pulsão destrutiva. Freud, no entanto, buscou núcleos estruturais que orientassem esta moção excorporativa do ódio e a percepção da realidade. Postulou, primeiramente, entidades internas que, agindo sucessivamente, se matizam em eu-realidade originário, eu-realidade e eu-prazer purificado.[10] No entanto, esses serão substituídos por outra entidade, a do "pai filogenético". Um suporte interno que possibilita o vislumbre do pai como uma só unidade, ou seja, a identificação *direta* (sem investimento) e primária ao pai ou aos pais.[11] No último capítulo do citado livro de 1923, Freud afirma que as primeiras moções pulsionais, ao buscarem e investirem objetos, submetem-se a essa identificação primária, transformando-se em identificações que vão, progressivamente, aglutinando-se no eu emergente. Outra maneira de se referir aos indícios do si, integrando-se uns aos outros para formar o *self*.

Neste contexto oportuno, uma correção ao capítulo anterior: o pai ao qual a criança se identifica diretamente não é, necessariamente, o pai real. Mais importante é a *imago* desse pai, ou seja, a presença da configuração triangular na mente da mãe (ver a epígrafe deste capítulo). Winnicott insiste que a legitimação da moção agressiva, manifestada na motilidade, depende de a mãe enxergar o bebê como uma *pessoa*, embora o bebê não porte, ainda, nenhuma noção de si neste sentido. O que pressupõe uma configuração triangular (ver o terceiro estádio citado) em sua mente. Ponto sobre o qual elogia Fairbairn, já que a ausência desta disposição na

---

10 Cf. "As pulsões e seus destinos".
11 Cf. os livros (1921) *Psicologia das massas e análise do eu* e (1923) *O eu e o isso*.

mãe acarreta a psicose e as esquizoidias. Em Freud, de maneira análoga, a atenção à criança pressupõe poder enxergá-la como um *Nebenmench*, um outro semelhante. Quanto ao pai real, Winnicott afirma que, se ele está ausente, o processo ocorre, porém, com certa dificuldade. O pai real é importante ao longo de todo o caminho; basta acompanhá-lo em todos os casos clínicos de Freud, desde os da histeria, passando pelo *Pequeno Hans*, e sobretudo no caso do *Homem dos ratos*, além do *Homem dos lobos* e outros, da análise de documentos sobre Leonardo, Schreber, Christoph Haizmann, Dostoiévski, entre outros.

Quando Winnicott refere-se ao uso de objeto, que pressupõe o sentir-se real em uma realidade compartilhada – o reconhecimento de outros seres reais – encontramo-nos, certamente, no contexto freudiano, no estádio que se segue à dissolução do complexo de Édipo e à aceitação da castração. À propósito do compartilhar entre sujeitos, Freud fala da instauração do *sentimento social* (1921, 1923), uma aquisição psíquica nos indivíduos que, no mito, compõem a segunda comunidade dos irmãos, isto é, após o assassinato do pai.

Outro aspecto do capítulo anterior que necessita ser revisitado diz respeito à dimensão negativa em Winnicott e Freud. Remeto o leitor, para este fim, ao capítulo "Uma perspectiva de construção em Freud".

Bion: uma obra às voltas com a guerra[1]

A intenção de escrever uma introdução *para ler* a obra de Wilfred Ruprecht Bion, em comemoração ao centenário de seu nascimento (8 de setembro de 1897), foi envolta por uma penumbra de persecutoriedade e carregada da tensão de quem vislumbra um fracasso provável. "Como fazer o melhor de um mau negócio" foi uma associação com o título de um trabalho tardio de Bion ("Making the best of a bad job", 1979, em: *Clinical Seminars and Four Papers*, Fleetwood, 1987) que sinalizou um desafio pessoal e que diz respeito também a leitores não familiarizados com sua obra.

Não sou bioniano, o que não significa que me falte a *experiência* com este tipo de transmissão. Ter feito uma análise com alguém "gerado" dentro da linhagem *Bion-Philips* é duplamente relevante: a natureza da análise e o nosso ofício nos ensinaram que não basta ler um autor para conhecê-lo a fundo. A evidência deste fato é imediata e particularmente forte quando se trata de conhecer Bion

---

1 Este capítulo é uma versão modificada do artigo, com o mesmo título, publicado em 1998 na revista *Percurso*, (20), pp. 29-37, em comemoração ao centenário do nascimento de Bion.

e compreender seu pensamento por meio de seus escritos. Outro aspecto diz respeito à aprendizagem do ofício de psicanalista: uma matriz clínico-teórica mais ou menos definida serve, de regra, como meio de transmissão do trabalho analítico na análise, na supervisão e na discussão teórica acerca de um texto. O Brasil, e mais especificamente São Paulo, é talvez o único lugar no mundo psicanalítico onde se consolidou uma matriz bioniana, uma *certa* linhagem com base em Bion, como atividade que transcende a mera influência de indivíduos interessados. Trata-se de uma apropriação – análises, supervisões e ensino teórico – que se estende por mais de 25 anos dentro de um grupo que se conservou também graças ao seu poder político de garantir uma organização institucional voltada para esse fim. À parte das desvantagens institucionais que tal fenômeno comporta, é preciso enfatizar que a solidez e a persistência da interpelação bioniana em nosso meio devem-se, em grande parte, ao fato de ter sido a única matriz a ser implantada pelo próprio mestre, em primeira mão.

Entretanto, é possível ser tocado e transformado pelas contribuições de autores como Ferenczi, Klein, Lacan, Winnicott e Bion sem que para isso seja preciso transpor-se para dentro de uma das matrizes criadas com base neles. É possível integrá-las dentro das malhas subjetivas de um Freud incorporado (no analista), na medida em que esclarecem, ampliam, aprofundam, incitam, perturbam, provocam e remanejam o tecido freudiano. Neste sentido, agrada-me o lugar que essas contribuições, especialmente a de Winnicott e a de Bion, tomam na obra de André Green, bem como as de Lacan e de Winnicott nas obras de Pontalis e Fédida. Empreender viagens a outros continentes para redescobrir o próprio nem sempre é menos árduo que emigrar para um deles...

A vida em obra

Como na vida de Freud, uma "velha" babá deixa uma marca indelével em Bion. As lembranças desta *Ayah* (ama de leite), sobre a qual escreve aos oitenta anos, são também associadas com a introdução do menino num universo religioso marcado pelo temor. Mas, à diferença de Sigmund, Wilfred deixa, sem os pais, sua terra natal – Muttra, Índia, à qual nunca voltará – aos oito anos, para estudar num colégio interno público na Inglaterra. Tal privação do ambiente familiar, e a necessidade de compensá-lo tentando preservar a própria integridade nas situações-limite às quais será submetido – uma severa educação calcada num puritanismo hipócrita, o ingresso no exército que coincide com a Primeira Guerra Mundial (aos dezenove anos), a morte da primeira esposa – terão consequências diretas sobre a área privilegiada de seu interesse: *o pensamento*.

O primeiro tomo da autobiografia, *The Long Weekend: 1897-1919* (London: Karnac, 1982), abrange os três períodos: a infância (Índia), o colégio (Inglaterra) e o exército (Guerra). A vida de Bion foi marcada, então, por um *longo fim de semana* – a malograda espera pela mãe (*Ayah*, a família) – quando passava os feriados na companhia das famílias de seus colegas. A solidão no internato numa tenra idade, e o perigo bélico na guerra põem em xeque as estruturas mais frágeis do ser: um vazio autista da adolescência será "preenchido", desesperadamente, por uma prática masturbatória compulsiva; momentos traumáticos no campo de batalha trarão vivências de desrealização e despersonalização que colocam à mostra as rachaduras do eu. Não é difícil encontrar nessas experiências os elos que Bion estabelecerá mais tarde entre a tolerância a estados extremos de frustração e a capacidade de pensar, além de sua aguda capacidade de compreender a vivência psicótica. Como esta ausência (do objeto) abre-se sobre um vazio, sobre a vivência do *neánt* (Victor Hugo), do *no-thing*, do verdadeiro *nada*? Como acaba transformando-se no horror "diante do silêncio eterno desses espaços infinitos" (frase de Pascal que Bion não cessa de evocar)? Questões que são, é verdade, inerentes à obra de Bion, porém suas verdadeiras vigas encontram-se na vida de quem as devolveu para o centro do trabalho e do pensamento psicanalíticos.

"Todos os meus pecados lembrados" é o título do segundo e inacabado tomo da autobiografia (*All my sins remembered*. London: Karnac, 1985). Os pecados referem-se ao seu desejo por um filho, que custou a vida da primeira esposa, e ao "abandono" da filha, confiando sua criação a mãos alheias. O leitor não deixa de suspeitar que esses tormentos são associados também às mágoas pelo próprio abandono pelos pais em terra estrangeira; à dúvida sobre seu nascimento ter sido desejado; e ao sentido da morte, numa criança, em relação a um objeto infinitamente anelado.

Os dois tomos fecham um ciclo (provisório para nós) que se inicia com a ausência, faz um contorno – abre-se sobre um vazio – e fecha/abre novamente, só que desta vez sobre uma verdadeira simbolização da ausência: *o pensamento*. Em outras palavras, pode-se dizer, à guisa de primeira síntese, que Bion foi bem-sucedido onde o melancólico normalmente fracassa.

As cicatrizes de tal melancolia transparecem no estilo da escrita, transmitindo certa aridez na qual a agressividade contida – especialmente no que tange à educação e ao colégio – se oculta por detrás de uma densidade descritiva. Bion jamais se permite cair para dentro de suas lembranças (muito diferente de Freud), mas as oferece para nós sob o bisturi de uma ironia afiada, nos melhores moldes shakespearianos, ou sob a seriedade de quem soube aprender com elas – um reconhecimento de adulto.

A obra em vida

1942-1961: Os fundamentos

Um melancólico dá trabalho! E se fosse analisado por um kleino-bioniano é provável que fosse considerado um "paciente de difícil acesso". Bion foi analisado pela própria Melanie Klein, o que não foi nada fácil para ele, e parece que também não para ela (Cf. *All my sins...*, pp. 66-70). Quando interrompeu sua análise, que durou oito anos, ele já contava com 56 anos. Que Bion ficasse magoado por a analista não demonstrar o devido respeito à rara e prestigiosa condecoração por bravura que obteve na Primeira Guerra Mundial diz respeito a um mal-entendido de alcance maior: Klein percebeu, desde o início, o talento e a sensibilidade do seu paciente, tentando, portanto, recrutá-lo para o seu grupo. Bion ocupava-se, naquele tempo, com grupos, inicialmente como psiquiatra militar, e depois como terapeuta da Clínica Tavistock. Klein criticava-o por isso, tanto que nos relatos dessas experiências ele as distingue da atividade propriamente psicanalítica. Bion não se curvou facilmente a essa pressão [John Rickman, seu analista anterior (1937-1939), fora diferente; ele foi paciente de Freud, Ferenczi e Klein, e nunca se filiou a um grupo]. A *vida* (para a qual os bionianos não cessam de nos dirigir), isto é, o internato e o exército, sobretudo o oficial que foi, não permitiu a Bion abdicar de sua autonomia para pensar.

Bion encontrou nas experiências com grupos o mesmo desafio que se coloca para quem se encontra em situações de extrema tensão: a possibilidade de pensar. A mentalidade do grupo se constitui, segundo ele, pela contribuição individual de cada membro para a instauração de um certo padrão psíquico de conduta coletiva (os pressupostos básicos). Trata-se de uma dimensão narcísica do sujeito, que o agrupamento coloca à mostra (para o observador), o

168   BION: UMA OBRA ÀS VOLTAS COM A GUERRA

que não impede que o sujeito permaneça, quando sozinho, submetido a uma dessas configurações mentais. Estes estados operam sempre contra a tendência oposta, que condiz com o princípio da realidade e com o pensamento – o *trabalho* do grupo. É este conflito que constitui a *cultura* do grupo. Os pressupostos básicos ancoram-se, segundo Bion, num substrato psicossomático, constituindo o aparelho protomental, parte primitiva que a rigor ainda não está diferenciada mentalmente. Sua economia *somatopsicótica* está na base de doenças psicossomáticas, como as neuroses atuais em Freud. O jogo de palavras que usa para este sítio como fonte de doenças somáticas *e grupais* aponta para a raiz pulsional-instintual: a doença (*disease*) é também *dis-ease*, isto é, desconforto, pulsão! O desprendimento, no sujeito, dessa viscosidade coercitiva do grupo, ou como diz Bion, a possibilidade de emergir de tal imersão, é o requisito e a prova da capacidade de pensar. Ele publica em 1952, no final da análise com Klein, o artigo "Dinâmicas do grupo: uma re-visão", no qual se encontram, de um lado, os pontos de convergência e divergência com Freud, e de outro, as bases metapsicológicas do aparelho protomental nos mecanismos primitivos descritos por Klein. Mas é somente após a morte da analista que ele reúne essas descobertas em seu primeiro livro, *Experiences in groups* (London: Tavistock, 1961). Obra que constitui, no meu entender, uma das mais importantes de Bion. O leitor reconhecerá neste livro não apenas sua postura autêntica, como analista e pessoa, mas também o fulcro da sua inovação. A atenção à realidade psíquica do grupo, a maneira como pressente, numa conversa que desemboca num silêncio, a ocupação com a pessoa do analista, lembram as agudas percepções de Freud e sua intuição sobre a transferência quando o paciente se cala repentinamente. E mais uma comparação: da mesma maneira que existem partes do *Projeto de uma psicologia* que Freud nunca desenvolveu, as *Experiências em grupos* (Rio de Janeiro: Imago, 1975) contêm sementes do pensamento de Bion que ainda aguardam um solo apropriado para seu crescimento.

Ao caracterizar as modalidades pelas quais o trabalho do grupo pode ser perturbado, minado e solapado, Bion postula um nível de funcionamento psíquico rudimentar, indiferenciado e somatopsicótico, cujo palco privilegiado de observação e aprofundamento é o tratamento psicanalítico de pacientes psicóticos e fronteiriços, que empreende durante o período da sua análise. Entre 1950 e 1962, Bion redige e publica uma série de trabalhos, predominantemente clínicos, centrados no funcionamento psicótico. A descrição dos desvios do pensamento na vivência psicótica permite-lhe desenvolver a metapsicologia do pensamento e definir os estágios de seu desenvolvimento desde o substrato primitivo. Esses trabalhos, dos quais destacamos *O gêmeo imaginário* (1950), *Notas sobre a teoria da esquizofrenia* (1953), *Diferenciação entre personalidade psicótica e personalidade não psicótica* (1957), *Ataques à ligação* (1959) e *Uma teoria sobre o pensar* (1962), foram reunidos por Bion – repensando-os – na coletânea *Second thoughts* (London: Tavistock, 1967). Tudo o que é importante em Bion encontra-se aí, pois além de essa coletânea constituir – junto com as *Experiências...* – os alicerces da sua contribuição, ela nos coloca em contato com sua clínica, seu estilo de trabalho, sua penetração na vivência psicótica e, com base nela, a construção do seu pensamento. Se é verdade que sua empreitada parte do e permanece no contexto kleiniano, sua inovação deve-se, de um lado, à implementação das intuições de Freud em relação à psicose, mas principalmente à integração da sua herança kleiniana ao órgão de percepção, o Pc-C, como Freud o tinha descrito em *Os dois princípios do funcionamento psíquico* (1911).

A inserção da aquisição da linguagem, do pensamento e depois do conhecimento no centro da posição depressiva faz parte das grandes reformas que Bion introduziu no legado kleiniano e na psicanálise em geral. No edifício bioniano em torno do pensamento, a descoberta kleiniana da identificação projetiva foi levada às últimas consequências – é a opinião de Hanna Segal –, mas, do nosso ponto de vista, ele a ultrapassa. Na teoria sobre a gênese do aparelho de pensar, Bion traça uma linha de desenvolvimento desde um aparelho primitivo, que opera por meio da fuga e de uma identificação projetiva evacuatória, até a verdadeira apreensão da realidade e sua comunicação. Neste desenvolvimento, Bion introduz a implicação do objeto: sua função e capacidade de metabolizar os dados sensoriais e transformá-los em pensamentos, em atividade propriamente psíquica, é mediatizada numa tópica "procriativa" de conteúdo-continente, fornecida pela mãe – a sua capacidade de *rêverie*. Há, portanto, uma contiguidade entre a identificação projetiva primária e o pensamento, na qual o objeto toma um lugar central. Nesta construção, a atenção de Bion volta-se para os modos pelos quais o funcionamento psíquico primitivo, obra da pulsão de morte, se apossa do aparelho de percepção – enquanto órgão de apreensão de qualidades internas e externas (Freud, 1911) – até sua maturação em aparelho de pensar. Por exemplo, a fragmentação do eu e o uso excessivo da identificação projetiva acarretam a formação de objetos bizarros; a tolerância à ausência do seio desperta, pela sua introjeção, a apreensão da realidade e o pensar etc.

Intervalo: Bion e Freud

Bion vincula, então, a dimensão instintual-emocional kleiniana com o aparelho de percepção, e este com o pensar e a linguagem. Entretanto, se parece haver aqui um encontro com Freud, é também o momento de uma separação definitiva: desde o *Projeto...*

(1895) até *O bloco mágico* (1925) e *A negativa* (1925), há uma sólida vinculação entre pulsão, percepção e pensamento.[2] O pensamento, cujo protótipo seria, segundo Freud, o de juízo de existência, é calcado no juízo de atribuição, que por sua vez tem origem no exercício "tentacular/degustativo" do ego-prazer (bom para dentro, mau para fora). Embora isso evoque a dialética kleiniana entre o seio "bom" e o seio "mau", o encontro do qual se trata na percepção e no pensamento, em Freud, não é entre o amor e o ódio da posição depressiva [na fórmula de Bion, L (amor) + H (ódio) = K (conhecimento)], mas o *reencontro* com o objeto: a *comparação* (Freud, 1895) com os traços mnêmicos de experiências de satisfação, outrora proporcionadas pelo objeto, e que sedimentaram a estrutura desejante do sujeito. Os estados e as vivências alucinatórios e delirantes, aos quais Bion foi genialmente sensível, ocorrem porque um fracasso nas experiências de origem impede, do ponto de vista tópico, o investimento desses traços. No entanto, estes, por "exigirem seus direitos", acabam invadindo o sistema perceptivo (alucinação) ou a linguagem (delírio) do pensamento (Freud, *O eu e o isso*, 1923).

O que falta, então, ao sistema kleiniano, dentro do qual Bion permanece, é tudo o que diz respeito ao recalcado, à representação[3] e ao desejo. Consequentemente, Bion assinala em algumas passagens uma dicotomia – não presente em Freud – entre a descarga, implícita a algumas manifestações do princípio do prazer, e o da realidade. A descarga torna-se um modo de evacuar o desprazer, expressando ódio à realidade externa e interna. Neste contexto, a pulsão de morte adquire uma intencionalidade agida; tinge, no

---

2   Afirmação imprecisa da nossa parte. Tal vinculação se encontra em Bion, embora em outros termos e contexto – ver o próximo capítulo.
3   Trata-se de uma afirmação equivocada que corrigimos no capítulo seguinte. A grade é uma ampliação da *Vorstellung* (representação) freudiana, seu desenvolvimento e seus usos.

172 BION: UMA OBRA ÀS VOLTAS COM A GUERRA

embate com o eu, os destroços de tal guerra com feições fantasmáticas, expressões concretas desta pulsão. A pulsão perde, portanto, o seu sentido freudiano. Apesar de ter se esquecido do pai[4] (a própria "mãe" – Klein – deixou-o no meio do caminho?) e ter pensando a ausência enquanto expulsão do seio – obra da pulsão de morte –, Bion recuperara, no decorrer da obra, a vinculação freudiana entre realidade e ausência.

1962-1969: Sistematização, a ciência em questão

Três obras, *Learning from experience* (1962), *Elements of psychoanalysis* (1963) e *Transformations* (1965), animam um grande projeto: a construção de uma teoria do psiquismo cuja essência é o conhecimento. Bion procura um enquadramento compartilhável entre psicanalistas para a avaliação, em bases comuns, dos dados clínicos e de pesquisa. O projeto oscila entre três planos epistemológicos: como teoria do psiquismo – gênese de categorias e usos de pensamentos – em direção ao conhecimento, como proposta específica de produzir conhecimento em psicanálise e como teoria que tenta legitimar a união dos planos anteriores.

Os dois primeiros livros (Rio de Janeiro: Imago, 1966) imitam uma apresentação euclidiana; no terceiro (Rio de Janeiro: Imago, 1984), essa "geometria elementar" será submetida a "operações algébricas". Nesse continente, Bion introduz um arsenal conceitual inteiramente novo, de modo a dificultar que se estabeleça qualquer nexo com as referências terminológicas usuais. E mais uma dificuldade (além da tradução): as ilustrações clínicas não passam de pontuações esparsas. Depois do choque inicial, não é difícil desvendar o sonho de Bion e a fonte da sua munição: a vontade

---

4 Mais uma imprecisão, corrigida no capítulo "Acerca da comunicação: entre Freud (1895) e Klein (1942)".

de tornar a psicanálise comunicável entre seus integrantes, aproximando-a de uma ciência, o faz emprestar a totalidade dos termos da matemática, da lógica e da física, na forma em que tinham sido sistematicamente definidos pela filosofia inglesa e particularmente pelos filósofos da ciência. As dificuldades citadas foram em grande parte superadas com a publicação de *Cogitations* (London: Karnac, 1991), o livro de anotações de Bion, no qual expõe os elos entre o arcabouço conceitual e o material clínico, além da explicitação, do diálogo e da sua inspiração por tais referências. Contudo, é preciso que o leitor tenha certa familiaridade com as fontes das quais Bion derivou seu modelo e seu conteúdo, porque esse sistema nos torna – mais que outros – propensos a aplicar conceitos para "fatos" clínicos. No grupo bioniano, encontra-se, infelizmente, este tipo ameno, porém frequente, de *transformação em alucinose*, que se distancia da tão propalada remissão à *experiência*. Certa familiaridade com as fontes poderia explicar por que o próprio Bion reconheceu o fracasso do seu projeto, abandonando-o: ao nosso ver, ele não compreendeu por completo o sentido da atividade científica; foi um mau negócio!

Todo o interesse desse projeto está no seu primeiro plano epistemológico: suas observações e descobertas do período anterior indicaram-lhe que podia reconfigurar todo o campo psíquico em torno do pensamento e do conhecimento. O desafio foi criar uma teoria sobre o trabalho do aparelho de pensar que fosse, ao mesmo tempo, o do psiquismo. Quando pôde penetrar a vivência psicótica, em parte pelas próprias vivências na guerra, ele a compreendeu como consequência de intensa identificação projetiva e da inveja a ela associada. No entanto, a natureza desses efeitos – seu polo perceptivo e as dificuldades em pensar – incitou-o a explicitá-los como habitando o órgão perceptivo, o Pc-C descrito por Freud. Essa junção, e também a atenção às hipóteses de Freud sobre a relação coisa-palavra no psicótico, permitiram-lhe encontrar nas suas intuições sobre a fragmentação e a desvitalização do ambiente psicótico – o sujeito encontrando-se rodeado por objetos inanimados, coisas, com funções animadas (por exemplo, o gramofone com olho dirigido ao paciente) – uma matriz de origem: um substrato sensorial que só adquire um sentido ou um caráter psíquico mediante uma transformação. A angústia esquizoparanoide no lactente em relação aos elementos sensoriais, elementos β, leva-o a expulsá-los. A mãe dispõe de uma função, a função α, que permite transformá-los em elementos digeríveis, disponíveis para a metabolização psíquica: o sentir, o sonhar e o pensar. O bebê "ingere" elementos que abrigam a própria função α. O que se transmite constituirá a "barreira de contato", uma membrana seletiva entre consciente e inconsciente. Nesse processo de transmissão, a *rêverie* da mãe, embora implique a continência dela, a sua capacidade de pensar, não faz menção ao seu recalcado em termos do enigma sexual que ela pode constituir para uma passividade curiosa na criança. Não há rastro algum da mãe "mensageira da castração" de Freud;[5] a sexualidade fica suspensa nesse processo de constituição do pensamento.

Bion cria, então, um quadro peculiar do aparelho psíquico, constituído por elementos, funções e transformações, além de descrever os estágios genéticos e os graus de diferenciação dessas funções. Antes de descrever o estágio pelo qual passa a formalização máxima deste modelo – *a grade* –, gostaria de indicar onde despontam suas grandes inovações, das quais tivemos apenas uma pequena amostra.

Na gênese do aparelho psíquico de pensar, Bion introduz a ideia de *construção* do sonho, do pensar, do psíquico. A teoria de que o conhecimento é fruto de uma *conjunção* de dados sensoriais elementares está implícita na configuração do objeto total, quando da primeira formulação da posição depressiva por Melanie Klein.

---

5   Cf. a ressalva e a referência na nota anterior.

O modelo de Bion, porém, deriva principalmente de Hume, Bacon e Poincaré. As funções exercem sua transformação no contexto de continência. As funções não agem apenas sob a modalidade vetorial, pois Bion deixa entrever, no terceiro livro (*Transformations*), que o substrato inicial não se limita à pura sensorialidade, mas também às configurações geométricas (ponto, linha, círculo) do seio ausente, obra da expulsividade primordial. Nesse momento, ocorre uma mudança radical: a *coisa-em-si* (Kant), atribuída inicialmente aos elementos β, volta a constituir o ponto O, o incognoscível, uma abertura receptiva para as transformações estéticas, religiosas e científicas. Essa reversão "geometrignóstica" em direção à ausência criativa deve-se, de um lado, a uma maior penetração, nesse livro, da vivência psicótica, instrumentando-a, e de outro, a um modo de escuta "vazio" (*sem desejo e sem memória* do próximo livro) da realidade não sensorial. De toda maneira, seu aparelho construtivo pressupõe não só o embate kleiniano original com a pulsão de morte, tornando o eu uma tela que ejeta os elementos β, mas reconhece, como Klein, os limites da instauração do psiquismo, tanto no provedor (a mãe) como no sujeito, o limiar constitucional de receptividade, ou de tolerância basal à frustração.

Ao longo de toda sua obra, Bion tenta abrigar um Kant tumultuado e perturbado pelo ceticismo de Hume, mas sem nunca tentar superá-lo; a turbulência é sempre um motor de reconstrução. Isso nos leva ao desfecho desse projeto em um instrumento, a grade, espécie de tabela mendeleyeviana que visa ajudar o analista a registrar e refletir sobre suas sessões; um "brinquedo" útil para afiar a intuição e afinar as observações, mas sobretudo que serve de grade de referência para classificar seus dados e comunicá-los aos colegas. A grade (*Grid*) foi introduzida no segundo livro, *Elementos...*, demonstrando seu uso nos comentários (1967) sobre seus trabalhos clínicos anteriores (*Second thoughts,* Imago, 1988). A grade tem dois eixos: o vertical é genético, dividido em fases de sofisticação de elementos e produtos do aparelho de pensar (desde os elementos β até a formação do cálculo algébrico) – conceitos que foram emprestados da física, da matemática e da filosofia. O eixo horizontal diz respeito aos "usos" aplicados aos elementos do eixo genético, mas representa também as categorias do aparelho de pensar. É por isso que contém, com a exceção da primeira e da quinta colunas, as categorias do órgão de percepção de Freud (1911). A primeira coluna inclui a *conjunção constante* (Hume) de uma certa hipótese definitória – é a inovação principal de Bion, de construção-conjunção, sobre a qual falei anteriormente. A segunda, y – a mais discutível entre bionianos –, refere-se à resistência freudiana em que se acentua também a *espera* necessária para aceitação da realidade e conteúdo psíquicos. Alguns preferem enxergar ali, em oposição à espera, todas as funções de uma grade negativa. A terceira, quarta e sexta colunas (atenção, notação, ação) são emprestadas de Freud. A quinta fora denominada na conferência original, publicada recentemente, de *Édipo* (1963, em: *Taming wild thoughts.* London: Karnac, 1997) e substituída mais tarde pela categoria mais científica de *investigação*. Na conferência, Bion a caracteriza como procura incessante, deixando entrever o vínculo com os vestígios da sexualidade freudiana. Este traço perdeu-se nas publicações da grade em livros.

A grade une os três planos epistemológicos do projeto científico em um só. Sua finalidade como uso para a comunidade nem sempre teve um bom destino. Bion relativizou mais tarde o sonho científico implícito à construção da grade. Esse período encanta na medida em que a imaginação teórica aprofunda a percepção clínica, ou quando se livra da vontade de adestrá-la a um sistema. Isso já se vislumbra nas *Transformações*, mas ocorre, de fato, no livro seguinte, *Atenção e interpretação* (Rio de Janeiro: Imago, 1991).

1970-1979: A volta às origens

No início de 1968, Bion instala-se em Los Angeles, onde permanecerá até poucos meses antes da sua morte. O clima da Califórnia evoca o da sua terra natal, a Índia. Livre da burocracia institucional, pôde gozar de uma verdadeira volta ao ponto de origem de seu pensamento; *Attention and interpretation* (Tavistock, 1970) assinala o desvencilhamento do modelo científico e a vinculação da escuta à atenção em *O*, o incognoscível: lugar vazio, receptivo, como no momento de uma pausa musical. Na medida em que o analista ocupa esse lugar, vazio, pode apreender a experiência e interpretá-la. Essa primeira parte do livro é conhecida pela evocação cansativa da fórmula *sem memória e sem desejo*. No entanto, tal liberdade do sujeito está associada com algo percebido já no início da trajetória de Bion: a possibilidade de poder emergir do conluio inconsciente, de cunho narcísico, com as forças coercitivas do grupo, para cuja formação o sujeito contribui.

Bion aprofunda nesse período uma união iniciada nas *Transformações*, entre uma positividade nadificante (oriunda de Klein) da vivência psicótica e o ponto *O*, a verdadeira ausência, a receptividade, a continência. Esta transformação, a acolhida da *coisa-em-si* (Kant), é o ponto de engendramento do pensamento pelos estados de turbulência e por meio de mudanças catastróficas ("Catastrophic change", 1966, em: *Attention...*; e "Emotional turbulence", 1976, em: *Clinical seminars...*). O místico é quem pôde permitir tal processo dentro dele, ao contrário do psicótico, que por falta ou falha das funções continentes se desestrutura. Toda a questão é como o grupo, imerso na defensiva do estado emocional dos pressupostos básicos, pode se abrir para os aportes do líder, o místico. O grupo dos pressupostos básicos assemelha-se ao mentiroso crônico e ao *borderline* atormentado que se adiantam à chegada do novo, do pensamento, defendendo-se da turbulência necessária à continência, à integração do elemento transformador. O resultado é um pseudopensamento, um falso *self*, e, no caso do grupo, a rigidificação do *establishment*.

O grupo, sua força coercetiva no sujeito e o meio que este encontra para se desprender desta força e exercer a capacidade do pensar voltam a ocupar o centro da obra a partir de 1970. Bion volta ao ponto de origem de seu pensamento, no qual houve uma bifurcação: a apreensão do mundo protomental no funcionamento do grupo e seus elos com a deturpação do pensamento no psicótico. Entretanto, se nas *Experiências...* o desafio *cultural* (o conflito entre o pensar e o funcionamento protomental) era igual para todos os membros do grupo, incluindo seu líder, agora Bion retifica sua posição: o místico, aquele que pensa, constitui um incômodo, mas pode aceder a um lugar de líder na medida em que é contido pelo grupo. Embora haja uma referência velada a um contexto político e à adoção do ideal político de Platão, Bion aproxima-se, na psicanálise, de Freud: o herói, o filho caçula, o favorito da mãe, que toma o lugar do pai da horda e reaparece no mito do herói contado pelo poeta épico (*Psicologia das massas e análise do eu*, 1921).

Em 1972, Bion viaja para a Argentina a convite de psicanalistas argentinos e lá é recebido calorosamente. No entanto, sua verdadeira acolhida acontece em 1973, quando vem a São Paulo e encontra uma plateia entusiasmada (*Conferências brasileiras I e II*, Imago, 1973-1975). Em 1975, vem pela segunda vez, retornando pela terceira e última vez em 1978 (*Conversando com Bion*, Imago, 1992). Ele encontrou aqui *seu* grupo, para quem pôde tornar-se um verdadeiro místico.

Nesses anos, Bion efetua uma segunda volta: retomando os vestígios do recalcado no seu *O gêmeo imaginário* (1950, em: *Second thoughts*), ele integra no modelo da continência o conteúdo das turbulências encapsuladas nos traços de memória das vivências, que remontam às fases intrauterinas ("On a quotation from Freud", 1976, em: *Clinical seminars*...; e "Caesura", em: *Two papers*. Rio de Janeiro: Imago, 1977).

A trilogia *Uma memória do futuro* (1975-1978), sua última obra, é uma síntese de todas as fases da sua produção. Escrita em forma de ficção, a narrativa é uma tentativa de expressar o cenário do mundo psíquico, ao mesmo tempo que o integra e o apresenta dentro do contexto comum da vida social e política. Os mundos se misturam. A genialidade e o fascínio da obra residem no fato de os objetos, as instâncias, as fases, o tempo etc. do mundo psíquico *falarem* – todos falam, todos são sujeitos. Eles se expressam e dialogam entre si, numa mistura de tempos própria do psiquismo. É verdade que o caráter concreto do mundo interno kleiniano desponta aqui com toda a força. Entretanto, toda a contribuição de Bion – sua penetração no mundo psicótico e da realidade psíquica do grupo – cria um cenário inteiramente novo: o grupo do mundo interno e a conversa entre sujeitos pré-natais e pós-natais dentro do adulto talvez sejam as grandes contribuições dessa obra.

A guerra, tudo é guerra!

Escreve Bion: "Na guerra o objetivo do inimigo é assustá-lo de tal maneira que você não possa pensar claramente, enquanto *seu* objetivo é continuar pensando, não importa o quanto adversa ou medonha seja a situação" (*Making the best...*, grifos nossos).

Parece-me que Francesca Bion não poderia ter uma ideia melhor para a comemoração do centenário do nascimento de seu marido que publicar seus diários de guerra (*War memoirs, 1917-1919*. London: Karnac, 1997). É interessante notar como trechos inteiros desses diários infiltraram-se, com mínimos disfarces, nas suas últimas obras – a trilogia (*Uma memória do futuro*) e a autobiografia –, das quais a maior parte versa sobre a guerra, *além de estar em guerra*. Pois guerra é guerra, e quando se trata de um soldado, sobretudo de um oficial, a questão da sobrevivência do pensamento coloca-se em dois terrenos: o do grupo e o do sujeito.

A guerra coloca em xeque as estruturas básicas do ser, levando-o, em certos momentos, ao mundo desobjetalizado, do *não contato*, da psicose. Bion passou por isso, porém, a sua dúvida constante quanto à sua capacidade de ter sobrevivido a essa catástrofe fê-lo criar uma obra às voltas com a guerra e com seu significado.

Quando Bion volta a ler os seus diários de guerra, 55 anos depois, reconhece que foi a guerra que o levou para a psicanálise (*War memoirs...*, p. 201). Mas a guerra, o abismo frente ao qual se colocava, está vinculada a uma outra catástrofe: a separação da mãe, da casa, da *Ayah*. Uma ausência que seu pensamento pôde simbolizar numa longa e vitoriosa trajetória.

Em torno do *I*: *"Grid"* e *"Vorstellung"*

No primeiro capítulo do livro *Elements of psychoanalysis*, Bion introduz o signo *I* para "representar os objetos psicanalíticos compostos dos elementos α, os produtos da função α" (p. 4).[1] *I* é um elemento da psicanálise (p. 21). Logo veremos que esse elemento adquire um estatuto privilegiado.

Na confecção da grade, Bion estabelece esquematicamente as categorias das interpretações do analista, que passam a constituir o eixo horizontal da grade. Trata-se das diferentes *categorias de pensamento*, pertencentes à categorização *I*, de acordo com o *uso* que se faz do *I* (p. 21), e que se aplicam tanto aos dizeres do analista como aos do paciente (p. 22). O autor segue com outra classificação, desta vez não mais esquemática, mas genética, dos pensamentos. Esta constituirá o eixo vertical da grade. Trata-se, aqui, dos estágios de desenvolvimento do *I* e dos pensamentos (p. 25). Neste contexto, Bion aponta uma exceção: a particularidade da fileira A,

---

1 As indicações de páginas são de (1963) *Elements of psychoanalysis*. London: Karnac, 1989.

ou seja, os limites impostos aos usos dos elementos β, já que estes não são pensamentos, mas constituem o substrato inicial dos quais os pensamentos emanam.

A grade é representada pelo signo *I* (p. 28), bem como cada um de seus compartimentos. Cada um dos usos do pensamento organizado constitui um dos fatores da *função I* (p. 30). *I*, afirma Bion, é o material do qual o aparelho de pensar é fabricado, além de ser também a matéria com que lida esse aparelho (p. 31).

Os parágrafos anteriores resumem em grande parte a arguição de Bion acerca do signo *I*. Bion abarca a totalidade das categorias do pensamento, seus diversos usos, os estágios de seu desenvolvimento, bem como o feitio do aparelho que os engendra, sob um só regime, o do domínio *I* (p. 28). O que é o *I*? Qual é o motivo ou a finalidade deste esforço de Bion de associar a grade com o *I*? Qual é o significado que ele confere ao signo *I*?

I é o signo da palavra *ideia* (p. 4). Trata-se de um conceito central da metapsicologia freudiana, *Vorstellung*, que Strachey traduz sistematicamente como "*idea*" (ideia). O termo é emprestado do texto freudiano, de constante referência de Bion e seguidores, *Os dois princípios do funcionamento psíquico* (1911). Citando Freud, Bion afirma que a ideia (*I*) é o que *faz a ponte* sobre o hiato ("*gap*") entre os impulsos (as pulsões) e suas realizações (p. 4). Eis a chave para as questões acerca das designações atribuídas ao *I* em relação à grade, sua natureza e seus parâmetros e conteúdos.

Nossa intenção é colocar em perspectiva mais ampla essa ligação sugerida por Bion entre a grade e a *Vorstellung* freudiana. Entretanto, tal empreitada demandará um extenso escrutínio ou varredura, nada mais que percorrer o *Projeto de uma psicologia* (1895) – o principal ensaio sobre o pensamento –, o Capítulo VII da *A interpretação dos sonhos* (1899), o artigo de 1911 citado, os diversos ensaios que compõem o livro *Metapsicologia* de 1915, os livros *Além do princípio do prazer* (1919), *A negativa* (1925) e *O bloco mágico* (1925), para citar as principais obras freudianas que concernem ao nosso tema. Se juntarmos os livros e ensaios de Bion, tal pesquisa exigiria a realização de um longo estudo cujos frutos demandariam, provavelmente, um extenso texto. Nosso objetivo é outro. Pretendemos apontar apenas alguns eixos e focar alguns aspectos relativos aos elos aludidos por Bion.

Antes de adentrar o tema, mais um comentário sobre uma dificuldade semântica. A tradução correta do termo *Vorstellung* é *representação*. No entanto, o emprego freudiano deste conceito é particular, correndo o perigo de ser obscurecido pelo uso coloquial e filosófico dessa palavra. Um agravante adicional diz respeito aos textos de Bion, em que a palavra representação é amplamente empregada e nos sentidos coloquiais, isto é, como réplica em outra configuração – por exemplo, o vaso desenhado representando o vaso real – ou como um signo. Portanto, vou conservar, de maneira alternada, o termo alemão e sua tradução correta em português como *representação*.

Para Freud, a representação é antes de mais nada uma *experiência*. Se para Bion a mente lida com pensamentos, e para tanto necessita da construção de um aparelho, para Freud o aparelho psíquico instaura-se pela inauguração da representação, e lida com representações. Se Bion submete as categorias do pensar e o eixo genético dos pensamentos sob a função *I*, ou seja, os inclui numa categoria-mãe *I* da *Vorstellung* freudiana, estamos diante de uma proximidade digna de nota. Isso seria o contexto mais geral do nosso alvo. Ocorre, porém, que Bion interessa-se pela gênese e categorias de pensamentos em sua relação com a realidade, com o princípio que a rege. Não surpreende, portanto, que ele empreste os componentes do eixo horizontal da grade do trabalho de 1911, no qual Freud se dedica às implicações relativas à passagem do

184   EM TORNO DO *I*: *"GRID"* E *"VORSTELLUNG"*

princípio de prazer para o da realidade. O texto de 1911 é uma apresentação sucinta das inferências relativas ao pensamento e ao julgamento com base na representação, já desenvolvidas no *Projeto de uma psicologia* (1895), além de ser um prelúdio para o ensaio *A negativa* (1925). Para entendermos como essas categorias derivam da *Vorstellung*, explicitaremos essa última.

Afirmamos que a representação é uma vivência, uma experiência. De onde surge seu protótipo? Qual é sua natureza? Ela surge do estado de desamparo dos inícios da vida do bebê. O exemplo de Freud (*Projeto...*, Parte I, Capítulos I e XII; e *A interpretação dos sonhos*, Capítulo VII) é o mesmo elegido por Bion (p. 31): o bebê é atacado pela fome, sente que vai morrer (*desamparo*), chora e esperneia... "Um adulto *sensível ao estado da criança* está pronto a atendê-la" (Freud, 1895, grifo nosso), coloca-a no colo, acalmando-a ao lhe oferecer o seio (Bion, p. 31). Os impulsos (de fome) vindo em ondas causam medo (Bion), dor (Freud) e depois, com a intervenção da mãe, uma satisfação. Como surge neste hiato ou intervalo (tempo) a *Vorstellung*, *I*, o pensamento?

O saciar da fome pelo seio é um requisito imprescindível, porém, a demanda do seio exerce um apoio para aquilo que ocorre no referido intervalo: o segurar no colo, a complexidade sensorial e motora que, dirigida pela sensibilidade materna nesta interação corporal mãe-bebê, proporciona para o último, sob o princípio do prazer (acalma, Bion), formas *reflexivas*, dotando-o de *imagens dos movimentos* (Freud, 1895), de seus próprios movimentos. Desde o impulso até o alimento, criam-se no bebê *notícias* (Freud) do próprio corpo em forma de imagens e figuras de seus movimentos. A desordem expulsiva de início ordena-se em meio a estas; o bebê apropria-se, então, de formas rudimentares de si. A passagem do espernear para a ordenação calma implica uma *contenção*, tributária de uma facilitação, um trilhamento mnêmico dessa *vivência de satisfação* (1895-1899). A representação primordial compreende a totalidade desta experiência. No próximo ataque de fome, o bebê encontra-se já equipado, decerto ainda de maneira precária, pois a pulsão seria obrigada, ao menos em parte, a seguir as rotas dos trilhamentos da experiência passada. O bebê vai alucinar, mas o que ele alucina não é somente o seio (como pensa M. Klein e seguidores), mas a experiência total, sobretudo o "desenho" do seu trilhar, efetuada nesse intervalo.

A alucinação já é figura e forma de contenção dentro dos moldes dos trilhamentos do passado. Não há uma descarga direta como no início, mas espera, nós diríamos mesmo esperança. Freud insiste que o pensar é *Ersatz*, sucedâneo do alucinar (1895, 1899), o último de seu molde primário. Todavia, o pensar surge em um momento preciso. O modelo, aqui, é engenhoso: o bebê, na escalada sobre o corpo da mãe, ao não encontrar o bico do seio, mas uma parte lateral deste, recorre às *imagens do movimento* nele inscritas da experiência passada, "lembrando" assim que a parte do seio que enxerga constitui o "trecho" da trilha em direção ao seu alvo, o que o impele a recrutar deste registro o movimento complementar para alcançar o bico do seio. Dessa maneira, sofistica seu acervo, aprende, com as experiências sucessivas, a pensar, esperar e recorrer para tanto ao aparelho de representações, que se encontra em constante crescimento e elaboração. A aprendizagem sucessiva dotaria o ser de um aparelho de pensar, propiciando ações compatíveis com a realidade. O pensamento, diz Freud, substituirá a ação específica, despendida outrora pelo adulto à criança em estado de desamparo.

Limitamo-nos até aqui a um recurso descritivo. Vemos, no entanto, que o pensar é arquitetado, com base no movimento, como imagem, modelo sobre o qual Freud voltará nos ensaios da metapsicologia, aproximando-o à concepção dos gregos antigos, que

186   EM TORNO DO *I*: *"GRID"* E *"VORSTELLUNG"*

assemelhavam a atividade do cérebro, o pensar, à ação (muscular) respiratória. Em vez de descarga direta, identificação projetiva, expulsão dos impulsos internos, geram-se ações coordenadas intermediadas pela inscrição de imagens de movimento, das *representações*. Entretanto, percebemos no modelo que, para o pensar, é necessário haver um desinvestimento da descarga imediata, seja na ação (atuação), seja na alucinação, para evitar uma inadequação em relação à realidade. Isso se faz necessário para poder distinguir o que está sendo percebido (a região do seio) do que está sendo inscrito das experiências passadas, representações ou rotas das experiências de desejo, que constituem os moldes de desejo.

Freud introduz a derivação das funções de atenção e julgamento com base na representação; são extensos capítulos do *Projeto*... aos quais volta, de maneira sucinta, nos ensaios de 1911 e 1925. O desinvestimento da descarga coloca-se à serviço da realidade, do seu princípio, e Bion reitera, incansavelmente, que a intolerância ou a incontinência das excitações internas acarretam distúrbios graves de pensamento. Para Freud, as referidas funções atingem seu maior amadurecimento com a configuração consolidada do ego. Pois o ego, no *Projeto*..., abriga dentro dele, como estofo, o material recalcado das redes ampliadas e sofisticadas das experiências de satisfação com o objeto. No entanto, o ego molda-se sob a égide de uma função-mestre de defesa diante da descarga, o que lhe permite desenvolver as funções de atenção, de julgamento e da ação em vez de atuações. Em que consistem essas funções?

A atenção é um escrutínio e sondagem da realidade, em busca de algo que conforme a realização dos projetos ditados pelas inscrições das experiências de satisfação, proporcionadas originalmente junto com o objeto e acrescidas da fieira adquirida na experiência diante de vivências de frustração. Tudo isso demanda, portanto, a manutenção do desinvestimento da descarga – a distinção (tópica) entre percepção (do real) e as representações recalcadas do desejo. O julgamento se constitui de maneira semelhante. Trata-se, neste caso, de uma especificidade dessa abertura da atenção sobre a realidade. Duas categorias, um juízo de *atribuição*, bom (gostoso) e mau (rejeitado), e um de *existência*, do real (Freud, 1925), o último derivado do primeiro, das experiências originárias. O exercício do julgamento efetua-se na *comparação* progressiva entre a busca de realização, conforme o projeto abrigado no recalcado, e a observada disponibilidade parcial da realidade, impondo espera, a realização regrada dos objetivos – o pensamento. O que lembra essa feição esquemática de tensão propulsora do pensar, que Bion localiza entre a preconcepção e a frustração.

Nesta apresentação sumária, notamos a derivação das categorias do pensar com base na *Vorstellung* freudiana, apoiando a afirmação de Bion de que a grade e seus compartimentos são derivados do *I*, são fatores da função *I*. Não nos detivemos sobre todas as categorias da grade, mas a título de alusão, diríamos que quase todo o eixo horizontal está indicado no artigo de 1911, lembrando que a coluna 5, investigação, é designada na palestra de 1963 – sobre a grade – que antecede a publicação do livro *Elements...*, de Édipo.[2]

Antes de concluir, chamamos atenção para o princípio que rege a gênese das categorias de pensamento e que se encontra na instauração de sua fonte de origem, a representação, cujo molde primário se constrói pela ação específica do adulto, prestada ao bebê em estado de desvalimento (*Hilflosigkeit*).

Bion acentua, seguindo Freud, que a contenção dos impulsos – em decorrência de tais excitações que dotam os elementos sensórios, vindos do objeto ou do entorno ambiental, de feições persecutórias, ou seja, são elementos β ou seus derivados, os objetos

---

2   Cf. Bion (1963). *Taming wild thoughts*. London: Karnac.

188 EM TORNO DO I: "GRID" E "VORSTELLUNG"

bizarros – deve-se à aliança entre uma disposição interna que, seguindo Klein, diz respeito a uma tolerância à frustração (que nós optamos atribuir à noção econômica freudiana de desinvestimento ou retração) e a função *rêverie* proporcionada pelo adulto.

Como Freud entende essa disposição e a função psíquica do adulto, que ele denominou inicialmente de "atenção sensível ao estado da criança" (Freud, 1895)? Ele afirma que o estado do recém-nascido desencadeia no adulto uma série de alterações, uma cadeia regressiva. A dor do anseio do bebê, os movimentos desordenados, o espernear, remetem o adulto, em uma espécie de *"reflexão empática"* (Freud, 1895), nessa regressão interna, às suas próprias vivências de desamparo de origem. Ocorre uma *rêverie*. Esse processo regressivo no adulto resulta em continência, que implanta no bebê uma função transformadora a, gerando elementos α com base em elementos β. Mas vemos que já no trilhar, na inscrição do traço da vivência, das imagens de movimento, há uma contenção: para desenhar, para fazer traço, é preciso conter o impulso de esparramar ("defecar") a tinta e rabiscar todo o papel. Portanto, a *rêverie* ou a atenção do adulto tem, como caráter matricial, a contenção, aliando-se à moção centrípeta, *negativa*, de desinvestimento ou retração, atribuída mais tarde à feição econômica da pulsão de morte.

Seguimos até o momento a via constitutiva no desenvolvimento da função do pensar. Para ilustrá-la em um trabalho pessoal e na situação analítica, relato a seguir um testemunho e uma sequência clínica.

No trajeto habitual entre a casa e o consultório, um analista avista um dia, da janela do seu carro, um Fusca posto sobre a calçada.[3] O cenário convoca nele um sentimento de tristeza que se converte, com o passar dos dias, em certa agonia diante da

---

3 Um testemunho relatado, para outros fins, numa reunião científica da Sociedade Brasileira de Psicanálise de São Paulo.

desmontagem progressiva do carro; as peças vão sendo levadas pelos interessados até a carcaça sumir, deixando na calçada, como único vestígio do Fusca, estilhaços de vidro. Partindo do investimento (Freud, 1899) de um "resto diurno" (Fusca na calçada) pela representação inconsciente, efetua-se um trabalho de pensamento. Quanto à representação, o analista pensou em uma de suas abstrações genéticas de acordo com a fileira F da grade: o *conceito* de "abandono" ou "orfandade". Enfatizamos, de nosso lado, a sua fonte cênica e infantil, ou seja, a vivência da criança deixada ou esquecida na calçada (o analista diz "como se uma mão humana houvesse deixado o Fusca em um determinado local"): o pânico diante da perda da mãe no lugar estrangeiro; a vivência angustiante da criança, de estar prestes a se desmontar em pedaços, cada qual "entregue" aos transeuntes anônimos da movimentada rua, só sobrando no local um vestígio, suas lágrimas (os cacos de vidro). A evocação de lembranças (representações) de abandono é comum, porém, o que nos interessa frisar é sua finalidade no trabalho psíquico. O último implica a passagem progressiva da *função* da ação específica – da *rêverie* – do adulto de outrora para o sujeito. Tal apropriação (de continência) progressiva, imposta pela pressão de representações recalcadas, é, segundo Freud, o pensar, o qual Bion atribui ao trabalho entre a preconcepção e a frustração (ausência). Desse generoso relato, passamos a ilustrar como na análise a referida função é confiada, ao menos em parte, às mãos do analista.

Um paciente sonhou, anos atrás, com a casa da avó, onde primos e irmãos brincam nos corredores e ao redor da casa. Contudo, o paciente encontra-se parado nos fundos, do lado de fora da casa, avistando-me, pela janela, em uma sala na qual converso com animais mansos de grande porte (girafa, elefante etc.). Apesar de se encontrar no ambiente propício, da casa da avó – que remete, em última análise, à mãe –, ele é impedido de ocupar o *playground* e brincar com as crianças. O que o faz colocar o corpo fora da vida – confiscando, assim, os recursos e meios de "brincar" com os outros – é o ódio, uma violência esmagadora e paralisante que ele encobre, no contato com os outros e na conversa comigo, com uma massa corporal que lhe confere a aparência mansa. A descrença (Bion) de que o analista pudesse lidar com seus animais ferozes indica uma falha da função da mãe, do objeto de origem. Estamos, novamente, diante de representações inconscientes, que apelam à ação específica, de continência – função de pensar, *rêverie* –, para ampliar e sofisticar o trabalho do pensamento.

Após mais de dois anos (no sexto ano de análise), sonha que está com a família no quintal, quando surge, repentinamente, uma onça pintada. Horrorizado, ele se refugia dentro da casa e tranca a porta, pedindo que a mãe chame as autoridades, mas esta parece lerda, abobada. Ele decide, então, ligar para a emergência. Um homem chega com uma jaula e o paciente se apressa em sua direção, mas ele se cala e em seguida ordena: "peguem ele". Duas onças aparecem, às quais se junta a pintada, e perseguem o paciente. Ao alcançá-lo, o derrubam, desenvolvendo, a partir daí, o brincar. Na sessão anterior, depois de relatar uma situação de desamparo, ele pede S.O.S. diante de meu silêncio, que sempre associa ao intolerável e ameaçador silêncio do pai. Ver-se-ia que o impedimento de outrora, de brincar com os outros (representados pelos primos do primeiro sonho), em virtude da ameaça da violência paralisante, reverte-se aqui, como fruto do trabalho analítico, possibilitando a apropriação do pensar e da ação – específica – que o objeto originário era incapaz de proporcionar adequadamente (mãe lerda, abobada).

A inserção das categorias e gênese dos pensamentos da grade na matriz *I*, da *Vorstellung* freudiana, consolida uma aliança, perdida da vista de muitos, entre os cernes que constituem a obra de Bion e o legado freudiano.

Acerca da comunicação: entre Freud (1895) e Klein (1946)[1]

Se for julgado pelo alcance dos conceitos, o título deste artigo é, certamente, pretensioso. No elo a ser investigado visamos apenas a alguns aspectos das noções envolvidas. Na ausência de melhor opção, decidimos preservar o título atual.

A identificação projetiva abrange, na tradição kleiniana, um largo escopo de elementos entrelaçados, e que se unem em várias ordens (descritiva, operacional e conceitual). Já a ideia de *comunicação* sequer atingiu, em Freud, a notoriedade de um conceito, e salvo nossa ignorância, a atenção a ela como processo ou fenômeno não ganhou maiores considerações, com exceção de menções esparsas. Nossa intenção não é devolver-lhe a dignidade de um conceito ou restabelecer seu papel enquanto moção propulsora de um processo, ao nosso ver central, que rege a construção do aparelho psíquico. Pretende-se aqui focar, no referido processo, aquilo que pode vir a lançar alguma luz sobre a "penumbra de associações" (Bion) que cerca, no *Projeto de uma psicologia* (1895), o tema

---

1 Publicado na revista *Ágora*, V(1), 2002, pp. 79-90.

192 ACERCA DA COMUNICAÇÃO

da comunicação. E isso só na medida em que permite enxergar a relevância do processo de identificação projetiva no seio da primeira apreensão de Freud em relação às *condições de origem* da comunicação entre sujeitos. Para tanto, restringiremos o espectro dos usos empregados da noção da identificação projetiva.

Klein (1946):[2] a comunicação na identificação projetiva

Operacionalizar a teoria, mostrar seu uso na prática clínica, e assim pretender comprová-la por descrever e explicar sequências clínicas ou um determinado fenômeno psíquico são, apesar da contradição nos termos, feições características de certa maneira de exposição do trabalho analítico.[3] Freud, ao dedicar uma série de escritos à técnica analítica, não deixou qualquer vestígio de semelhante modo de procedimento. Suas "recomendações aos médicos", bem como outras sugestões técnicas espalhadas ao longo de sua obra, visam alertar sobre o que seria preciso e prudente evitar, mais que emitir qualquer juízo sobre como aplicar ou operacionalizar conceitos. Uma coisa é utilizar conceitos para descrever fenômenos clínicos, outra coisa é operacionalizar conceitos diretamente.

A identificação projetiva tornou-se, sobretudo a partir da contribuição de Paula Heimann acerca da contratransferência,[4] o

---

2 Klein, M. (1946). "Notes on some schizoid mechanisms". In *Writings of Melanie Klein* (vol. III, pp. 1-24). New York: Free Press, 2002.

3 Consideração que é conexa ao questionamento, levantado desde as controvérsias dos anos 1940 na Sociedade Britânica de Psicanálise, sobre o estatuto epistemológico das formulações kleiniana. Segundo alguns de seus adversários, Melanie Klein confunde, porque transforma, a descrição fenomenológica de vivências concretas com uma exposição conceitual e teórica da mente.

4 Heimann, P. (1950). "On Couter-transference", *International Journal of Psychoanalysis, 31*, pp. 81-84.

exemplo insigne da referida tendência de operacionalizar elementos da teoria. Contudo, é a própria descoberta desse processo como operação – e isso duplamente (tanto no próprio *mundo interno* quanto fora dele, sobre e para dentro da mente de um outro) – e seu contexto, que fornecem a justificação de tal prática. O universo mental kleiniano foi matizado, a partir de certo momento, em uma espécie de sede de várias séries de operações. A identificação projetiva e as fantasias inconscientes, subjacentes a ela, passaram a definir o campo transferencial (a "situação total"). O sujeito está, na acepção kleiniana, tanto acionado pelas fantasias inconscientes – cujo palco alterna-se entre o seio, o ventre e o corpo materno – como agindo no interior destas, apesar de as fantasias serem todas articuladas, ou seja, desde o início da obra kleiniana em torno do complexo edipiano. As fantasias inconscientes kleinianas inscrevem-se *concretamente* em vários níveis – tanto afetivo quanto ideativo –, todos expressando preconcepções (Bion) que as montagens instintivas, predominantemente as de morte, abrigam dentro de si.[5]

Essas características, entre outras, são conhecidas. O intuito de retomá-las objetiva deslocar a atenção das modalidades operativas da identificação projetiva para sua primeira formulação, sua descoberta, que a situou menos na ordem de uma operação – seja no interior do psiquismo, seja no emprego técnico que passou a ter – e mais como processo iminente ao desenvolvimento mental. O que se aproxima à circunscrição, feita por Bion, sobre a existência de uma identificação projetiva *realista* ou normal enquanto expectativa ou apelo para e dentro de um outro – modo básico de comunicação ou conhecimento que ele articulou, também, em torno

---

5 A "tentativa" de controlar (o analista), tão acentuada em trabalhos e escritos kleinianos, atribuída à operação concreta destas fantasias no interior da identificação projetiva, visa negar, nesta modalidade narcísica e fusional, as consequências edípicas que decorrem dessas fantasias: por exemplo, a exclusão pelo casal ou da fruição do pênis do pai ou da posse dos bebês etc.

194 ACERCA DA COMUNICAÇÃO

de conhecidas imagens figuradas no par complementar conteúdo/continente.

No artigo "Notas sobre alguns mecanismos esquizoides" (1946), Melanie Klein introduz a identificação projetiva em meio a uma retomada esquemática de suas ideias e descobertas em relação à gênese do sujeito – as defesas que desenvolve e os estágios que alcança e atravessa (ela os reorganiza em novo contexto). Estes surgem e resultam da articulação possível da violência que os instintos exercem sobre um ego "não integrado" dos inícios (termo emprestado de Winnicott). Violência contrabalançada, em parte, por uma quota menor, e portanto menos expressiva, da libido, responsável pela instauração do objeto "bom", e a conexa e dialética contribuição do último para a paulatina e progressiva integração do ego. Apesar do esforço em postular *relações de objetos*, de objetos bons e maus, desde o início da vida, Klein recusa-se a reduzir o desenvolvimento do ego ao simples jogo introjetivo-projetivo de relações provenientes do "*object-seeking*" (procura-objeto) de Fairbairn. Não há dúvida de que, embora mantivesse como pano de fundo as relações implícitas aos estágios de desenvolvimento da libido – segundo Abraham, porém sob a própria marca de suas ideias iniciais (o apogeu do sadismo etc.) –, além do acervo atuante, de cunho edípico, da fantasia inconsciente que lhes é conexo, a intenção, nesse momento (Klein, 1946), é recolocá-los numa nova ordem: de construção, desenvolvimento e funcionamento do ego ao longo do eixo constituído pelas *posições*, em meio às quais ela descreve a emergência de vivências entrelaçadas às operações defensivas do ego, próprias ao mundo das fantasias, prefiguradas nos conteúdos e montagens dos instintos.

Nas *Notas...*, Klein mantém em suspenso, ou empurra para os bastidores, a concepção de relações de objeto como modalidades do decurso psicossexual da libido, como elaboradas por Abraham nas pegadas de Freud; não mais insiste que o desmame é o momento de disparo das fantasias inconscientes. As relações de objeto existem, segundo ela (1946), desde o início da vida, o que certamente assinala um desvio do modelo inaugurado por Abraham. Klein lança mão de um arrazoado, descrito no plano fenomenológico, que discorre sobre as vicissitudes econômicas e dinâmicas dos afetos inconscientes e sua organização em torno, e ao mesmo tempo ao longo, do eixo evolutivo de posições psíquicas (a intuição sobre as quais ela vem adquirindo desde 1934). Entretanto, a fundamentação teórica da identificação projetiva não provém diretamente deste plano, mas se nutre de um contexto *metapsicológico*[6] que ela precisa, na intenção de servir de base e fonte de origem do alcance e formação das posições e de processos subjacentes – sempre conduzidos, fomentados e, sobretudo, imersos no bloco de fantasias inconscientes, enunciadas desde o início da obra kleiniana.

Postula que no início da vida existe um ego não integrado, confrontado com a violência do instinto de morte e que, portanto, acarreta ansiedades psicóticas. *O enfoque*, aqui, é mais *no ego* que nos instintos e nas ansiedades que geram: a não integração primordial do ego o expõe, mediante a ação do instinto de morte, a duas tendências diametralmente opostas, *integração* e *despedaçamento*, que se alternam uma com a outra. As três operações defensivas, entrelaçadas uma na outra – cisão/fragmentação do ego, idealização/onipotência (com a conexa fuga para o "bom" objeto) e denegação da realidade psíquica (persecutória) –, encontram sua razão de ser no esforço da manutenção da frágil integração do ego ante a força do instinto de morte. O fracasso no esforço de reunião e integração do ego (pela libido e a correlata visada do "bom"

---

6 Restrinjo novamente o termo para a definição encontrada em 1915 (S. Freud, "The unconscious", *S.E.*, vol. XIV, pp. 141-158), enquanto explicitação de um fenômeno em termos das dimensões tópicas, dinâmicas e econômicas do aparelho psíquico.

196 ACERCA DA COMUNICAÇÃO

objeto) leva à fragmentação do objeto e do ego. Mas resta ainda, ao ego, o recurso da busca de integração por meio da *identificação* no continente, dentro do qual as partes despedaçadas do ego foram *expelidas ou projetadas* – a identificação projetiva.

Além de incluir os elementos relativos à fantasia inconsciente, bem como todas as dimensões dinâmicas, psicológicas e fenomenológicas e suas finas e notáveis elaborações em torno de configurações clínicas – como o controle obsessivo e as inibições na criatividade e no luto –, o consagrado trabalho de 1946 permite-nos, neste recorte metapsicológico, depurar o desenho básico da comunicação inerente à identificação projetiva: a comunicação decorre da identificação própria à tendência narcísica de integração, que o ego incipiente desespera-se em resgatar em meio às ameaças desintegradoras do instinto de morte que o obriga à fragmentação e à projeção das respectivas partes expelidas. Trata-se, obviamente, de um estado fusional e narcísico. Entretanto, a moção integradora apoia-se nas forças de reunião da libido e em torno do objeto "bom". Por outro lado, Klein atribui aos ciclos incessantes de projeção/ataque *e* identificação da posição esquizoparanoide a aproximação progressiva do sujeito ao *conflito*, ou seja, à percepção de que o alvo diz respeito ao mesmo objeto sobre o qual o ego apoia-se como objeto "bom" para sua consolidação. A culpa gerada permite a entrada na posição depressiva.

Essa seria a dimensão mais global do indício dessa tendência do ego à integração, que aliás não implica sempre e necessariamente uma condição precária que conduza o ego à identificação projetiva. Entretanto, observe-se como a coerência do arrazoado apresentado por Klein prescinde do efeito comunicativo exercido pela identificação projetiva – aspecto que passou ao primeiro plano nas considerações feitas a este conceito na herança kleiniana. Nas *Notas...*, tudo se passa no nível ontogenético – um processo no qual as identificações projetivas dariam lugar, progressiva e paulatinamente, à consciência depressiva –, ao passo que nas descrições posteriores (como as de Bion) qualquer atividade de identificação projetiva, mesmo no caso obtuso de fenômenos bizarros (o olho que espia o sujeito de dentro do gramofone), *comunica*, ou seja, abriga a demanda de uma ação por parte do objeto. Apesar de Klein não indicar essa possível via de apelo, pode-se supor que a moção integrativa do ego equivale a uma busca de coesão, por meio da identificação, alhures (a distância, dentro do objeto). Tendência criada e inscrita nas relações internas que compõem o "misterioso" ego incipiente, organizadas, quem sabe, em torno de *necessidades*, inerentes ao estado de desamparo no qual se encontra este ego incipiente.[7] Mas surge, imediatamente, a questão relativa à natureza do desencadeamento que tal apelo provoca no objeto, naquele que serve de receptáculo desta identificação projetiva. O texto de Melanie Klein não levanta essa questão, tampouco uma possível resposta.

Origens da comunicação no Projeto de uma psicologia *(1895)*

Cinquenta anos antes, Freud colocara a comunicação no ponto de origem daquilo que considera a unidade básica do mundo psíquico: o traçado mnêmico do desejo. Ao se referir à ação específica solicitada pela urgência pulsional, Freud observa:

> *O organismo humano é, no início, incapaz de efetuar esta ação específica que não pode ser realizada sem*

---

7 Em vista das conhecidas operações psíquicas descritas por Klein, as modalidades de relações de objeto, embora fomentadas pelos instintos, são derivadas dessas relações internas que constituem o ego incipiente.

uma ajuda alheia, *e sem que uma* pessoa sensível ao estado da criança, esteja pronta a atendê-la neste momento. *A pessoa é alertada por uma descarga desencadeada pela via das alterações internas. Esta via adquire com isso a função secundária de extrema importância,* de comunicação, *e o desamparo inicial do ser humano, torna-se, assim,* a fonte originária de todos os motivos morais. *(grifos nossos)*[8]

Antes de discorrer sobre a comunicação, vale explicitar o projeto do eu em que Freud a situa: Freud não postula, como Klein, um eu incipiente, submetido desde os primeiros estágios de desenvolvimento às tendências alternantes de integração e despedaçamento, regidas pela ação dos instintos. Para ele, o *eu é para ser construído* como consequência *indireta* da ação específica. O eu do *Projeto...* se constitui à imagem de uma rede complexa de inscrições de *memória* (recalcada) de vivências de satisfação e de dor. Qual é a origem e o caráter dessas inscrições? São trilhamentos, precipitados de vivência. A ação específica, despendida às exigências pulsionais, compreende uma interação complexa: as descargas sensorias e motoras, de início em desordem (o choro e o espernear), adquirem, com a ajuda alheia da ação específica (a amamentação, por exemplo), *formas reflexivas* junto ao corpo do outro. Formas reflexivas, em meio à dor de anseio e à descarga de prazer de satisfação, dotando o sujeito de *imagens de movimento* (Freud) de si, significando a apropriação da vivência. A retenção – função secundária, em contraposição à primária (da descarga pulsional; cf. Capítulo I, Parte I, do *Projeto...*) –, tributária da impermeabilidade parcial da transmissão de energia que move a exigência pulsional,

---

8 Cf. Capítulo XI, "Vivências de satisfação", da primeira parte do *Projeto...* 1895/1966, p. 318.

permite o desenho, a *facilitação*: registro do que ocorre *no meio*, *entre* o impulso e a satisfação. O psíquico nasce, pois, como um *desvio* da pura necessidade, lá *onde* (nas interfaces dos corpos) chegam as "notícias" (Freud, 1895) de obtenção de prazer, motor e sensório – na interação, no "brincar" dos corpos. As *imagens de movimento* são essas sementes da instauração daquilo que Freud designa, mais tarde, de referências autoeróticas mediadas pelos "movimentos" do corpo, psíquicos, da mãe.[9] O que implica que novas necessidades pulsionais seguirão a rota das vias de facilitação estabelecidas. Ou seja, as pulsões acenderão, como alucinação (precursora do pensamento), não o tão propalado seio da acepção kleiniana, mas as vivências correspondentes, as *imagens de movimento*. São estas que regem a alucinação de desejo.

No *Projeto...*, a rede ampliada dessas experiências constituirá o estofo recalcado do eu em construção. Vale notar que o eu não se desenvolve de um pressuposto ego inicial. O eu se constitui na expansão da rede de precipitados de experiências com o objeto, possibilitando canalizar, em parte, as moções das necessidades pulsionais em vias de desejo, ampliadas, por meio da dor e da frustração do real, no pensar. O que nos permite voltar, após essa revisão sumária, à questão da comunicação.

Se a comunicação se encontra no ponto de origem deste processo, perguntamos: *quem* é que comunica, já que o eu nasce como *consequência* da comunicação? Freud é claro: é o *desamparo*

---

9 Freud, S. (1905). "Three essays on the theory of sexuality", *S.E.*, vol. VII, pp. 123-245. A diferença é que o autoerotismo do início deste livro é concebido, por vezes, como essa descarga *in loco*, em várias regiões do corpo, da obtenção do prazer sexual. O que confunde esse prazer com a sexualidade perversa polimorfa, ao passo que, no *Projeto...*, as *imagens de movimento* abrigam uma apropriação representativa, *auto* desta mesma descarga mediada pelo outro. O que vem sendo incorporado, na obra publicada, desde as *Conferências...* de 1915 até os ensaios sobre a sexualidade feminina dos anos 1930.

200 ACERCA DA COMUNICAÇÃO

originário que *comunica*! Comunicação que desencadeia uma via de alterações internas *no adulto*. O desamparo, porém, faz suspeitar da existência de um eu que sofre desse estado. Entretanto, esta lógica, *psicológica*, deve ser mantida em suspenso.[10]

É interessante comparar essa fina distinção freudiana com as observações de um notável psicanalista, D. W. Winnicott: o bebê, recém-nascido, não tem como lidar com as pulsões, pois as sente como violência vinda de fora, a ser contida e utilizada só com o estabelecimento de uma grade psíquica que Winnicott denomina de *relações do eu*,[11] construídas em meio à adequada providência de cuidados maternos. As pulsões emanam, diz Freud, de células nucleares, situadas fora do *grupo psíquico* (*Manuscrito G*, 1895). Esse último se constitui pelos registros de *vivências* primárias de satisfação, correspondentes às *relações de eu* de Winnicott [novamente, trata-se do "conjunto da vivência" (Freud), e não de saciação da necessidade]. Winnicott entende o psíquico como "*elaboração imaginativa . . . da vivência física*",[12] assemelhando-se, no *Projeto...*, à transformação, mediada pelo objeto, de sensações – oriundas da descarga (de prazer) muscular e sensória – em *imagens de movimento*.

E, para voltar à comunicação no *Projeto...*, surge a seguinte pergunta: o que do desamparo convoca a *sensibilidade atenciosa* do adulto? Como? Freud precisa, na primeira parte do texto de 1895, que não é o desamparo em si que desempenha tal papel,

---

10 O suposto ego dos inícios não é um eu *psíquico* cuja instauração Freud esforça-se em construir, neste momento. Ele introduz mais tarde para este x, ego incipiente, várias possibilidades como o eu realidade. Cf. Freud, S. (1915). "Instincts and their vicissitudes". *S.E.*, vol. XIV, pp. 109-140.

11 Winnicott, D. W. (1958). "The capacity to be alone". In *The maturational processes and the facilitating environment* (p. 33). London: Karnac, 1984.

12 Winnicott, D. W. (1949). "A psique e sua relação com o psique-soma". In *Da pediatria à psicanálise* (p. 411). Rio de Janeiro: Francisco Alves, 1988.

DANIEL DELOUYA 201

mas vários aspectos associados e decorrentes das vivências de dor. Uma introdução se faz aqui necessária quanto à economia da dor: apesar de Freud distinguir, no primeiro momento, as vivências de dor das de satisfação, as primeiras não são desvinculadas, mas fazem parte das cadeias do arco complexo que compõe as últimas. As exigências pulsionais, como outros estímulos sensórios e objetais, que se abatem sobre o lactente constituem, do ponto de vista econômico, um *excesso*. O que na vivência, isto é, no *contato*, significa *dor*. A dor desperta algo que diverge, sutilmente, da tendência de descarga, do princípio do prazer. A dor provoca, segundo Freud, a *fuga*: o recuo (*Projeto...*) – desinvestimento e *recalcamento*.[13] Tendência esta de retração – tributária de uma impermeabilidade parcial –, de contenção da descarga, que permite o armazenamento da experiência em trilhas energéticas: traços mnêmicos da vivência de satisfação.

O contato na dor da violência (pulsional, sensória e objetal) dispara, então, o encadeamento dos primeiros trilhamentos, inscrições, junto à ação específica proporcionada pelo adulto. A ação específica é mediada, porém, pela *comunicação*: a percepção da dor nos movimentos desordenados que acompanham o grito do bebê tem, segundo Freud, o *valor de compaixão*, propiciando a *identificação*; desperta, no adulto, uma via regressiva, remetendo-o e fazendo-o voltar sobre as pegadas de origem de *seu próprio* grito e desamparo de outrora.[14] A comunicação é esta incitação e disparo do reviver, *rêverie* (Bion), identificação (empatia, compaixão, Freud) ou preocupação primária (Winnicott). Adquire-se tal função em prol de sua aliança com a origem, com o disparo primeiro, de outrora, das pulsões do próprio adulto. A aliança do desamparo

---

13 Cf. Capítulo. VII de Freud, S. (1900). *The interpretation of dreams. S.E.*, vols. IV e V, pp. 1-734.
14 Capítulo XVIII da Parte I do *Projeto de uma psicologia*, p. 386.

com a comunicação é o que designamos de *humano* – origem, diz Freud, dos motivos morais.

Contudo, a dimensão comunicativa, o humano, tem uma função auxiliar, *secundária*, segundo Freud, em relação ao psíquico, à inscrição da vivência. A comunicação serve de *escada* para esse *outro* plano, o *psíquico*, que para Freud diz respeito a uma apropriação do corpo, consequência de registro da vivência *durante*, isto é, ao longo do arco reflexo em que se executa a ação específica. A descarga de prazer, motora e sensória, única passível à facilitação, de trilhamento, é coextensiva e concomitante à apropriação reflexiva junto ao outro das imagens de movimentos do próprio corpo. O que acrescentará ao valor da compaixão o do segurar, do *holding* comemorativo (na voz e no brincar): presença figurativa (Winnicott). Precursor do que, no conhecimento do "outro semelhante" (Freud), impregna as *percepções* dos movimentos do outro com distinto *valor* (além da *compaixão*): o *imitativo*,[15] reflexivo, *auto*erótico (imaginativo e representativo) e, portanto, pré-consciente e inconsciente, porque constitui um *desvio* do referido plano da comunicação. Com o termo *imitação*, Freud designa certa ressonância, fruto da evocação pré-consciente e inconsciente, com base na percepção dos "movimentos" (emoções, fala, movimento) do outro, como se os últimos fossem indícios que "me tomam num lembrar-se de vivências parecidas"; um embarque numa via regressiva que, desta vez, não diz respeito às vivências de dores oriundas dos primeiros disparos pulsionais, mas aos palcos, imagens de movimentos, das vivências de satisfação.

---

15 Cf. *Projeto de uma psicologia.*

Intervalo: *sobre o uso do termo comunicação*

A origem da *comunicação*, segundo a exposição anterior, encontra-se no valor de apelo que o estado de desamparo exerce sobre um outro. O apelo é o protótipo, a base de fundo do humano, da compreensão mútua. Freud refere-se à "origem de todos os motivos morais", pois o caráter de apelo deve-se à inscrição e, portanto, à identificação com o próprio estado de desamparo de origem e, consequentemente, à ajuda prestada, naquele momento, pelo adulto. Já o quadro dinâmico fornecido pela identificação projetiva ilumina, do ponto de vista técnico do trabalho analítico, outros aspectos de grande importância: de um lado, o despreparo diante da maciça força pulsional desloca, muitas vezes, o olhar kleiniano, colocando o acento sobre a negação da vida psíquica – a defesa ante o seu caráter persecutório em vez do seu reconhecimento, e dos próprios limites e dependência do outro. Significa que, neste estágio originário, o apelo é motivado pela impossibilidade de reconhecimento das próprias fronteiras, ou talvez, a vontade de reencontrar um reconforto no ambiente fusional mítico e mesmo embrionário. Sob este aspecto defensivo, e numa dada situação clínica, a ideia de haver uma comunicação, no sentido literal do termo, fica ambígua e acaba sofrendo um grande abalo. O fracasso na função de objeto de origem – no seu papel de sustento, *rêverie*, identificação etc. – afetará a introdução de certa plasticidade nas modalidades de apelo originário: dificultará a transformação desta modalidade primária numa troca, numa *comunicação*, em meio à qual cada sujeito (constituído como tal e ciente de suas bordas) possa, pelo valor imitativo (Freud), pelas ressonâncias simbólicas junto ao outro, ampliar sua capacidade representativa, do pensar e da ação, nas rotas traçadas pelo desejo. Razão pela qual se introduziu, na corrente bioniana atual, duas categorias novas – estados alucinatórios *versus* comunicativos – derivadas das respectivas posições esquizoparanoide e depressiva.[16] O primeiro estado corresponde à operação da identificação projetiva como meio de evacuação, de despejo do mal-estar, da negação das realidades psíquica e real. Ou, em outros contextos, recorre-se à cisão e à onipotência, a um tipo de *arrogância* (Bion) que releva um modo de sobrevivência decorrente da desistência de qualquer espera e esperança vinda do outro, o que diz respeito aos fracassos da função do objeto de origem. O segundo, o comunicativo, diz respeito ao pressuposto de uma troca entre dois sujeitos, à consolidação da posição depressiva, ou, no contexto freudiano, da castração que se segue à dissolução do complexo de Édipo. Dirigir-se ao outro implica a espera de uma ressonância, de inflexão imaginativa, de transferência, de obtenção de *insight*.

Essas considerações revelam que, se for analisada sob o enfoque terminológico, a ideia de comunicação pode adquirir sentidos até mesmo opostos. Privilegiamos o vértice genealógico, em que a comunicação brota do valor originário de apelo, deslocando-se e evoluindo, com o trabalho histórico do objeto, para a troca, obtendo a forma própria de ressonância, implicando o intervalo, a instauração tópica de cada sujeito.

Comunicação e vida psíquica: continuidade e ruptura

O modelo de comunicação que esboçamos com base no *Projeto...* aponta para uma passagem entre dois planos *distintos*, na qual o objeto é convocado a desempenhar a função fundamental

---

16 O que se tornou um eixo de certa formação clínica, de afinar a observação do analista quanto ao estado mental do paciente: se este está, naquele momento, no plano alucinatório (narcísico), ou se está se comunicando com o analista.

de manejo: da dor dos anseios, das quantidades, das tensões cujo ritmo dota as últimas de qualidades de prazer, tornando-se *auto*, apropriação imaginativa dos próprios movimentos. O "acionamento" do objeto é feito ao modo associativo da mesma maneira como, no aparelho psíquico do indivíduo, um resto diurno é capturado na via regressiva em direção às inscrições inconscientes, em coerência com a via de uso da pulsão para o trilhar mnêmico. Entretanto, é preciso enfatizar neste despertar do objeto para a *via regressiva* dentro dele mesmo duas modalidades de *rêverie* que Freud evoca em relação ao conhecer do *outro semelhante*.[17] A primeira, empática – maciça e primitiva –, refere-se à preocupação e à identificação com a dor e o desamparo do bebê que se desdobra, nas relações humanas, na comunicação, na *compreensão mútua*. A segunda, derivada da primeira, porém distinta, recai na via regressiva de modalidades de inflexão reflexiva – *auto* – sobre cenas infantis, da descarga de prazer, da comemoração reflexiva, da fala e do desejo. Valor *imitativo* (Freud, 1895), termo pouco apurado, mas que evoca um *holding* que *devolve* ao outro algo seu, uma apropriação imaginativa de seu corpo – espaço e movimentos, vivências.

Enquanto a primeira é imediata, age diretamente, a segunda requer o intervalo, no jogo entre presença e ausência, implicando a *distância*; o adulto estando, na vivência, separado do bebê. Reserva que permite, na via das alterações internas, a volta regressiva, no adulto, sobre suas próprias cadeias representativas, fazendo emergir sentidos para os gestos espontâneos e exploratórios do bebê. Nesta sustentação do brincar, da crescente apropriação pelo bebê de vivências (movimentos), resulta a condição de desinvestimento progressivo da alucinação; instaura-se a tópica, o recalcamento, em

---

17 Cf. *Projeto de uma psicologia.*

206 ACERCA DA COMUNICAÇÃO

paulatina aquisição da capacidade de lidar com a ausência, com a realidade, resultando na expansão e ampliação do pensar.[18]

Reportar-se à reserva e a distância no regime psíquico do adulto – ao estar separado – implica a matriz edípica. Lembro, a este respeito, da condição que Bion estabeleceu para que o bebê seja depositário da função α: a mãe, diz ele, precisa amar o pai (o homem) ou, o que é equivalente, amar a criança enquanto ente separado dela.[19]

Nos comentários anteriores, privilegiei a dimensão "metabólica", dominante no *Projeto...*, em detrimento do que concerne o narcisismo e o eu como instância. A distinção, na via regressiva, de "alterações internas" (Freud, 1895), entre o valor de compaixão da comunicação e o reflexivo, demonstra sua imensa relevância no debate atual acerca do trabalho analítico. A presença e a continência, de um lado, e a reserva na atividade representativa do trabalho regressivo da escuta no analista, de outro, têm ocupado o centro das discussões sobre a técnica.[20] A escola inglesa, kleiniana, tende a dar maior ênfase à primeira; a francesa, à segunda. O intersubjetivismo corre o perigo de negligenciar a última, ao ponto de minimizar a matriz representativa da sexualidade infantil (e fantasias), exilando-a da via regressiva, inerente à transferência.

Quanto ao clássico artigo de Klein, a descrição da identificação projetiva tende a se verter para o regime da comunicação. Certo esforço poderia encontrar pontos de convergência entre o desempenho da libido, segundo Klein, em relação ao objeto e na força

---

18 É esta cadeia, que vai das vivências de satisfação ao surgimento e ampliação do pensar, com que lida grande parte do *Projeto...* (Partes I e III).

19 Cf. Capítulo XII de Bion, W. R. (1962). *Learning from experience*. London: Karnac, 1989.

20 A reflexividade imaginativa, metafórica e representativa – a regressão às próprias "coisas" – na escuta do analista (cf. o nosso capítulo "Um autor na instituição de formação" deste livro).

de reunião do ego, e o princípio do prazer que rege, no *Projeto...*, as trocas em direção à apropriação de si. A busca, por exemplo, de reunião na identificação dos pedaços expelidos, projetados para dentro do objeto, se traduziriam (*rêverie*), no adulto, como apelo, convocando-o, na via regressiva de sua própria história mnêmica, a "conter", "entender", fornecendo ao lactente o espaço para alcançar essa demanda. Entretanto, falta a esse contexto descritivo toda a cascata mnêmica, regressiva, do aparelho psíquico freudiano. Em vez disso, são as categorias funcionais – continência, função α, barreiras de contato etc. – que passam a ocupar o primeiro plano dessa corrente. Operações estas, *ações específicas*, que Freud, como Bion e outros, destina à apropriação progressiva de funções do *pensar* e da *ação*.

O esforço de fazer convergir Klein e Freud pode incorrer, no entanto, numa redução, porque é passível de borrar as fronteiras que separam distintos contextos metapsicológicos da apreensão clínica. Em Klein, como vimos, o enfoque sobre o trabalho *no* objeto prima pela sua ausência: M. Klein reconhecia a importância do objeto, mas não se interessou, em suas formulações teóricas, em discorrer sobre o seu papel. Seus seguidores fizeram melhor, sobretudo Bion. Mas há mais uma observação relevante a se fazer em relação ao artigo de 1946: o ponto de saída tenta articular a violência pulsional com um ego não integrado, *herdado*, na origem dos desfiladeiros e destinos das identificações projetivas; é fadado a desembocar nas conhecidas atribuições de tendências inatas no interior das relações de objeto. O que deixa pouco lugar para as inscrições originárias, de cenas infantis e sua importância clínica na via regressiva propiciada pelo campo transferencial.

A bissexualidade no eixo de escuta psicanalítica: considerações teóricas acerca da clínica

Assistimos na psicanálise atual a diferentes modos de olhar, e diversas maneiras de se relacionar com o fazer e o acontecer clínicos. Embora essa situação tenha dificultado a comunicação entre colegas, o estado global do nosso campo está longe de se assemelhar à situação da mítica Torre de Babel. A variabilidade encontrada em relação à compreensão e à interpretação do material clínico é passível de ser reunida sob alguns poucos e principais pontos de vista. Um dos mais conhecidos centra-se no *desenvolvimento mental*, acompanhado na e por meio da experiência emocional junto ao paciente, em que se privilegiam parâmetros como a oscilação entre as posições esquizoparonoide e depressiva, o deslocamento entre os estados alucinatório e comunicativo (Klein-Bion), os estágios de maturação (Winnicott) etc. Em outra vertente, mais clássica, a atenção dirige-se para a representação inconsciente que domina o campo da transferência do momento. Nesta última visão, privilegia-se o escrutínio estrutural, das modalidades de assunção e de fuga das posições identificatórias em relação ao desejo, na trama edípica. Quadros clínicos clássicos – neuroses de transferência (histeria e neurose obsessiva), neuroses narcísicas

210 A BISSEXUALIDADE NO EIXO DE ESCUTA PSICANALÍTICA

(melancolia) e psicoses – são, nesta perspectiva, de grande relevo, porque ilustram, em suas configurações gerais, os referidos impasses. Freud jamais atribuiu aos quadros clínicos o estatuto de verdadeiras estruturas, como ocorre entre seus herdeiros lacanianos. Ao contrário, ele encontrou em seus pacientes uma mistura dessas configurações e uma lógica de continuidade entre elas. Portanto, as estruturas destas servem apenas de guias para "farejar" a modalidade expressiva do desejo inconsciente.

Um exame sobre a atenção clínica clássica de Freud leva à descoberta de uma chave: o enfoque nos destinos da *bissexualidade originária*. Assim, Freud acrescenta ao eixo estrutural – da diferenciação dos sexos em torno de Édipo – elementos históricos, de desenvolvimento, quantitativos, afetivos e míticos, entre outros; com isso, facilita o diálogo dentro da comunidade dos analistas. Retomamos a seguir os marcos principais do trajeto de Freud acerca da bissexualidade, e a função dela na atenção e visada da clínica freudiana.

Que brinquem...

Que brinquem os garotos à nossa frente.

(Samuel, 21)

A Bíblia reitera, em várias passagens, este mando (da epígrafe): "que brinquem os moleques à nossa frente". O brincar dos meninos – no tocar e roçar dos corpos; subindo, alegres, um em cima do outro ou lambendo uns aos outros – é cenário corriqueiro, desenrolando-se "à nossa frente", cativando nossos olhares, animando e arejando o valor intuitivo que creditamos à vida. Por que, então, esse brincar, pertencente à *sexualidade perversa polimorfa*,[1] pode

---

1 ·Cf. (1905) *Três ensaios sobre a sexualidade*, S.E., vol. 7.

vir a ser encarado com repúdio ou tornar-se repulsivo, ao menos para alguns, se exercido à luz do dia entre adultos, e do mesmo sexo? Freud nos fornece, é verdade, uma série de explicações relativas ao destino "normal" da sexualidade perversa polimorfa na vida adulta: o recalcamento, a inibição dos fins da pulsão, a sublimação, além de sua reordenação e organização na dita sexualidade genital do adulto.

No entanto, o tema da bissexualidade é inquietante, quando não explosivo; é *minado*, por assim dizer, pelas conhecidas sensibilidades sociais e ideológicas. Efeito que faz suspeitar da existência de um importante conteúdo inconsciente. Ao anunciar para Fliess, em 1901, o plano de um livro sobre a *bissexualidade*, Freud desencadeia uma crise na intensa relação de ambos, de mais de quinze anos, desembocando no rompimento. Fliess insinua que Freud apropriou-se de sua descoberta que lhe confiara no "congresso" (a dois) em Breslau. Freud admite a cleptomania, registrando sua culpa no seu livro de 1901 (*A psicopatologia da vida cotidiana*). Após certo tempo, Fliess volta a acusá-lo de infidelidade, por ter entregado a descoberta da bissexualidade – "o segredo" – para Swoboda, paciente de Freud e amigo de Waininger, em cujo livro Fliess flagra o suposto furto. Freud defende-se: "meu interesse é a psicologia, não a biologia (domínio de Fliess); o que eu disse a Swoboda faz parte da *função* analítica de proporcionar ao paciente um clarão sobre a bissexualidade, já que ela ocupa um lugar central nas neuroses". Mas Fliess não sossega, desconfia e suspeita. Freud perde a paciência: "mas que reivindicações mesquinhas??!!! A verdade é que você, Wilhelm, não se interessa mais por mim, nem pelo meu trabalho, tampouco pela minha família . . . você deixou de me amar".[2] A ruptura é definitiva. Uma irrupção de *ciúmes, suspeitas* e

---

2   As duas citações são súmulas de alguns trechos das poucas cartas trocadas em 1901 entre Freud e Fliess: Freud, S. (1887-1904). *Correspondência com Fliess*. Rio de Janeiro: Imago, 1986.

212   A BISSEXUALIDADE NO EIXO DE ESCUTA PSICANALÍTICA

mesquinhez – eis uma desordem no manejo da economia bissexual.[3] A crítica de Freud sobre Breuer, emitida na carta a Fliess, em que anunciou a intenção do livro sobre a bissexualidade, poderia ser aplicada a Fliess: "Breuer", diz Freud, "não soube preservar, como eu, e distinguir o amor e a dedicação aos homens, daquele dirigido às mulheres". Na famosa carta a Ferenczi de 1910, Freud, comentando sua antiga relação com Fliess, alega ter sido bem-sucedido lá onde o paranoico fracassa. Afirmação exagerada, embora compreensível, já que ele se ocupava, na época, da análise do delírio paranoico do presidente Schreber, em que o amor homossexual sofre uma inversão para o ódio, e este é projetado no outro.[4] Freud realizou sua autoanálise em meio à relação com Fliess. O fim desta "análise" marca, então, a dissolução dos restos do complexo de Édipo. Dissolução condicionada, portanto, *pela reconfiguração e elaboração da bissexualidade originária*, como Freud viria a explicitar em 1923. Lidar com o Édipo é processar e perlaborar a bissexualidade originária.

Bissexualidade originária e o processamento da trama edípica

A indagação sobre o papel da bissexualidade nas neuropsicoses ocupou Freud durante quarenta anos, desde 1897 até o seu grande testamento clínico de 1937, acompanhando *pari passu* a descoberta e as elaborações em torno do complexo de Édipo. Quando ele finalmente batiza, em 1923, o Édipo como estrutura, situa a *bissexualidade originária* nos *fundamentos* deste complexo.

---

3   A análise e explanação dessas características encontram-se no artigo de 1922, sobre os ciúmes (ver a seguir).

4   Cf. (1911) "Notas psicanalíticas sobre um relato autobiográfico de um caso de paranóia: caso Schreber", *S.E.*, vol. 12.

A *bissexualidade originária* forma uma espécie de *substrato* sobre o qual se trabalha e se processa o Édipo. A bissexualidade, diz Freud, "ofusca e embaralha nossa visão sobre a natureza das escolhas objetais primárias".[5] A elaboração da bissexualidade é, portanto, crucial e determinante para o destino de Édipo quando de sua dissolução e a formação do seu herdeiro, o superego.

Para o Freud do Capítulo III de *O eu e o isso*, o Édipo é programado hereditariamente; é guiado pelo "*pai*" filogenético, que impõe a identificação direta, *sem investimento*, ao pai ou aos pais. Entretanto, esse plano genético é ativado pela configuração edípica, veiculada pelo inconsciente dos pais, e que permeia o ambiente e a cultura. Com esta formulação, Freud retira da configuração edípica todo o caráter anedótico, difundido no meio popular: não é o curso libidinal da excitação genital, do pênis ou do clitóris, que insere a criança na cena edípica. O estímulo e a masturbação nessas zonas ocorrem antes de haver qualquer fantasia de cunho edípico. Tampouco é a imersão na trama edípica que dota o sujeito da noção sobre as diferenças sexuais. A percepção da diferença entre homens e mulheres antecede a aquisição do sentido simbólico em torno do falo.[6] O Édipo, portanto, vem de outro lugar, ou seja, é de ordem simbólica: em dado momento, instaura-se o valor simbólico do falo. Os investimentos e as identificações em relação aos pais aglutinam-se em um conflito; o pênis adquire o valor narcísico, e as diferenças sexuais estarão prestes a adentrar e a se ressignificar em nova configuração psíquica, sob o "comando" e as modalidades ditadas pelas diferenças anatômicas. Estamos, então, no auge do complexo de castração. O que vem de cima (de fora), o *simbólico*, age sobre as trilhas de baixo, do programa filogenético, possibilitando o processo. *O que se processa é a bissexualidade originária.*

---

5 Freud, S. (1923). *O eu e o isso*. Standard Edition, vol. 19, seção III.
6 Freud, S. (1925). "Algumas conseqüências psíquicas das diferenças anatômicas entre os sexos". *S.E.*, vol. 19.

214 A BISSEXUALIDADE NO EIXO DE ESCUTA PSICANALÍTICA

Portanto, tanto o programa edípico como seu disparo ou acionamento são garantidos, respectivamente, pela herança e pelo meio que representa a cultura. O essencial é *o processamento* da bissexualidade, que depende, em grande parte, do meio humano imediato, isto é, da configuração e transmissão inconscientes dos pais para a criança.

Em 1909, Freud descobre o elo da bissexualidade com a *ambivalência afetiva primordial*.[7] Mas isso ocorre num momento avançado. A suspeita do papel fundamental da bissexualidade nas neuropsicoses lhe ocorre já em 1900. Em janeiro de 1901, ele conta para Fliess sobre a histeria de Dora que lhe demonstrou o papel crucial da bissexualidade; a histeria como um sofrimento no plano amoroso, decorrente de uma indefinição conflituosa – *bissexual* – em relação ao desejo.[8] O rancor e a vingança histéricos devem-se ao embate que ela trava com a sexualidade, com o desejo despertado em relação ao homem. O pleno desenvolvimento dessa problemática é encontrado trinta anos mais tarde, nos textos sobre a feminilidade. Mas Freud só se assegura de suas conclusões quando são vinculadas com ele, *com o menino que ele foi*. A análise do *Homem dos ratos* lhe esclareceu o papel da bissexualidade. Já na primeira sessão, Freud detecta, por meio de um ato falho do paciente, uma moção homossexual predominante. No decorrer do tratamento, vemos que essa demanda amorosa compete com o desprezo ao pai. Nesse entrave da perlaboração da ambivalência, em vista do predomínio do ódio, cria-se um impasse da assunção do desejo na identificação com o pai no Édipo.

---

7 Freud, S. (1909). "Notas sobre um caso de neurose obsessiva (Homem dos Ratos)". *S.E.*, vol. 10.

8 Cf. a ilustração no sonho da mulher do açougueiro de *A interpretação dos sonhos* (*S.E.*, vol. 4-5) e o *Caso Dora* de 1905, em "Fragmento de uma análise de caso de histeria" (*S.E.*, vol. 7).

Essas observações acerca da histeria e da neurose obsessiva continuam sendo capitais para o trabalho clínico. O impasse na assunção do desejo, da castração, fixa o sujeito em um estágio intermediário, inacabado, de elaboração da bissexualidade originária. Uma irresolução da qual sofre e goza a histérica, bem como na neurose obsessiva determina, em grande parte, a defesa, colocando o sujeito, nas palavras de Freud, "atrás de um véu que o separa do mundo".[9] Na psicose, encontramos algo análogo só que posto *para fora*, já que não se trata do simples recalque da castração, mas de sua rejeição ou, segundo a tradução de Lacan, da forclusão. A projeção opera, aqui, sobre a bissexualidade, em forma de perseguição, na conhecida dupla denegação freudiana: "não sou eu que o amo; é ele que me odeia, me persegue". O paranoico *recalca para fora*[10] o impasse obsessivo, do mesmo modo que, na paranoia feminina, o conflito histérico é projetado para o meio, o que, fatalmente, o faz retornar sobre o sujeito em forma de acusação delirante, como no caso narrado por Freud em 1915 – "ele me arrastou num flerte com a intenção de me denunciar à superiora (à 'mãe')".[11] À semelhança dessa mulher, trazida a Freud pelo advogado da paciente, uma paciente psicótica encarava seu desejo inconsciente de se separar da mãe como ameaça insuportável, o que a confrontava, vez e outra, com a vivência de temor alucinado de se tornar, de fato, uma prostituta.

Portanto, seja qual for a manobra em relação à castração – negando-a, desmentindo-a ou rejeitando-a –, todas essas defesas expressam diferentes modos de fuga da castração e um recuo para a bissexualidade originária. A aceitação da castração implica, então,

---

9 Freud, S. (1914-1918). "História de uma neurose infantil (o Homem dos Lobos)". *S.E.*, vol. 17.

10 Freud, S. (1894). "As psiconeuroses de defesa". *S.E.*, vol. 3.

11 Freud, S. (1915). "Um caso de paranóia contrário à teoria psicanalítica sobre a doença". *S.E.*, vol. 14.

216 A BISSEXUALIDADE NO EIXO DE ESCUTA PSICANALÍTICA

uma *transformação* da bissexualidade originária. Mas o que se transforma na castração? Como?

Freud descobre, por meio do *Homem dos ratos*, a ambivalência afetiva originária que lhe permite, pouco depois, inseri-la no grande mito da formação do complexo nuclear do nascimento do sujeito.[12] Neste mito, a comunidade dos irmãos atravessa dois estágios distintos: no primeiro, os irmãos são excluídos pelo pai; as mulheres e os bens lhes são negados. O assassinato do pai abre a possibilidade da divisão e distribuição dos bens, das mulheres e do poder. Passagem que pressupõe a elaboração da ambivalência afetiva, ou seja, uma transformação econômica da bissexualidade originária. No primeiro estágio, a frustração imposta pelo pai e a dependência de seus favores os colocam, em relação a ele, numa situação polarizada – bissexual – extremada, entre amor e ódio. Esta é compensada, segundo imaginamos, pelas relações de troca--troca entre os irmãos; a bissexualidade é atuada como nos jogos perversos polimorfos – de troca-troca – da infância ou nos estados extremos de confinamento na prisão. Já o vazio instaurado no segundo período, após o assassinato, é atravessado no luto, na culpa e nas saudades pelo pai morto. O contrato social na nova sociedade requer a sublimação, permitindo aos sujeitos conformarem-se aos ideais legados pelo pai morto. No entanto, o ponto principal é que a atuação homossexual do primeiro estágio, sob a cobertura de certa proteção da mãe, sofre uma grande concessão narcísica. A moção homossexual transforma-se em uma *identificação horizontal* entre os irmãos, em torno do legado e lei paternos. Nasce, no lugar da bissexualidade, o *sentimento social*, que segundo Freud, é a consequência, pela identificação, da definição e ingresso do sujeito em uma nova ordem, como membro da série constituída sob a égide da lei e legado paternos.

---

12 Freud, S. (1912-1913). *Totem e tabu. S.E.*, vol. 13.

Em 1921,[13] Freud aprofunda o exposto no seu livro de 1913.

O processo descrito no plano do mito e da história será retomado dois anos mais tarde, no Capítulo III do livro de 1923, em relação ao Édipo e à castração, além de suas retificações nos conhecidos artigos sobre a sexualidade, entre 1923 e 1925.[14] O processamento da bissexualidade faz nascer o *sentimento social*, inserindo o sujeito na ordem da lei do pai morto, o que nada mais é que a dissolução do complexo de Édipo, no lugar do qual surge, pela identificação, o superego: herdeiro e portador dos ideais.

Ao nosso ver, o trabalho clínico de 1922[15] sobre os ciúmes na neurose, paranoia e homossexualidade ilustra a relevância da bissexualidade originária para o objetivo central da análise, ou seja, a aceitação da castração. Nos diferentes contextos psicopatológicos, o ciúme flagra feições representativas das quotas bissexuais não elaboradas ou resistentes à perpetração da castração.

A ambivalência afetiva dos inícios é coextensiva à bissexualidade originária e, no plano econômico, é relacionada à desfusão basal entre os dois grandes grupos de pulsões;[16] já a identificação propicia certa coalescência desses grupos pulsionais, reduzindo a polarização narcísica entre amor e ódio para permitir a confluência na rota da libido em direção ao desejo. Mas, em consequência da introdução do masoquismo primário em 1924, Freud inverte daí em diante – sobretudo em 1930 e 1937[17] – a questão da bis-

---

13 Freud, S. (1921). *Psicologia das massas e análise do eu. S.E.,* vol. 18.

14 Cf. (1923) "A organização genital infantil", (1924) "A dissolução do complexo de Édipo" e (1925) "Algumas conseqüências psíquicas das diferenças anatômicas entre os sexos", *S.E.,* vol. 19.

15 Freud, S. (1922). "Alguns mecanismos neuróticos no ciúme, paranóia e homossexualidade". *S.E.,* vol. 18.

16 Freud, S. (1930). "O mal-estar na cultura". *S.E., * vol. 21.

17 Cf. (1930) "O mal-estar na cultura", *S.E.,* vol. 21; e (1937) *Análise terminável e interminável, S.E.,* vol. 23.

sexualidade originária. Ela deixa de servir uma tendência ativa, de isolamento e de cisão afetiva, implícitos na desfusão entre as pulsões de vida e morte, e passa a se associar com a defesa ante a passividade ou como a rejeição da feminilidade. O que, no arranjo pulsional, significa o esforço de suturar, desesperadamente, a tendência e a ação desagregantes da pulsão de morte. Ou seja, o masoquismo atuado aparece como impasse principal à aceitação e assunção da castração.

Ora, é uma perturbação dessa ordem que encontramos, incessantemente, na neurose obsessiva, em que o ódio à função do pai persiste. O isolamento, o véu que separa o sujeito do mundo, ergue-se em função do temor à homossexualidade, já que a perspectiva do ingresso na comunidade dos sujeitos é tingida de significados infantis de cunho homossexual, em vez de caminhar para a identificação e a aquisição do *sentimento social*. Em alguns casos mais graves, limítrofes, a forte feição masoquista, de submissão ao pai, domina o cenário fantasmático, como defesa quase intransponível diante da castração, e no rechaço da passividade, implícita e inerente à identificação no Édipo. Algo parecido ocorre na histeria: no secreto amor e fidelidade à mulher, as moções ginecofílicas renascem para impedir a assunção do desejo. Na psicose, tais configurações, da neurose obsessiva e da histeria, são projetadas fora, e seus valores afetivos sofrem uma permutação quanto ao objeto.

E a escolha homossexual? A homossexualidade ou o homoerotismo não são em si estados psicopatológicos. A perversão como quadro coloca-se em questão quando da atuação, no real, da fantasia em vez de seu agenciamento no terreno simbólico. Entretanto, existem homossexuais que sofrem, e nos quais a neurose se matiza em torno da homossexualidade. Temos certa experiência com esses casos, nos quais notamos, também, as configurações já mencionadas, embora com uma feição particular. Lembramos as relevantes

DANIEL DELOUYA   219

percepções de Freud neste terreno: primeira, a da escolha narcísica que ele descobriu em Leonardo – a identificação com a mãe, o objeto de amor passando a ocupar o lugar que "pertencia" ao sujeito sob o olhar da mãe –;[18] segunda, o horror, na homossexualidade masculina, diante do órgão feminino, refletindo uma espécie de repúdio extremado da castração. Além desses, Freud mostra, no artigo de 1922 sobre os ciúmes, que em alguns casos a escolha homossexual encontra-se na ordem neurótica mais palpável, em virtude de uma ferida narcísica em relação ao amor esperado da mãe (por exemplo, quando do nascimento de um irmão), o que impede o sujeito de se engajar no trajeto penoso da castração, ou seja, da *transformação* da bissexualidade originária – da ambivalência afetiva – em um amor compartilhado do sentimento social. A sublimação surge, nesses casos, de maneira evidente, uma vez que não requer, necessariamente, a resolução no plano edípico. Já a identificação horizontal é prejudicada, o que coincide com nossa experiência. Nota-se, frequentemente, que algumas escolhas homossexuais são atuações da bissexualidade originária erguendo-se, defensivamente, ante o sublimado amor homossexual – comum –, do *sentimento social*, resultado da castração.

Freud conclui que os complexos de Édipo e da castração são a espiga ("*shibboleth*") da psicanálise. No entanto, é o jogo dos grãos escondidos, das moções invertidas quanto aos seus fins, valores e objetos – ou seja, é a *perlaboração* de elementos sexuais perverso--polimorfos, determinados pela *bissexualidade originária* –, que constitui o sofrido desafio de uma análise.

---

18 Freud, S. (1910). "Leonardo da Vinci e uma memória de sua infância". *S.E.*, vol. 11.

Comentário sobre a possível interlocução psicanalítica

Manter o olhar sobre a bissexualidade originária e seus destinos em certo processo de cura analítica parece-nos vantajoso porque não se coaduna apenas com a perspectiva estrutural, que identifica a peculiar modalidade defensiva escolhida ante a problemática posta em torno do eixo da castração, mas permite, também, focar elementos dinâmicos e econômicos bastante centrais para quem mira os impasses afetivos no desenvolvimento do pensar. Creio que dois analistas podem intervir de maneira muito semelhante nas suas abordagens técnicas com certo paciente e em dado momento da análise ou terapia, mantendo o olhar, por exemplo, sobre sua *intolerância à frustração* (conceito e operador central de observação clínica no aporte kleino-bioniano). No entanto, um veria nas "medidas" de fuga do paciente a incapacidade em se defrontar com o predominante elemento afetivo "ódio" – persistentemente observado pelo analista – para integrá-lo a um outro, do "amor" (consciente), a serviço do conhecimento da realidade psíquica (do ódio). Outro analista identificaria neste ódio recalcado um elemento estrutural que resiste em se submeter ao pai, numa problemática típica da neurose obsessiva (Freud, 1909), em que a ambivalência afetiva, constitutiva da bissexualidade originária, não se dispõe à metabolização na ordem simbólica da castração – ao conhecimento da realidade psíquica.

Esse exemplo geral sugere que o contexto freudiano abre maiores possibilidades de interlocução no campo psicanalítico – maiores que aquelas vislumbradas na oferta de linguagens e posições de nossos grupos atuais.

Freud e a feminilidade na cultura atual[1]

O que se pede ao analista quando se lança a ele a questão acerca da feminilidade hoje? É notório que, no que diz respeito ao cenário social e político, nenhum personagem mudou tanto de posição nesse século quanto a mulher. Talvez a questão seja, face a tais transformações, qual é a visão atual da psicanálise em relação à feminilidade. Ou, dito de outra maneira, o intuito parece ser o de verificar se, diante dessas transformações, a psicanálise reconsiderou ou não sua posição; se chegou a se atualizar, revisando sua teoria em torno da mulher.

Implícita nesse questionamento é a exigência de que as teorias da psicanálise precisam se ajustar à visibilidade dos fatos da realidade social e suas transformações. A ninguém ocorre que as pressuposições e os achados de um cientista que estuda, neste contexto, um dos componentes ou processos relativos ao ciclo menstrual devam se colocar em sintonia com as provas pelas quais passa

---

1 Texto elaborado com base em uma exposição feita em outubro de 2000 no Centro de Estudos em Psicanálise, São Paulo. Versão inicial publicada em 2002 no *Jornal de Psicanálise*, 64/65, pp. 359-372.

a mulher na sociedade atual. O que indica que a pesquisa da "natureza" goza, no público, de autonomia. Privilégio não concedido ainda à psicanálise. Por quê? Questão importante, porém ampla, cuja consideração nos afastaria do tema da feminilidade.

Acrescentamos, a título de nota, que a referida cobrança à psicanálise não se restringe ao tema da feminilidade, mas abrange o largo espectro dos fenômenos que concerne o seu campo de ação e pensamento. A vigilância atual iniciada nos Estados Unidos sobre a psicanálise, e a decorrente depreciação que esta vem sofrendo da fração esclarecida da população, inscrevem-se sob a mesma exigência. Por outro lado, as origens de tal clima persecutório não são totalmente responsabilidade dos respectivos críticos e suas fontes "científicas" de apoio. A verdade é que eles *estão se vingando de Freud*. E com razão! Não só pela escandalosa descoberta da sexualidade infantil, mas sobretudo por aludir para as ações nocivas da pulsão no cerne da moral, da ética e do espírito humano. O criador da psicanálise lançou, na parte final de sua obra, um dos ataques mais ferozes, mais virulentos sobre os discursos humanistas que as ditas ciências humanas e sociais já conheceram em sua história. Freud demonstrou que o mal-estar na cultura se deve à ação da pulsão no cerne daquilo que foi considerado, desde sempre, a sede autônoma do homem, a espiritualidade. O que provocou uma rejeição que encontrou curiosamente alguns de seus aliados no próprio recinto da psicanálise, entre simpatizantes independentes, porém discretos, dos adeptos à doutrina freudiana. Psicanalistas seduzidos pelas correntes filosóficas e antropológicas, e tentando cortejar, por sua vez, filósofos, poetas e artistas, acabaram sofrendo um golpe que esses aliados tramaram contra a herança freudiana. Nesse clima contemporâneo, os críticos cobram a psicanálise, impugnam-na, carregando em mãos uma carta de sentença, na qual ela é condenada em base à suposta avaliação de uma louvada testemunha: a ciência natural. O raciocínio, porém, é longe de ser científico.

A recusa em reconhecer o mal-estar fundamental sobre o qual Freud nos alertou encontra apoio na fórmula de uma recente pílula milagrosa que os porta-vozes da contemporaneidade distribuem gratuitamente: "hoje as coisas são diferentes"; "esqueçam o passado". Na era contemporânea, o importante é mostrar-se tão útil quanto eficiente; as mudanças ou transformações devem ser postas à vista: "não perca tempo! Olhe para o que está acontecendo hoje. Assim, tudo fica mais simples (eis a 'ciência')". Note que o contemporâneo difere de seu precedente, a modernidade, já que não se trata mais de dimensionar o progresso. A evidência do progresso dispensa a procura por suas razões de origem. O discurso atual da historicidade não se detém, como antes (na modernidade), sobre uma suposta lei que a rege e a movimenta, mas visa apenas enfatizar o presente visível, elevando-o ao estatuto de uma norma que o tempo registra com rigor ("hoje é assim!"). O contemporâneo são os fatos: "olhe e confira". Não são as ciências as emissárias desse jugo, mas são os meios de comunicação que, fascinados com os produtos da tecnologia, anunciam de hora em hora as descobertas de tal e qual gene... Eles nos põem a par "do que rola hoje". A informação é o tempo: "ocorreu tal coisa e outra". Lucram, portanto, alguns "filósofos", hábeis em descrever o tempo. Beneficiam-se também cientistas e suas instituições que dependem de financiamentos públicos para sua pesquisa e a geração de suas teorias. Cresce, no entanto, a ignorância quanto à natureza das teorias científicas, bem como do conhecimento em geral.

Não surpreende, portanto, que se peça hoje para reformular e "reajustar" os enunciados em relação à feminilidade. A questão sobre a feminilidade hoje pressupõe que as provas pelas quais passou a mulher na cultura atual acarretariam uma revisão da teoria

224 FREUD E A FEMINILIDADE NA CULTURA ATUAL

sobre a feminilidade. Como assinalamos, ninguém pede análogas reformulações em relação ao conhecimento da fisiologia feminina. Não obstante, sabe-se que as elaborações freudianas acerca do feminino e da feminilidade foram contestadas desde o início, já que, segundo alguns (intelectuais, feministas e psicanalistas) – uma vez que foram definidas em relação ao homem, e "desfavoravelmente" na inveja do pênis –, foram banhadas e moldadas nos valores burgueses da época, de cujas influências nem mesmo o criador da psicanálise conseguiu escapar.[2] Por outro lado, pergunta-se: por que outras escolas da psicanálise, que acentuam como diferencial feminino a produção materna – a gestação e o aleitamento –, não atraíram a opinião pública? A resposta talvez esteja no fato de que a concepção freudiana acerca do feminino é indissociável da definição do psíquico em torno do complexo de castração, uma vez que a feminilidade se articula em relação à ausência do pênis. Não surpreende que em seu testamento clínico Freud tenha associado o grau de rejeição da feminilidade, na mulher e no homem, à *rocha de castração*, ou seja, como limiar de possibilidade da própria análise e da saúde psíquica.[3]

O complexo de castração foi batizado de *Shibboleth* da psicanálise, ou seja, a espiga ou o fulcro de seu pensamento. E isso em dois níveis, um englobando o outro: o primeiro, geral e simbólico, do desejo e da linguagem; o segundo diz respeito à configuração

---

2 Análises bastante sofisticadas sobre a teoria freudiana têm sido fornecidas por parte de várias autoras. Monique Schneider, por exemplo, persegue uma linha fantasmática em Freud, na qual descobriu uma defesa ante o desforme do feminino e a fuga em direção às estruturas "asseguradoras" de Édipo e Moisés. Cf. M. Schneider, *Freud et le plaisir*. Paris: Denoël, 1980. Estelle Roith, por outro lado, encontra na posição da tradição judaica ortodoxa em relação à mulher a fonte de inspiração de Freud. Cf. E. Roith, *O enigma de Freud*. Rio de Janeiro: Imago,1987.

3 Freud, S. (1937/2018). *Análise terminável e interminável*. São Paulo: Companhia das Letras (Obras Completas de Freud, 19), pp. 274-326.

conflituosa, particular em certo sujeito, da trama edípica no percurso da libido. A clínica, permeada em suas diversas manifestações pelo primeiro nível, permite-nos focar o segundo, no qual o primeiro está implícito. Neste contexto, foi a clínica da histeria que permitiu a Freud estabelecer os liames entre a feminilidade e a histeria: o impasse da histérica em se definir em seu desejo, em sua posição feminina, deve-se ao seu aprisionamento ou fidelidade amorosa à mulher – em última instância à mãe –, o que Freud atribui às moções ginecofílicas. Desde a publicação do *Caso Dora*, entre 1900 e 1905, ele efetuou em relação ao tema um longo caminho, entretanto, sempre aprofundando o mesmo eixo do complexo de castração e os vários modos defensivos e de fuga a ele: o recalque, o desmentido, a denegação ou rejeição (forclusão) da feminilidade.

No que se segue, pretendemos assinalar alguns marcos nesse trajeto, tecendo algumas reflexões sobre os fenômenos relativos à incidência da era contemporânea sobre a feminilidade.

Feminilidade e contemporaneidade

O feminino permeia o trabalho daquilo que entendemos por psíquico. A ideia ou o fantasma de Freud de que a feminilidade figura um *continente* é prenhe de sentidos enigmáticos – numerosos e temidos – que formam, portanto, uma região ou área densa, *obscura* e negra. Por que a figuração de um continente assustador gerou tanta inquietação entre os adeptos de Freud? Todavia, nas produções pós-freudianas assiste-se a uma volta à descrição de continente negro e assustador como estado primordial da vida: a exposição, neste estágio, às exigências pulsionais e aos estímulos sensórios do mundo externo e dos objetos animados mergulham o "sujeito" dos inícios em uma *ansiedade esmagadora* (Klein), em um *terror sem nome*, lançando-o para espaços infinitos, frios e obscuros (Bion). Segundo Lacan, a figura inicial (especular) do objeto é totalitária: "o *todo* materno, obsceno e tutelar".

Embora não fossem destacados por Freud com nitidez, essas características integram o estado de desamparo que ele descreveu ao longo de sua obra. O desamparo, porém, é uma reação defensiva, de retraimento ante a referida violência. O que, de um lado, acarreta o medo de desmoronamento, *o alerta ao perigo*, e, de outro, um apelo, um pedido de socorro – *entrega e passividade* – ao objeto. Figura-se, assim, sobre esse terreno psíquico inicial, a entrada do objeto: sua "administração", manejo e cuidados (*rêverie*), mas também a inserção do sujeito na cultura pelo brincar, linguagem e leis. Mas o que isso tem a ver com a mulher e sua feminilidade? Se a mãe falhar na sua *preocupação materna primária*, adverte Winnicott, o sujeito será vítima de um temor extremamente comprometedor: "o medo da *mulher*". Bion, precisando melhor as coisas, atribuíra a falha da mãe a um fracasso simbólico nela, ou seja, na sua diferenciação sexual: se não configurasse na mãe um terceiro (um "pai"), ela seria incapaz de enxergar a criança como um ser separado e, portanto, não poderia dotá-la (*rêverie*) de uma função e de meios psíquicos. A mãe, admitiu Winnicott, deve reportar o bebê a um terceiro. Ver-se-ia que o papel do objeto na construção da vida psíquica do bebê – entendido psicologicamente como maternagem – é atrelado na mãe à sua identificação feminina no Édipo. Eis uma volta à ideia freudiana da mãe *mensageira da castração*, amplamente desenvolvida na corrente lacaniana. Concepções estas que têm consequências clínicas amplas.[4]

---

4 Em casos graves de histeria, as queixas implícitas ou explícitas às mães evidenciam, por trás de si, grandes incertezas dessas progenitoras quanto à sua própria feminilidade, que acabam sendo disfarçadas pelas ocupações exacerbadas em torno de clichês e vaidades femininas. Cf. a este respeito nosso trabalho "O feminino entre construção psíquica e contemporaneidade", em: Alonso,, S. L.,

Esses aspectos serão retomados neste capítulo, reforçando a ideia de que o feminino é o sítio de continência do trabalho psíquico. A libido, afirma Freud, é masculina – o masculino faz parte, segundo sua concepção, do emblema feminino. Mas se a libido é masculina, pode-se dizer que o isso e o psíquico são, em si, femininos.[5] Significa, portanto, que o feminino não é, na psicanálise, o privilégio das mulheres. O que certamente não é uma novidade para o psicanalista.[6] No entanto, o que nos ocupa aqui é a feminilidade, o feminino na mulher de *hoje*. Insistimos, contudo, em perseguir a associação do feminino com o trabalho psíquico, o que desenvolvemos a seguir. Falando em trabalho, sabe-se que *a mulher dá*, ao menos para alguns, *muito trabalho*.

Um paciente, que extraía grande parte de seu gozo no sofrimento que as mulheres lhe causavam – o que diz respeito, evidentemente, ao seu feminino –, forneceu a seguinte informação ou lenda sobre a invenção da mulher na cultura anglo-saxã: na língua das tribos norueguesas havia, de início, só uma palavra que designava o homem, *men* (raiz que prevalece em inglês, alemão e nos idiomas nórdicos). Mas o homem primitivo não tinha palavras para designar seu desgosto. Quando aborrecido ou abatido por um problema, segurava a cabeça, puxando os cabelos e emitindo o vocábulo *Wooo*. Quando a mulher o aborrecia, ele a pegava pelos cabelos e a arrastava, o que fez surgir rapidamente, em prol dessa associação, a palavra adequada para a mulher, *women:* um problema para o homem.

Gurfinkel, A. C. & Breyton, D. M. (orgs.). *Figuras clínicas do feminino no mal--estar contemporâneo*. São Paulo: Escuta/Sedes Sapientiae, 2002. pp. 45-52.

5 Cf. a este respeito o próximo capítulo, "Sob o olhar de Goethe".

6 Um exemplo ilustrativo disso encontra-se no ensaio de 1924 sobre a economia do masoquismo, no qual Freud refere-se ao masoquismo feminino somente em pacientes de sexo masculino.

228 FREUD E A FEMINILIDADE NA CULTURA ATUAL

O fato de que a mulher, o feminino, faz trabalhar – e, sobretudo, no seio da feminilidade, na sua aquisição – encontra-se já no momento inaugural da psicanálise. Ao atrelar o psíquico ao desejo, no seio do complexo de castração, Freud nos introduz no âmago do feminino. Nesse estágio da obra, o desejo articula-se a uma ressignificação, no sujeito, da diferença morfológica entre os sexos, no cerne do drama edípico, em torno do falo – no caso da menina, ao redor da ausência do pênis, e não, como no menino, da ameaça de castração. Ver-se-ia, então, o início de um penoso trajeto, em que a menina é forçada, inicialmente, a abdicar da espera em obter o falo da mãe, para vislumbrar em seguida sua possível aquisição de outra direção, do pai e do homem, ao longo de uma série de transmutações despertada pelo desejo por um filho. Nesse percurso freudiano, apresentado resumidamente, pretendemos ressaltar um dos seus vieses narcísicos, em meio ao qual a menina tem de se haver com o desenlace da mãe.

O sentimento na menina de ter sido prejudicada (Freud) e a decepção com a mãe diante da ausência do pênis engancham-se nos traços de memória da mesma experiência sofrida outrora pela própria mãe. E, dependendo do grau de elaboração na mãe em torno dessa ausência e do correlato desejo, delineia-se, em função de tal aprisionamento temporário, uma feição sadomasoquista nessa relação: nota-se então uma oscilação entre a decepção/ódio da menina, a reação impaciente da mãe, e a restauração de uma docilidade e submissão na menina, em função do temor da separação da mãe.[7] Não pretendemos desenvolver este tema aqui. Em vez

---

7 A observação de Freud – no ensaio que dedica ao tema (na 13ª das *Novas Conferências*, de 1933) – sobre a transformação na pequena menina, tornando-se dócil em relação à mãe, é uma manifestação desse enlace com tal destino. Uma reincidência desta oscilação (entre raiva/rancor e docilidade) na relação mãe--filha é frequente na adolescência, no renascimento do complexo de Édipo. Para uma elaboração desse aspecto, sob o foco do masoquismo, ver o artigo

disso, vamos nos deter sobre o ponto de mutação neste percurso, em que, em meio à elaboração do enlace ginecofílico/homossexual (Freud), de caráter histérico, a noção de ser castrada transpõe o desejo do falo para e sobre o corpo como um todo.

O investimento no e sobre o corpo – esse belo falo que é o corpo da mulher, sobretudo aos olhos das mulheres, nas trocas de olhares entre elas, e evidentemente sob os olhares desejantes dos homens – entremeia toda a dimensão estética, e o grande leque de gostos e práticas pertencentes ao código dos valores da comunicação social, acerca da moda e dos costumes. Antes de comentar esses aspectos, um comentário sobre a dimensão propriamente psíquica. No caminho de diferenciação psíquica do sexo da menina, o investimento fálico do corpo (uma espécie de volta sobre si) pode ser considerado um desdobramento de "sua majestade o bebê" – a criança torna-se depositária do narcisismo dos pais, adquirindo, portanto, um valor fálico para eles. Entretanto, o que predomina nesse investimento é o teor libidinal autoerótico, dotando o corpo de excitadas formas e imagens penianas – ereto, esbelto, o cuidado para que não murche etc.

No cenário e palco social, as mulheres parecem transmitir, pelo olhar, de uma para a outra, o próprio corpo, da mesma maneira que passavam antigamente, e ainda passam, de mãos em mãos – investindo, segundo Freud – o menino querido, ou quando brincam com seu pipi, cada uma em seu turno e vez. No nível mais elevado e sofisticado deste jogo, o deslocamento fálico recai sobre a inteligência e na ocupação de posições de grande valor social e cultural. Como disse Freud, quem afinal precisa do homem? O homem é não mais que um mal necessário, porque vem junto, anexado ("um apêndice") *àquilo* que é realmente importante para

---

de Claude Le Guen (1997) "O engodo feminino do masoquismo ordinário", *Percurso*, *(18)*, pp. 5-16.

a mulher. O que não significa que ele não possa ser útil para outras e necessárias funções, como carregar peso, pagar contas, ir para a guerra, entre outras.

Nesse quadro caricatural que acabamos de desenhar, o intuito é ilustrar uma das análises possíveis em torno do emblema histérico da feminilidade no contexto contemporâneo. Percebe-se que nessa tentativa corremos o perigo de passar, e rapidamente, para um gênero vulgarizado da difusão da psicanálise encontrado nas revistas populares. Pois os tempos modernos e as transformações no ocidente, que favoreceram a participação crescente da mulher no âmbito socioeconômico, dão margem a esse tipo empobrecido de discurso, centrado na exacerbação e exuberância do imaginário fálico entre as mulheres que, afinal, concerne apenas às camadas mais superficiais das manifestações psíquicas do feminino na cultura. Toda essa dimensão, e seus extremos, na idolatria fetichista de hoje em torno do corpo, encobrem algo muito mais espinhoso para o tema da feminilidade.

Antes de prosseguir com esse desenvolvimento, é preciso explicitar que a transposição fálica sobre o corpo inteiro não é de todo, e simplesmente, assimilável ao narcisismo da imagem corporal do eu; mas tem, a nosso ver, um valor narcísico análogo ao que adquire o pênis para o menino. Trata-se de um estágio particular à feminilidade, cuja lógica encontra-se em meio à articulação da demanda de pênis junto à mãe, e na decorrente troca simbólica no seio desta elaboração, no plano homossexual psíquico em relação ao falo. Ou seja, sua inteligibilidade pertence ao percurso singular da articulação da diferenciação sexual no desejo feminino. A conversão histérica, sobretudo nos casos relatados por Freud, ilustra mais nitidamente como o corpo da mulher torna-se o suporte da reunião dos investimentos libidinais autoeróticos, semelhante ao que é identificado por Freud em relação ao pênis na fase fálica do menino. Como no caso do pênis no imaginário da comunidade dos homens, o corpo da menina passará a obter um valor análogo no imaginário feminino. Que Freud não tenha sido explícito em completar na menina tal transposição, do clitóris (que "vai crescer") para o corpo como um todo, não nos impede de nos associarmos a alguns autores que o fizeram (Green). Essa transposição mostrou-se de maneira mais explícita em virtude das específicas transformações da posição da mulher na cultura ocidental. O que não quer dizer que foi a cultura atual que a criou. Ao contrário, ela estava aí desde sempre, embora revestida de outras modalidades culturais menos explícitas.[8]

Entretanto, esse excesso na atual conjuntura social de visibilidade de tal transposição sobre o corpo como um todo inclina-nos a ignorar as vigas e as colunas da montagem desse investimento fálico particular à feminilidade. Referimo-nos ao estabelecimento de referências internas no sujeito, oriundas de certa *internalização*, apropriação e aquisição do autoerotismo. São esses pontos que constituem o mapa psíquico do corpo.[9] O autoerotismo constitui a sede em que se abriga o mundo fantasmático do sujeito; coloca em relevo tudo aquilo que denominamos linguagem, de reserva

---

8   Para Freud, o investimento narcísico do pênis no menino é uma defesa diante da castração, da mesma maneira que o é no análogo investimento do corpo na menina. A clínica nos mostra que o fantasma da castração no homem encontra seu paralelo na mulher pela violenta penetração ou perfuração vaginal, em que ecoa, aliás, a antiga fantasia de sedução pelo pai perverso (ver a este respeito o livro de J. D. Nasio, *A histeria: teoria e clínica psicanalítica*. Rio de Janeiro: Zahar, 1992), o que reforça a ideia de investimento fálico do corpo na menina.

9   Valemo-nos aqui da segunda e mais precisa versão de Freud acerca do autoerotismo, na última parte do terceiro ensaio do livro sobre a sexualidade de 1905, em que afirma que este se constitui como aquisição psíquica do corpo, no preciso momento em que a criança percebe-se separada do corpo da mãe. Para uma explicitação mais acurada, ver Green (1966) "Narcisismo primário: estrutura ou estado", no livro *Narcisismo de vida, narcisismo de morte* (São Paulo: Escuta, 1983).

do recalcado, construído com o objeto na transformação de certa quota da descarga direta da masturbação infantil, e da sexualidade perversa polimorfa, em inscrição no regime psíquico próprio.

Antes de prosseguirmos, assinalemos alguns marcos da confluência do trabalho psíquico com a construção da feminilidade: do mesmo modo que Freud emprestou ao masculino a imagem vetorial da vontade libidinal, pode se caracterizar o isso e o terreno primitivo do psiquismo em que nascemos como femininos. A ebulição das energias pulsionais do isso e as defesas erigidas, expressando-se no apelo e na *passividade* do desamparo originário, dotam o psiquismo primitivo, *negro e obscuro*, deste caráter de continente. O feminino emerge em uma figuração *a posteriori* de um colapso, como temor da volta deste estado inicial no confronto com a realidade da castração. A noção da castração coloca em evidência o valor narcísico ("o salto mortal", segundo Lacan) do corpo – no menino, o investimento recai sobre o pênis; na menina, sobre o corpo inteiro. O que significa retomar, em uma *nova configuração* (do Édipo), a *história do trabalho do objeto* desde os primórdios, na construção do corpo, mapeado nas regiões instauradas pelo autoerotismo (nos alicerces e vigas infantis, mnêmicas), sobre o terreno psíquico de origem (ver a seguir). E mais um esclarecimento: a ameaça de castração, o temor da feminilidade é comum à menina e ao menino. Na menina, desencadeia o Édipo, retomando o corpo e perseguindo sua construção psíquica. No menino, esse temor levaria à *dissolução* das moções incestuosas e do investimento narcísico do pênis para retomar, no plano simbólico (sob a égide dos ideais, agentes do superego), as aquisições psíquicas, mnêmicas de outrora, situadas no corpo.

Se o autoerotismo implica, de um lado, um circuito simbólico e sublimatório, manifestos segundo Freud na conversão histérica, de outro, aponta para seu caráter insigne e fundamental de ser um *auto*, ou seja, constituir os pontos de referência do território psíquico. Sua consolidação ou o fracasso de sua instauração colocaria em xeque a permanência e preservação do sujeito no cenário social e político da cultura. Eis aqui o *teste crucial para o sujeito psíquico nos tempos sombrios da contemporaneidade.*

Reportamo-nos ao fato de que a dissolução das estruturas familiares, sociais e religiosas tradicionais expôs o sujeito, submetendo-o a uma pressão, de maneira a colocar à prova suas referências internas, vigas e colunas, da psique. Na constatação do fracasso dessas referências, o que se coloca à vista é *a depressão* – esta tela vazia do psiquismo, cujo vislumbre é intolerável, levando em muitos casos a uma procura de meios para superá-la – várias formas de drogadição que a cultura atual oferece.[10] Não só no campo das drogas, mas nas diferentes modalidades de consumo e de ocupação compulsiva, como na ida às compras no *shopping*, na imersão na internet e na televisão, e obviamente no consumo de drogas e sexo. Como se a descarga automática da sexualidade infantil, perversa e polimorfa, por não dispor de meios de uso, criação e realização nas rotas traçadas pela malha autoerótica da vida psíquica, acabasse encontrando, na afluente tecnologia e na cultura das massas, as vias possíveis de seu escoamento.

Nossa avaliação da conduta de jovens que se metem em uma busca frenética por sexo, drogas e bebidas tende a se confundir com uma noção sobre um padrão ou norma dos tempos modernos. No entanto, a escuta de alguns desses sujeitos que chegam aos nossos consultórios revela um largo escopo de sentidos associados às falhas na instauração do autoerotismo.

---

10 Para o desenvolvimento da relação da depressão com o estado de desamparo de origem, e a tela que lhe é subjacente, ver nosso livro *Depressão, estação psique: refúgio, espera, encontro* (São Paulo: Escuta/Fapesp, 2002).

234 FREUD E A FEMINILIDADE NA CULTURA ATUAL

Uma paciente que manifesta essa conduta em momentos de agonia demonstra uma carência de referências internas, tendo como consequência a ameaça de uma depressão profunda que sua promiscuidade tenta ultrapassar. Estes contatos visam restaurar ou compensar a carência dos registros primordiais da ternura com o corpo e ambiente maternos. Outra paciente tem sido presa de um mito fotonovelístico da vida amorosa que se reduz a uma espera parecida com a da Bela Adormecida. Maneira pueril que se contrasta com os olhares admirados de colegas e transeuntes do consultório em relação à beleza de seu corpo e suas vestimentas. Somente após alguns anos, quando traços isolados de sua feminilidade começaram a se esboçar, pudemos finalmente entender a curiosidade de estranhos dirigindo-nos a pergunta se poderia se tratar ou não de modelo famosa. Eis o exemplo do olhar público, moderno, que jamais desconfiará das variações nos desenhos psicopatológicos com que o psicanalista se defronta em seu trabalho.

Razão pela qual acreditamos que a contemporaneidade não tem em si uma contribuição efetiva, positiva e própria. O que ela faz é colocar as estruturas simbólicas do sujeito à mostra, sob teste. Dito de outra maneira, ela efetua uma pressão seletiva.[11] Em virtude da peculiar característica fálica da posição feminina no Édipo, o contexto contemporâneo, nesses 150 anos – durante os quais a mulher teve de efetuar um enorme passo, deslocando-se dos tradicionais abrigos tribais, familiares e religiosos para dentro das estruturas modernas das sociedades industriais –, acabou tendo

---

11 A ideia darwiniana de seleção é coextensiva ao sentido dado por Freud às saídas possíveis, destrutivas e/ou criativas, para o sujeito diante do mal-estar inerente à articulação da pulsão junto à cultura. A civilização exerce, neste caso, uma força seletiva sobre o sujeito para encontrar respostas ou soluções possíveis para este mal-estar. Ressaltamos, a este respeito, que a prova do sujeito psíquico recai sobre a instauração do autoerotismo e sua sustentação mnêmica, da vivência com o objeto (cf. *O mal-estar na cultura*, 1930).

uma força seletiva marcante sobre ela, impelindo-a para transformações, no meio das quais as refinadas e mais profundas camadas do mundo psíquico colocam-se em xeque. *A mulher é*, pois, *mais sensível ao universo psíquico*, uma vez que a exigência sobre este é nela maior, sobretudo no contexto moderno. O sexo feminino predomina na população de pacientes e psicanalistas. Portanto, não é que a histeria tenha sumido. Ao contrário, ela se apresenta com maior força, versatilidade e variabilidade, ao lado de estruturas outras, de *garotas interrompidas*, casos de *borderline* e psicose.

Ao se referir ao autoerotismo, devemos nos ater aos fios que tecem sua infraestrutura: os precipitados das experiências de satisfação com o objeto. Traços mnêmicos tributários da estrutura desejante do sujeito. Não surpreende, portanto, que grande parte da psicanálise contemporânea tenha se voltado e se dirigido à interrogação acerca do objeto – seu desempenho na precisa função de traçar essas reservas e moldagens do desejo.

Essa consideração transpõe-nos para os dois aspectos conhecidos da feminilidade nos primórdios da constituição psíquica, à qual Freud se dedicou ao redor dos anos 1930, que coincidem com a morte de sua mãe: afirmamos que os tempos modernos, ao colocar em xeque a reserva simbólica, revelam, na sobrevinda do fracasso desta, uma depressão arrebatadora, que retira do sujeito qualquer noção sobre o seu universo psíquico. Nesse momento, é a tela primária do mundo psíquico que se põe a nu e que tem sido associada com essa impossível, porque inimaginável e disforme, dimensão do feminino. Trata-se do *desamparo originário* – ou seja, quando da pura exposição aos mundos pulsional e sensório (inclusive do próprio objeto) –, o qual, no nível estético da vivência, tem sido elaborado, na filosofia, em torno da categoria do *sublime*. Ver-se-ia, então, como a defensiva morada fálica – à qual a menina é levada em seu complexo de castração – dissolve-se, nesse contexto,

236 FREUD E A FEMINILIDADE NA CULTURA ATUAL

em suas fontes arcaicas de origem. O que evoca a imagem de Freud em relação ao continente sombrio e assustador da feminilidade – buraco negro e disforme, que ele coloca em analogia com o temor suscitado pela entrada vaginal encoberta disfarçadamente com os pelos púbicos. Nada mais fiel a essa *boca* do inconsciente (ou de Irma no sonho inaugural da psicanálise) ou do corpo da esfinge, antiga imagem feminina, em que se teme adentrar pelo risco de se dissolver no seu *caldeirão em rebuliço*, de puras energias pulsionais, que Freud definiu como o *isso*.

Alguns reconhecerão neste contexto os belos e sublimes discursos em prol do desamparo e dos domínios criativos das pulsões que figuram, de modo crescente, em escritos psicanalíticos recentes. Entendemos que estes, se não articulados a um outro componente feminino primordial do psiquismo, correm o perigo de se confundir com as aberrações insones e aterrorizantes que a perversão tem manifestado nos aposentos do sujeito, e de outro lado, no palco social da cultura. O elemento essencial que tem sido negligenciado em alguns dos discursos atuais é aquilo que Freud e, sobretudo, Winnicott têm insistido em associar à feminilidade. Referimo-nos ao estado de passividade e receptividade primordiais do ser dos inícios.[12] São elementos de caráter feminino, que condicionam as identificações primárias com o objeto na construção do psiquismo. É onde talvez se expresse o famoso silêncio de Ofélia ou o sussurro da pulsão de morte como condição imprescindível da

---

12 Estas figuram em Freud desde 1905, nos *Três ensaios sobre a sexualidade*, e de maneira bastante elaborada a partir de 1923, sobretudo no ensaio sobre o masoquismo e nos de 1931 e 1932 sobre a feminilidade. Winnicott, de maneira mais explícita e num contexto mais amplo de sua obra, esclarece essa função no ensaio (1966) "The split-off male and female elements to be found in men and women", em: *Psychoanalytic explorations*. London: Karnac, 1989. pp. 176-182.

vida psíquica.[13] Este componente necessário, de caráter negativo, é complementar à dimensão ativa e ruidosa das pulsões.

Antes de finalizar, mais dois comentários gerais.

A incidência da história e do contemporâneo sobre o registro da feminilidade deve-se ao fato de o psíquico articular-se em uma espécie de encontro ou complacência da dimensão simbólica mais geral, inerente à estruturação invisível da cultura, do humano, com o que Freud designou ser o destino anatômico, e que hoje identificamos na conhecida determinação e inscrição genética do gênero. A cultura revela-se como tendo essa lógica – da castração e em torno do falo – em virtude da singular realização da trajetória da libido nas rotas binárias traçadas pela anatomia. A visibilidade ou o destaque de algumas características e etapas nesses trajetos da diferenciação sexual faz parte daquilo que denominamos pressão seletiva exercida pela civilização vigente. Implícito, nesta força, é que o que "vem de fora" como pressão se refere à exigência da *transformação* do sexual, do plano *auto*erótico em direção ao objeto, que Freud caracterizou como *sublimação*.[14] O real entraria, nesse caso, como teste de resistência das estruturas psíquicas, do domínio simbólico, naquilo que tange à sua montagem sobre a intricação das pulsões. O caráter negativo, seletivo, do real "negocia" nesse caso com o trabalho de seu par interno: a pulsão de morte.[15]

---

13 Sobre a função de preservação e continência inerente à feição econômica, de aquiescência e pulsão de morte, ver o livro de Freud de 1920, *Além do princípio do prazer.*

14 Essa definição encontra-se em um dos primeiros usos do conceito de sublimação na obra de Freud. Cf. o artigo de 1907, "Caráter e erotismo anal".

15 A relação da sublimação com a fusão ou intricação pulsional, bem como a incidência ou complementariedade da pulsão de morte com a exigência do real, são elaboradas, respectivamente, nos livros de Freud (1923) *O eu e o isso* e seu precursor (1920) *Além do princípio do prazer.*

238 FREUD E A FEMINILIDADE NA CULTURA ATUAL

A construção do corpo psíquico, nas pegadas da feminilidade, desdobra-se, portanto, na emergência do falo como reunião dos investimentos autoeróticos na cena edípica, protótipo da figura do desejo. A configuração da feminilidade em torno do falo acaba se revelando feita à imagem de micélio (Freud), como a própria silhueta do desejo do sonho. Anseio (*Wunsch*) este que se adensa, na falta de raízes, sobre o vazio, como umbigo; mantendo no limite a tensão de um tecido, o psíquico, para que não se desfie nas entranhas do território negro, de sua origem – do isso.

O feminino atravessa, então, o psíquico do começo ao fim. O feminino tem a ver menos com o contemporâneo – o hoje – que com ontem e outrora, com a *atemporalidade* do inconsciente, do psíquico. O contemporâneo lembra-nos que é impossível esquecê--lo, ou ao menos deixar de levá-lo em consideração.

PARTE III
Em torno da formação e do método

Sob o olhar de Goethe[1]

A arte e a ciência não bastam, É preciso ainda paciência!

Fausto, Goethe

O que contribuiu para que Freud inventasse o método psicanalítico, que ele relacionava com um modo científico de trabalho? Tentaremos apontar os indícios de origem deste método examinando-o em relação a um outro componente, o gênero poético da escrita freudiana. Ambos os gêneros estão relacionados com Goethe, que ocupou um lugar significativo nas identificações do fundador da psicanálise. Em um dos sonhos "absurdos", Goethe está no lugar de Fliess.[2]

Mais de um século separa os nascimentos de Goethe e Freud na cultura alemã, que, no entanto, permaneceu como horizonte das atividades filosófica e científica nas duas épocas; o patrimônio

---

1 Publicado inicialmente na revista *Percurso*, *(16)*, p. 15-23, 1996.
2 S. Freud, *The interpretation of dreams, Pelican Freud Library* (PFL), vol. 4, Cap. VI.

literário e linguístico alemão teve importância capital na intensa criação de ambos até o fim de seus dias (os dois faleceram aos 83 anos). Embora o judaísmo de Freud o colocasse bem a distância de Goethe, há em suas biografias semelhanças – principalmente nas diferentes nuanças dos seus pontos de convergência – que formam um "material" esclarecedor para um estudo de seus destinos. Não cabe aqui, nem é da nossa competência, fornecer o "material", sequer a análise dele; mas, por sua relevância, mencionaremos alguns aspectos.

Como ocorre com a maior parte dos grandes homens, não há indício aparente em suas linhagens que deixasse entrever o futuro destino de cada um: eram primogênitos de mães muito jovens, casadas com homens mais de vinte anos mais velhos; nutriam-se de uma relação conflituosa com figuras paternas enigmáticas e mal-sucedidas (embora as lembranças fossem distintas: presença calorosa e atenciosa de Jacob Freud, frente aos maus tratos por parte do severo Johann Caspar Goethe); perda de irmãos em tenra idade (quatro irmãos no caso de Goethe e um no caso de Freud). Se dispusermos esses elementos em torno do eixo para o qual convergem, isto é, a relação com "a melhor mãe do mundo" (para Goethe e também para Freud),[3] eixo que ao mesmo tempo os diferencia nas específicas *Gestalten* assim criadas, poderemos talvez entender as diferentes modalidades da cisão entre essa bela/boa mãe e seus negros continentes, suas *erínias* nas obras e vidas dos dois homens.

"Quero como Goethe"

Freud nos conta como optou pela medicina após sua hesitação entre ela e a faculdade de direito: "e foi ouvindo o belo ensaio de

---

3   Freud,, S. "A chidhood recollection from 'Dichtung und Warheit'", *PFL*, vol. 14.

Goethe sobre a Natureza ... que decidi tornar me estudante de medicina".[4] Goethe incluiu o "Fragment über die Natur" entre suas obras quando contava 81 anos, 50 anos após este ter sido redigido e recitado na sua frente, pelo amigo suíço G. C. Tobler. Não se deve atribuir este "pequeno" ato falho à sua velhice, na qual permaneceu, como Freud, muito lúcido. É que este ensaio era a veste mais perfeita que Goethe pôde encontrar para a sua própria versão do *deus sive Natura* de Spinoza: Tobler o expressa num ritmo de prosa cheio de contrastes, o que permitiu ao velho Goethe identificar neste ensaio os fenômenos humorísticos, estes "seres que se contradizem ... brincam num jogo mortífero". Convenhamos que esse ensaio era seu e, certamente, este era o Goethe de Freud. É bem plausível contar, entre as moções pré-conscientes e inconscientes da decisão do jovem Freud, a aspiração de se tornar um grande homem como Goethe, o anseio de que nele habitassem lado ao lado e harmoniosamente o cientista e o artista, sem prejudicar suas forças eróticas.[5] Uma rápida incursão na vida científica de Goethe possibilitará comparar a aquisição (ou não) desses objetos, em torno dos quais fora matizado o desejo do jovem Freud, com seu suporte identificatório "real".

A bela e branca mãe natureza

Muito ativo em várias áreas da ciência, Goethe dava a ela a maior importância, e expressou-se frequentemente como se a preferisse à poesia. Nesta atitude, ele se aproximava do astrofísico

---

4 Freud, S. "An autobiographical study", *PFL*, vol. 15, p. 191.
5 Aqui, repeti quase literalmente um trecho do discurso de Freud ao receber o Prêmio Goethe, no qual se refere ao esplêndido êxito de Goethe nesta combinação, ao contrário do grande Leonardo (cf. S. Freud, "The Goethe prize", *PFL*, vol. 14, p. 467.

244 SOB O OLHAR DE GOETHE

Dante, cinco séculos antes, e do teólogo Newton. Procurarei resumir, inicialmente, a colheita de Goethe neste campo, para examinar, em seguida, seu método.

A luz e a vida (biológica) ocuparam o centro da sua longa atividade científica. Como Freud, ele era do "tipo visual"; sua visão do mundo fora determinada pelo sentido da visão ("Nasci para ver / E ver é meu destino", *Fausto*, Parte 2, Cena 3). A vivência prazerosa da branca luz ("Assim vejo em tudo / O eterno brilhante", *Fausto*, Parte 2, Cena 3) o levou a postulá-la como *Urphänomene,* fenômeno primeiro e irredutível a outros componentes. Goethe persistiu até seus últimos dias nesta crença, defendendo-a apaixonadamente. As provas contrárias, provindas dos seguidores de Newton – que demonstravam a composição espectral da luz por outras cores – foram desconsideradas e repudiadas por ele: "aqueles que fazem a una e branca luz compor-se de várias cores são os que andam na escuridão". Segundo Goethe, a luz branca era a primeira e as outras cores resultavam do seu escurecimento pelos "meios turvantes" que ela atravessava.

Na biologia, o fascínio pelas belas formas do vivo o levou a procurar os "arquétipos", que regeriam as leis dessas formas de base nos animais e plantas. Na botânica, preconizou a *Urpflanze,* a planta originária que se manifestaria em todas as plantas existentes. Os vários órgãos das plantas seriam também manifestações das metamorfoses do "órgão primordial", a folha. As mesmas ideias foram aplicadas ao caso dos animais. A metamorfose da qual falava Goethe não era um processo histórico-temporal, mas metafísico: seus *Ur* (protoformas de plantas e animais) são "ideias" que se materializam nas várias formas reais dos organismos[6] (cf. o final do *Fausto*: "O que é efêmero / É apenas aparência"). Goethe ocupou-se também da cristalografia e da mineralogia, cujos aspectos

---

6 Goethe, W. (1826). *Truth and poetry*. New York: Anchor Books, 1965.

estéticos exerceram um grande impacto sobre ele. Suas anotações sobre a química revelam uma influência de ideias alquímicas, nas quais encontrou significações que, posteriormente, seriam adotadas por Jung.

A apreensão objetiva do mundo dificilmente poderia ter lugar num homem como Goethe: mais que pesquisar a natureza e as relações funcionais entre seus fenômenos, ele investigou, na realidade, as vivências que dela teve, e procurou expressá-las e significá-las. As interpretações que propôs provinham da sua concepção panteísta-spinosiana do mundo. Identificando as coisas com as ideias e procurando nos plurais o uno do qual tinham sido derivados e recortados, a tarefa do cientista era, segundo ele, recuperar o uno da origem. Com isso, afastou-se do pensamento científico moderno, de Galileu e Newton, e como pensador subjetivo-natural aproximou-se da maneira de pensar dos gregos, os "caçadores da *Arché*". Goethe (como Freud) enfatizou, aparentemente, a observação como princípio metodológico da ciência, o que a distinguiria da contemplação abstrata e da filosofia especulativa. Mas esta apreensão visual dos fenômenos estava muito longe do conhecimento mediado por experimentos construídos para examinar hipóteses sobre a realidade sensível. Goethe referiu-se a fenômenos puros, isto é, capturáveis imediatamente pelos sentidos, e às impressões diretas que produziam na alma; só esses registros poderiam revelar a verdade, ao passo que os experimentos e aparelhos "artificiais" "distorcem a realidade da natureza". Goethe não era analítico; rejeitava a probabilidade de atingir o conhecimento do todo – no qual via um dado primeiro – com base no conhecimento das partes que o compunham. Mais grave ainda era sua revolta contra o princípio da ciência moderna, que é a redução das qualidades às relações quantitativas. Goethe negou qualquer possibilidade de expressar a natureza pela linguagem matemática. Elogiava os gregos, "cujas descrições e formulações sobre a natureza jamais incluíram causas

246 SOB O OLHAR DE GOETHE

e efeitos, mas discursavam sobre os fenômenos externos ... não fizeram experimentos como nós, mas lidavam com eventos separados". Segundo ele, deve-se desvelar os *Urphänomenen*, os fenômenos originários dos quais todos os outros são casos particulares.

Concluindo: nada de Fausto, da Esfinge, da bruxa ou da sua cozinha poderiam ter afetado esta "bela e branca mãe natureza". Goethe a defendia com bravura e afastava todos os "homens da noite" (os newtonianos) do seu reino-luz. Figurando nessas formas puras e perfeitas, as *Urs* eram os moldes, as origens dos objetos possíveis e reais. Nesse elogio às *Urs,* ecoa (como, aliás, em Freud) a voz dos antepassados: "O que herdaste de teus pais, conquista-o para fazê-lo teu" (*Fausto*, Parte l, Cena l).

Uma longa volta?

A aversão de Goethe em dotar-se do método e dos procedimentos analíticos tornou impossível reservar-lhe um lugar na ciência moderna. Mas seu olhar sintético/estético – que depurou a bela e esbelta mãe natureza das suas sombras sufocantes, presentes no ensaio de Tobler – não para de fascinar os filósofos românticos, bem como o grande público que ama sua poesia. O que diremos de Freud, seu grande admirador? Na véspera de sua entrada para a Universidade de Viena, e poucos dias antes de completar 17 anos, ele escreve ao seu amigo Emil Fluss: "posso levantar agora o véu ... decidi tornar-me um cientista da natureza. Examinarei seus documentos milenares; talvez poderei escutar suas leis eternas, e dividir minhas conquistas com os interessados".[7] Esse trecho me fez lembrar da conversa que tive, anos atrás, com um famoso cientista de

---

7 Carta de Freud a Emil Fluss, de 1 de maio de 1873, citada por Peter Gay em *Freud: A life for our time*, New York, Norton Company, 1988, p. 24.

origem grega, o qual descreveu excitado seu trabalho como uma tentativa de "levantar a saia da natureza" – ele lidava com os documentos de um gene milenar. São esses os precursores do exame de Irma, no sonho inaugural da *Traumdeutung*. Veja-se, por exemplo, como este escrutínio, o perscrutar do corpo, constitui um dos fios centrais na reconstituição da autoanálise de Freud feita por Anzieu: ele oferece uma configuração teórica central do movimento de investigação. Se Freud – como Goethe – parece ter-se fisgado defensivamente na figura da mãe bela e esbelta, distanciando-se, assim, do horror mortífero que a *imago* materna poderia provocar, ele foi capaz, por outro lado, de transitar do ser/ver para o escrutínio e o exame – próprios da pulsão de saber – deste corpo materno. Uma expressão dessas diferenças de percurso entre os olhares de Freud e de Goethe pelo objeto (analítico *versus* estético) encontra-se no primeiro parágrafo de "O estranhamente familiar" (1919).

Freud escreveu em várias ocasiões que suas descobertas se deviam à sua concentração num problema restrito. Dispondo de uma série de técnicas construídas com base em um método, examinava seu assunto à luz de uma primeira hipótese, para expandi-la ou modificá-la em seguida. Costumava contrastar esta estratégia "humilde e imperfeita" do *coxear* com uma outra, a da filosofia e dos filósofos, que voa e organiza um sistema omnicompreensivo. A aquisição desta "inclinação" (1925) e a persistência nela foram por ele atribuídas à sua longa e intensa dedicação (1874-1882) à pesquisa básica, nos laboratórios de Claus e Brücke,[8] o que contribuiu para o "desvincular de seus primeiros interesses de caráter difuso".[9]

Sabemos que esses últimos se referem às suas ocupações filosóficas e teológicas entre 1873 e 1875. Convido o leitor a nos acompanhar no exame de alguns aspectos do período que se estende do

---

8 Ritvo, L. B. (1992). *A influência de Darwin sobre Freud*. Rio de Janeiro: Imago.
9 Freud, S. (1986). "An autobiographical study", *PFL*, vol. 15, p. 193.

248 SOB O OLHAR DE GOETHE

fim do colégio, época de sua escolha pela medicina, até a saída do laboratório de Brücke em 1882: são bastante elucidativos para compreender a futura abordagem de Freud, bem como sua relação conflituosa com as tentativas por parte da filosofia e da arte literária de pensarem o mesmo objeto. Enfatizo aqui o testemunho do próprio Freud, segundo o qual esta experiência possibilitou mais tarde a invenção da situação analítica, este dispositivo ou aparato que permite lidar com "explosivos"[10] e, portanto, o distingue das abordagens de 24 séculos de filosofia, e de tanto ou mais tempo de poesia e literatura. Discordo, no entanto, que o método inventado por ele pertença à mesma categoria que o das ciências naturais. Servindo-nos da imagem feliz de W. Benjamin quanto à relação com a floresta, poderemos indicar a diferença da seguinte maneira: enquanto os filósofos apreendem a floresta por meio de "ideias sobre", e os poetas se deixam tomar ou penetrar por ela, Freud a aborda passando de uma árvore a outra, recomeçando cada vez por uma nova.

O período em questão foi retratado nas cartas a seus amigos de ginásio, como Emil Fluss; no início da correspondência com sua noiva, Martha Bernays; e nas cartas a Eduard Silberstein.

Universidade e sexualidade

> *Gisela tem uma beleza selvagem, traciana. . . .*
> *Ela reluta em sair de minha cabeça. Caramba!*
> S. Freud, carta de 4 de setembro de 1872 a E. Silberstein

Freud nos conta que a atração pelas teorias darwinianas, que o fez pensar numa carreira científica, estava em conflito com a vontade de seguir um amigo "mais velho que eu que exerceu uma

---

10 Freud, S. (1965). "Remembering, repeating and working-through". *S.E.*, vol. 12.

grande influência sobre mim. . . . Alimentei o desejo de estudar direito e me envolver, como ele, em atividades sociais".[11] Refere--se aqui ao seu melhor amigo da adolescência. O lapso de Freud – Eduard Silberstein não era mais velho que ele – denuncia o lugar que este ocupava no seu imaginário desde a época da juventude. As cartas, trocadas de 1871 a 1881 entre os dois únicos membros da Academia Española, Cipión (Freud) e Berganza (Eduard),[12] foram escritas em parte em castelhano. Três eixos perpassam esta correspondência bem-humorada de Freud para Silberstein da qual menos da metade foi conservada. Bem-humorada? Aparentemente, já que abafa uma trama tempestuosa tecida entre os três "famosos e banais" protagonistas – o amor, o dinheiro e o saber – cujo suposto detentor só poderia ser o amigo "mais velho".

A correspondência entre os jovens amigos data desde as férias que juntos passaram na casa dos Fluss, em Freiberg, a cidade natal de Freud. A atração dos adolescentes está centrada nas garotas da família. Por serem ricos e bem-sucedidos, os Fluss não apenas reduplicam os Silbersteins, mas representam também o sonho frustrado e a decepção com o pai, Jacob Freud, cuja falência o obrigara a migrar para a grande cidade.

A abertura deste belo romance de juventude figura nas primeiras cartas de 1872, vindas de Freiberg, onde Freud passa pela segunda vez as férias de verão: assustado, ele se percebe apaixonado – "Vamos a las niñas. Cuatro hay e de tres hablaremos. . . . Y porque solo hablaríamos de tres, si cuatro son? No le he prometido de abrirme a Vm.? Hablemos francamente . . . que he tomado inclinación para la mayor llamada Guisela". Ela partirá no dia

---

11 Freud, S. (1986). "An autobiographical study", *PFL,* vol. 15, p. 192.
12 Boehlich, W. (ed.). *The letters of S. Freud to E. Silberstein, 1871-1881.* Belknap, 1990. Os nomes, Cipión e Berganza, são tirados de uma das *Novelas Exemplares* de Cervantes.

250 SOB O OLHAR DE GOETHE

seguinte, relata aliviado ao seu amigo, e "sua ausência trará de volta minha segurança". Não fui mais avante, confirma Freud, "y nadie, ni ella misma siquiera, sabe de eso más que su majestad el Rey de los Turcos". A irrupção da sua sexualidade (os turcos sabem gozar dela – ver o caso Signorelli, 1898) o assusta e o ameaça, precisando negá-la e a ela ser indiferente. Este incidente é determinante para o destino de nosso herói e para o drama do livro. Quando consegue barrar a "turbulenta" paixão, "surge a linda primavera" – a afeição pela mãe de Gisela: o imenso prazer na conversa com a culta mulher, a admiração por seu domínio dos negócios e por seu envolvimento na educação das filhas, "ao contrário das nossas mães". A "primavera", como tantas outras, belas e poéticas, foi curta; mas não deixa de anunciar os destinos desta primeira e assustadora irrupção de sua sexualidade.

Ao entrar na faculdade, sua paixão é canalizada para os estudos. Os "princípios" – assim eram designadas, em seu código secreto, as meninas pelas quais se sentiam atraídos – deixam de ser objetos partilháveis com o amigo. Aparentemente, as mulheres só interessam a Silberstein. Sigmund nega qualquer interesse por elas, embora permaneça mais que curioso a respeito daquele (Eduard) que delas pode usufruir. O movimento transferencial com Eduard o faz voltar aos outros "princípios" – os da filosofia, homeopatia e teologia, bem como os do direito, da política e da literatura – dos quais o amigo se ocupa: enquanto este relata suas aspirações políticas e lhe conta sobre suas paixões e mulheres, o jovem Freud expressa seu ardente envolvimento com a filosofia e com os estudos, mas permanece curioso sobre "o que resultou" dos envolvimentos amorosos do amigo. Confidente de Eduard, ele acolhe suas angústias existenciais, porém sem confiar as próprias. Mas elas transparecem quando o consola, ao saber dos conflitos ("de Werther e Lotte") que está atravessando: "desde Werther e Fausto, todo e qualquer alemão decente passa por um período melancólico, de

DANIEL DELOUYA 251

estar mal com a vida, sem no entanto precisar ter o destino desses heróis" (na carta a Fliess de 31 de maio de 1897, Freud diz que a fantasia de Werther protegeu Goethe de suas tendências suicidas). Enquanto foge da sexualidade e passa as noites debruçado sobre os livros, Freud se torna irônico; sua linguagem é afiada e irreverente especialmente ao tratar das decepções amorosas do amigo: "não dê muita trela a essas meninas... não dê muitos ouvidos a elas... fique perto de suas mães... se você precisar paquerar e ter encontros fugazes venha para Viena, aqui você as terá". Mas em certos momentos, como quando deixa a filosofia (junto com as mulheres) para Eduard, aparece um *insight*: "você procura a verdade na vida com a mesma urgência que eu a procuro na ciência".

Relato duas ocasiões de irrupção da sexualidade do jovem Freud, e que coincidem com o rumo que tomará seu futuro profissional.

1) No verão de 1875, Sigmund viaja para Inglaterra e visita seus meio-irmãos em Manchester. O pai esperava afastá-lo dos estudos, despertando nele um interesse pelos negócios – nos quais os irmãos haviam sido bem-sucedidos –, e desejava vê-lo esposar a sobrinha Pauline. Embora Freud permaneça discreto em relação à "charmosa" Pauline, ela desperta nele um ruído que não é dos menores (e sobre o qual saberemos 24 anos mais tarde, nas "Recordações encobridoras", 1899). Mudado, ele declara o fim da poesia, da fantasia, e se mostra muito cético em relação à filosofia; quanto aos planos,

> *no ano passado ... desejava mais ardentemente ... um laboratório e tempo livre, ou um barco no oceano equipado com todos os instrumentos de investigação necessários. Agora não sei se prefiro um grande hospital e muito dinheiro para atenuar ou exorcizar alguns*

252 SOB O OLHAR DE GOETHE

dos males que afligem nosso corpo. Um homem importante poderia realizar milagres para aliviar o sofrimento somático se fosse suficientemente investigador.

2) No ano seguinte, recebe uma bolsa e viaja a Trieste para pesquisar os órgãos reprodutores das enguias. "Saiba, pois, que Trieste é uma cidade muito bonita, e que os animais aqui são belíssimos". Encantado pelas belas mulheres que encontra, ele recua em seguida: o arranjo de seus cabelos mostra que pertencem à classe baixa. Depois de dissecar quatrocentas enguias para localizar suas glandes, "só posso apreciar de longe a beleza das italianas . . . no plano fisiológico, sei apenas que gostam de passear . . . infelizmente é proibido dissecar seres humanos". Quando passeia no domingo em Muccia, pequena cidade de pescadores, depara-se com mulheres bonitas, porém grávidas (teme engravidá-las?) e/ou com crianças. As mulheres de Trieste tornam-se feias ou prostitutas... Logo admite que foi assustado pelas "deusas italianas".

Entre os dois "episódios", ele fica sabendo (ou inventa a notícia) que Gisela se casou, e escreve a "Ode epitalâmica", poema irônico e ressentido, no qual considera como "antediluviana" a vida dos recém-casados.

A psicanálise

Os citados episódios de adolescência parecem evidenciar alguns determinantes na formação de Freud, e os rumos que tomaram na sua obra.

Vários componentes da exposição que se segue já foram desenvolvidos por diversos analistas e freudólogos: a sexualidade como algo nocivo que ameaça desintegrar o eu e seu corpo, levando-o a uma dissolução total, à morte, é uma tese radical que não é difícil encontrar nos primeiros escritos de Freud, bem como nos manuscritos enviados a Fliess sobre a sexualidade e o prazer.[13] Monique Schneider mostrou a radicalidade dessa visão nos primeiros escritos de Freud (em *Freud et le plaisir*). No entanto, vale salientar que esta tese se encontra não apenas nessas fontes, mas perpassa, de certa maneira, toda a obra freudiana. O reflexo do caminho entre esses escritos e o livro inaugural pode ser encontrado na sequência de lembranças desvelada na correspondência com Fliess: a ameaça é mitigada pela cisão da figura materna entre a bela mãe e a feia babá que se materializa pelo olhar defensivo lançado sobre o corpo (esbelta/feia). Da figura incestuosa e informe da feia babá, que o banhava na água avermelhada de suas secreções menstruais ("fazendo-me trilhar o caminho entre o céu e o inferno"), passamos à imagem intermediária, a do pai sedutor, que se transforma em mestre do prazer e virá a figurar-se em um Édipo triunfante.[14]

Talvez tenhamos deixado entrever aqui uma posição de censura a Freud por ter "expurgado" o feminino; mas não a partilhamos por completo, o que nos permite introduzir certo deslocamento, que nos levará de volta à formação de Freud. A mesma temática, sob outra modalidade, encontra-se no belo artigo "Lembranças encobridoras", cuja redação e publicação coincidem com a publicação de *A interpretação dos sonhos*: é interessante como o "jovem psicólogo" (Freud) substitui a lembrança encobridora (ver a seguir) mencionada no artigo (que o analista Freud desencobre)

---

13 "A multidão solta seus apetites, enquanto nós nos privamos deles. Privamo-nos deles para que possamos manter a nossa integridade", Carta de Freud a Martha, de 23 de agosto de 1883, comentando a peça *Carmem*. Cf. (1990) *Letters of Sigmund Freud*. New York: Dover, p. 45.

14 Nesse contexto defensivo, há um passo intermediário que comporta a posição ativa do olhar: "minha libido voltada para *matrem* foi despertada . . . ao vê-la *nudem*" (carta de Freud a Fliess, de 15 de outubro de 1897). Cf. Schneider, M. (1980). *Freud et le plaisir*. Paris: Denoël.

254 SOB O OLHAR DE GOETHE

por uma lembrança "verdadeira", que diz respeito a uma ferida no maxilar. Mais curioso ainda é como uma falsa lembrança de infância (uma construção imagética) serve como tela para lembranças verdadeiras da adolescência (sobre Gisela e Pauline), as quais se referem aos fatos que constituem os eixos do romance narrado a Silberstein. Esses eixos configuram o conflito nodular, edípico, entre Eros e Ananké ou entre o amor e a fome; e marcam também o momento no qual o herói encontra um êxito, fazendo sua escolha.

"Arrancar as flores de Pauline (desejo de defloração) e pedir/receber pão da camponesa (conforto materno)" segue-se a uma lembrança precoce de ferimento, de sangramento, em que a vida se põe em risco. Se há aqui uma repetição do momento no qual uma irrupção sexual, despertada por Gisela (que figura nas suas associações), abala o jovem Freud, é porque este transtorno traz em si a ameaça de morte. Ao sentir o chão movediço criado pelo terremoto pulsional, ele se precipita para proteger o "corpo" (o acidente e ferida). É com a mesma agressividade, emanada da sexualidade, que ele se dirige aos estudos e encontra apoio na beleza da poesia e da literatura, enquanto a coerência e a unidade da filosofia mantêm sua integridade (a do "corpo" ameaçado). Mas Freud não permanece na defensiva, nem deixa a situação evoluir para uma cisão, como ocorre em Goethe.

Aqui divergimos de Monique Schneider: ao nosso ver, a história mencionada, e a maneira como foi matizada na cena encobridora, deixam entrever uma conquista e não apenas uma defesa. Não é um acaso que a temática edípica se articule com a personagem de Pauline. Embora a última reedite a Gisela, esta personagem o faz neste momento sob novos recursos, que criam toda a diferença. Lembro que Sigmund volta muito diferente de Manchester: anuncia o fim do interesse pela filosofia e pela poesia; explicita seu novo interesse, e seu plano de dedicar-se ao corpo e à sua cura pela investigação. Efetua-se aqui um grande passo: de uma posição na qual não se medem esforços para manter a integridade do corpo – para que não se liquide, ou sangre, ou mesmo se deixe esvair pelo continente negro da sexualidade – passamos a outra, ativa, que penetra, disseca, caminha, pesquisa e conquista.

Transcorrem mais de vinte anos desde o início da sua intensa atividade nos laboratórios de Claus, Brücke e Meynert. A anatomia, a fisiologia e a patologia são mais que fontes e origens dos modelos e metáforas para o aparelho psíquico que ele inventará; o próprio método científico é que instrumentará Freud – junto com os da poesia e da filosofia – para criar o método da psicanálise. Fascinante é o fato de o artigo de 1899 não só apresentar a trama que deu à luz a psicanálise, mas a inaugurar no mesmo movimento.

É verdade que a "fisiologia" (o dinâmico e o econômico) opera entre os *topoi* ("anatomia") do "corpo". Existe de fato todo um terreno ou um continente negro que, ao mesmo tempo que propeliu a marcha freudiana (como tentei mostrar ao longo dessas notas), exigiu também um longo tempo até poder ser denominado como tal. Tentei assinalar que aquilo que viria a ser denominado o continente negro, o feminino, nada mais é senão a sexualidade e a morte. Esta encontra, como aliás na vida de Freud, um apoio na figura da babá. No entanto, cabe à mãe, "a melhor do mundo" (as de Freud e de Goethe), transformar a sexualidade e morte – em relação às quais o sujeito é passivo – em libido, entidade ativa que penetra, arriscando o corpo para prosseguir vivendo (Édipo). É nesse sentido que entendemos a afirmação de Freud, segundo a qual a libido é masculina, principalmente se emana do sítio ou reservatório (do ego), mas a sexualidade é feminina – ela é o feminino!

No artigo de 1918 sobre o sinistro, Freud traz alguns exemplos de situações que provocam sensações de *unheimlich*: entre eles, menciona o número que é o mesmo da idade da pessoa. A sensação

256 SOB O OLHAR DE GOETHE

de estranheza é provocada quando este número aparece repetidas vezes, no mesmo dia, e em vários lugares por onde alguém anda, como se anunciasse a morte, uma ameaça vinda do real. O número evocado é o mesmo da idade de Freud naquele momento, 62 anos. No parágrafo que antecede este exemplo, Freud evoca um outro: conta como, numa pequena cidade italiana, foi assaltado pela mesma sensação ao retornar muitas vezes para a mesma rua (usa a palavra *détour*), o que lhe causou um susto; tentou escapar dali, uma vez que se tratava da zona das prostitutas. Trieste ou Muccia da sua juventude?? Seja como for, a morte e a sexualidade andam juntas. Esse continente e seus buracos negros talvez levem, nas suas vivências extremas, à psicose, ao narcisismo branco do qual nos fala Green ou ao lugar de "*no-thing*" (Bion).

Voltar ao Goethe de Freud

Ao receber o Prêmio Goethe em 1930, Freud escreve a Alfons Paquet: "existe algo no prêmio que acende a imaginação".[15] No discurso lido por Anna Freud em Frankfurt, ele afirma inicialmente que direcionou sua vida para um só objetivo, possibilitando, com a ajuda de outros, erguer uma nova ciência. A questão que ousamos colocar, prossegue Freud – "e sabendo que o grande homem [Goethe] se manteve atento a qualquer inovação científica" –, é: qual seria a sua reação se seu olhar caísse sobre a psicanálise? Comparando a versatilidade de Goethe com a de Leonardo da Vinci, ele constata que o primeiro conseguiu harmonizar o cientista e o artista, enquanto o segundo fracassou por suas inibições eróticas. Freud encontra neste fato a razão de Leonardo excluir a psicologia de seus interesses, e passa a ilustrar no *Fausto* e em outras obras de Goethe como o último pode ser considerado um precursor da

---

15 Freud, S. (1988). "The Goethe prize", *PFL*, vol. 14, p. 465.

psicanálise. Como se Freud dissesse: "fiz algo muito restrito, consegui ser apenas um cientista ... enquanto o grande Goethe foi cientista e artista. ... Então, o que você, Goethe, me diz daquilo que criei, e do qual você foi afinal o pai?".

Ocorre que esta afirmação é exatamente contrária ao que de fato aconteceu: foi Freud (e não Goethe) quem harmonizou e combinou em vida e obra, e no método que inventou, a arte e a ciência. Muitos censuram Freud por ter desvalorizado os poetas e os escritores, embora tenha preservado Goethe de tais críticas. "Freud foi um grande escritor", nos dizem Muschg, Meltzer, Marcus, Roustang, Steiner e Mahony, para citar apenas alguns comentadores. Nos *Estudos sobre a histeria*, ele pede desculpas pelo parentesco dos casos clínicos que relata com as histórias de ficção. Em "O poeta e a fantasia" (1908), aponta para a origem comum entre nossos conflitos neuróticos e aqueles com os quais o escritor tece sua obra: os devaneios e as fantasias. A fonte de prazer que retiramos dessas obras provém da mesma origem: dos instintos insatisfeitos, tanto eróticos como agressivos. Mas a *ars poetica* pela qual "o poeta nos coloca em condição de podermos gozar de nossas próprias fantasias" consiste na forma dada à obra de ficção e na técnica que ele usa para nos fazer superar os sentimentos de repulsa em nosso eu; sentimentos "conectados, sem dúvida, com as barreiras erguidas entre os eus, entre o nosso e dos outros". Seu artigo anterior ("Personagens psicopáticos no palco", 1906) brilha pela semelhança que encontra entre o trabalho do dramaturgo e o de seus atores, por um lado, e o trabalho analítico por outro: as técnicas em ambos os casos afrouxam as referidas barreiras, passando por estágios semelhantes, que consistem em poder neurotizar o público para que

> *o ímpeto do impulso reprimido ... apareça sutilmente, para que o processo de conscientização ocorra no espectador enquanto a atenção deste se distrai. ... Como no*

258 SOB O OLHAR DE GOETHE

tratamento psicanalítico, quando os derivados dos pensamentos e afetos reprimidos emergem na consciência.

Eis, então, os fios para tecer os liames que unem a psicanálise à arte (não é por acaso que Freud cita no livro inaugural a dedicatória do *Fausto*: "Tornai trêmulas visões, que outrora surgistes já aos olhares anuviados"). Onde está a desvalorização dos poetas? No artigo sobre Dora, lemos: "Devo agora considerar uma outra complicação a que certamente não daria espaço, fosse eu um escritor empenhado na criação de um estado anímico desse tipo para um conto, e não um médico empenhado na dessecação". A atenuação da qual falamos é comum às obras de escritores e poetas, e ao trabalho analítico. Mas Freud mostra que o escritor nos proporciona prazer ao liberar o material inconsciente pela maneira com que o expressa, fazendo-o atuar também (como nos papéis dos jogos infantis e nas *dramatis personae*). No entanto, o artista não submete esses conteúdos (e nem os impõe ao público) ao *insight* e ao trabalho de simbolização, como na análise.[16]

Prossigamos para a última parte do discurso de 1930, importante para nossa discussão: Freud reconhece aqui que cometeu um "delito" quando "ousou" submeter a biografia do grande homem a uma investigação psicanalítica (em 1917); ele está, portanto, pronto a aceitar um eventual veredicto de Goethe, se este decidir retirar o patrocínio solicitado há pouco para a nova ciência. No entanto,

---

16 A força anímica da qual fala Freud em Dora, e pela qual tendemos a ser levados (inclusive eu, admite Freud) é a homossexualidade feminina. Esta constitui o cerne do caso e da transferência (intimamente ligada à contratransferência de Freud), e foi passível à descoberta pela vivência e pelo papel que ocupava na vida de Freud e com Fliess. A homossexualidade e, portanto, a paranoia (a filosofia) têm muito a ver com a psicanálise e seu método. Freud trocara o amor a Silberstein por aquele de Martha, e este pelo de Fliess até Anna (sua filha), que está no lugar de Cordélia, do silêncio, da morte...

Freud pede a palavra, alegando que a investigação biográfica não poderá responder às únicas e mais importantes questões: jamais iluminará o "enigma do talento milagroso" que faz do artista o que é, além de não ajudar na compreensão do valor e dos efeitos de suas obras. Por que, então, tanto esforço? Inutilidade? Para satisfazer uma forte necessidade em nós, explica Freud. Evocando Shakespeare, ele pede a Goethe que entenda a "necessidade de colocar essas pessoas entre os pais, mentores e figuras exemplares . . . na expectativa de que essas personalidades serão admiravelmente possuídas, como foram suas obras de arte que já conhecemos e possuímos". Mais adiante, Freud admite outra razão: aproximar de nós o herói, reduzir a distância que nos separa dele; afinal, é inevitável que, quanto mais estudamos o grande homem, mais somos passíveis reconhecermos nele o ser humano que somos. Freud evoca em seguida a fatalidade da ambivalência em relação aos nossos pais e professores. Mas "admito que Goethe era um 'cuidadoso ocultador'"! Aí vem o grande final, com as palavras de Mefistófeles no *Fausto*: "O melhor daquilo que podes saber / Não pode dizê-lo a estes meninos".

Por que Goethe? Por que ocupou esse lugar para Freud, e nele permaneceu por tanto tempo, mais de 60 anos? "Só se pode conquistar algo vencendo grandes resistências" (Freud). Quando confessa seu "pecado" de 1917, talvez tenha sentido o quão próximo estava de Goethe, na articulação (encontrada no final do ensaio) entre os seguintes testemunhos do poeta: "Fui uma criança de sorte: o destino preservou minha vida, embora tenha vindo ao mundo quase morto. O destino tirou a vida do meu irmão de forma a eu não precisar dividir o amor da minha mãe com ele"; e "minha força tem suas raízes na relação que tive com a minha mãe".

Freud superou Goethe, embora não pudesse admiti-lo, e principalmente num momento crucial, quando ele está prestes a aprofundar-se no terreno que conquistou, retomando algo que o liga a Goethe. Quando a comitiva do Prêmio Goethe se pôs a caminho da Berggasse 19, Freud já estava sob o efeito, quem sabe o alívio, que a notícia sobre o falecimento da Amalia Freud, sua mãe, lhe trouxe. Os grandes trabalhos sobre o feminino e a feminilidade serão redigidos em seguida, nos próximos anos.

O especialista, especificidade da alma[1]

Eureka, descobri meu especialista![2] Mas não foi tão feliz assim: doeu, derramei algumas lágrimas, porém ele, o meu especialista, nada tem a ver com isso. Sendo uma lembrança – mais de trinta anos se passaram –, é preciso que eu a situe no tempo e no espaço.

Cresci num desses bairros situados na fronteira com o inimigo e que também era afastado do centro. Nenhuma criança nascera no lugar antes de eu e a minha família ali chegarmos. Só havia imigrantes. Era um desses "paraísos" cuja existência Deus jamais

---

1 Este trabalho resulta do tema "O psicanalista como especialista" que surgiu no Laboratório de Psicopatologia Fundamental, na Pontifícia Universidade Católica de São Paulo (PUC-SP), no final de 1998. Rubens M. Volich apresentou o trabalho "O psicanalista em busca de sua alma", o que nos evocou uma lembrança e uma série de reflexões que apresentamos semanas depois neste mesmo espaço. O trabalho de Rubens foi publicado em 1999 na *Percurso*, *(22)*, pp. 23-34, e o nosso, que reproduzimos aqui, também na *Percurso*, *(22)*, pp. 35-42.

2 Mais de trinta anos se passaram e eis que o trabalho de Rubens Volich evocou em mim – à semelhança de um resto diurno – uma lembrança, um verdadeiro *rastro de vida* (Ferenczi). Devo ao Rubens, porém a lembrança é minha, pertencendo, assim, àquelas que tendem a aguçar a consciência de sermos sós.

262 O ESPECIALISTA, ESPECIFICIDADE DA ALMA

dar-se-ia o luxo de ignorar ou de se lembrar de esquecer; terra fértil para esses bandeirantes, que acabam batizando as ilustres páginas da história, e em cujo sangue fervilha a ideologia que, embora sincera, torna a ser, de praxe, cega, rude, estúpida e ignorante à história, aos sonhos e às paixões – à vida, em suma – dos que pretende sacrificar para a realização da sua utopia.

Criou-se ali, porém, muita vida (algo que o homem de cima não poderia prever): muitas línguas, oito ou mais, que ainda consigo identificar; cheiros, costumes e nuanças de modos de viver e de práticas religiosas, e outras diferentes, estendendo-se ao longo de um espectro curioso, desde as tradições judaicas do leste europeu até aquelas desenvolvidas nas comunidades dos países norte-africanos; sem falar dos que vinham dos nossos vizinhos – o inimigo – do outro lado da fronteira, e cujas vozes, canções, cheiros e luzes nos chegavam ao entardecer, quando a noite começava a pairar sobre esta pequena comunidade que nada sabia da ideologia que começara a traçar seu destino... Ideologia estranha esta que pretendia fazer do país um *melting pot* e que, no entanto, só fazia o oposto, ou seja, isolava, de dentro e de fora, seus imigrantes, sua geração do futuro.

Tendo sido repetidas vezes imigrante (nem sempre é tão fácil renunciar a um trauma), acredito que esta minha trajetória, enquanto adulto, foi "fichinha" perto do que era a daquelas gerações... Não se produzem mais imigrantes como antigamente!

A vida foi dura então. Era preciso dividir as tarefas. Por ser homem, mamãe encarregou-me de cuidar dos sapatos: levá-los ao sapateiro. Eu não vejo mais sapateiros. Sei que ainda existem – não fujo deles, não –, mas disponho do que parece ser um afiado arsenal alucinatório-negativo que me poupa, com perfeição, de notar a existência de seus estabelecimentos. Custou-me achar a palavra em português, só ressoava na voz de outrora da minha mãe, recordando-me: "Dani... *les souliers... le cordonnier...*". Em termos práticos, esta era uma das tarefas mais fáceis de se executar, porém, do ponto da vivência, a mais custosa, e no entanto a mais solene, pois tratava-se do *meu* especialista, o único que conheci. O caminho que me levava até ele foi emergindo na memória, em fração de segundos após ler o texto de Rubens, evocando das cinzas um trajeto, um homem, uma transferência, ancorados num ambiente e num mundo que já era, já se foi... Saudades.

Para chegar até sua casa, era preciso percorrer um pequeno trecho, no máximo 35 metros, no decorrer do qual os batimentos, o medo, a ansiedade, a emoção, prolongavam, e muito, o percurso. Um prédio, a segunda entrada, cortava-se o caminho para dentro do jardim onde já se faziam ouvir os batimentos firmes, que, assegurando sua presença, misturavam-se com os do meu coração. Tomava coragem, subindo sobre o banco de madeira, que era, diga-se de passagem, longe de ser apropriado para os baixinhos. E esticando o corpo sobre as pontas dos pés, chegava até a janela, dando de cara com um homem de uma boa estatura, forte, sentado num quarto de apenas um metro quadrado e cheio de sapatos. Mergulhado em seu trabalho, imerso nos decididos movimentos, não parava nem me dirigia o olhar; parecia ignorar minha presença. Eu o fitava, lançando olhares furtivos em sua direção, que aos poucos se deslocavam da sua cabeça curvada sobre o sapato às mãos ocupadas no feitiço, deixando-me fascinado e indagando-me sobre a transmissão deste *savoir faire*, de cima para baixo. Notava, é verdade, o número impresso na carne viva da sua forte e imensa mão em movimento (como vim a perceber em muitos dos pais de meus colegas), e cujo significado só entenderia mais tarde.

Nesses poucos minutos, o medo começava a ceder seu lugar para o prazer – o privilégio de adentrar o mundo dos segredos compartilhados, concedidos a poucas crianças, e onde um cofre de enigmas estava prestes a se abrir à minha frente... Quando, de repente, a cena se interrompia: o homem, cujo nome sempre ignorei, levantava a cabeça e num sotaque romeno, uma voz rude e impaciente, perguntava "o que quer?". O seu ríspido nervosismo acordava-me, fazia-me lembrar do motivo que ali me trouxera; o tempo recomeçava a escoar em seu nexo habitual; lembrava dos sapatos que deixara sobre o banco. Quando eu os mostrava, e antes que pudesse explicar-lhe qualquer coisa, gritava ele rudemente, e num hebraico distorcido e quase incompreensível ordenava "quarta-feira, 16h, é tanto... e... agora vai... vai", vigiando atentamente, contrafeito, o meu sumiço, antes de voltar ao seu trabalho – nesses segundos, parecia-me que a seus olhos meu corpo minava seu jardim. O chute que acabava de sofrer trazia-me novamente à realidade; o temor que se reinstaurava pelo seu gesto começava a esvanecer-se, protelando seu renascimento para a próxima "sessão", da quarta-feira. A ideia de uma análise de sessões curtas me aterroriza até hoje...

Narrar uma análise, ainda mais a sua própria, é quase impossível; qualquer tentativa empobrece tal intenção. O meu "posto", que ocupei alguns anos, desde 7-8 anos, guarda suas semelhanças com a análise, dificilmente passíveis de serem transmitidas aqui. Gostaria apenas de ilustrar, por meio de alguns momentos, os possíveis paralelos que é possível traçar.

O homem ao qual me reporto era, afinal, um ser tão comum entre aqueles que constituíram a minha paisagem humana, esse entorno para o qual eu começava a acordar: era alguém que vinha "daquele lugar", dos campos de extermínio onde perdeu, provavelmente, a maior parte dos seus. A única coisa que sabemos ao certo é que para a máquina ariana ele não passava de um lixo humano, um incômodo do qual era preciso se livrar. A ignorância do entorno, a amargura sem cor, a rudeza, o silêncio, a fala abrupta, aparentemente rancorosa, e principalmente o silêncio absoluto sobre o próprio passado faziam parte da carapaça por meio da qual essa gente tentava lidar com um passado do qual se esforçavam em se cindir, pagando o preço de apenas tentar prosseguir sobrevivendo.

Nas noites de verão, permanecíamos até muito tarde na rua. O calor infernal, a espera pelo vento, o céu estrelado nos levavam a fazer pequenas caminhadas. De uma certa distância, avistei – evento raro – num desses dias o meu sapateiro e sua companheira, uma mulher robusta, pesada; os dois sentados sobre a mureta de seu jardim, silenciosos, ou falando baixinho em sua língua. Reconheço hoje a melancolia branca espraiada em seus rostos; as vestes leste-europeias em suas típicas cores escuras e em camadas sucessivas – tamanha alienação do mundo que os rodeava – parecem-me ter sido a única maneira de poderem preservar, no corpo e no que o cobria, a lembrança atuada do ambiente das origens, o do antes, do qual haviam sido abruptamente exilados e podados pelo nazismo.

Para mim, no entanto, nada disso; meu sapateiro era único, muito especial. Lembro-me claramente de um dia no qual fui vítima de uma surpresa, um estranhamento ("então é um homem de carne e osso!") ao vê-lo voltar da mercearia. O fato chocou-me. A sensação e a imagem dessa experiência são nítidas na minha lembrança. Surpresa e estranheza, muito parecidas com aquela que uma de minhas pacientes conseguiu pôr em palavras depois de me ver voltando de um sacolão carregando frutas e verduras; ela não me incluía no seu tecido mental como um ser comum, como ela e outros que iam ao mercado, comiam etc. Uma sensação semelhante, porém mais aguda – pela revolta e dor que um vislumbre de tal reconhecimento pode causar –, ocorreu quando encontrei meu herói num posto de saúde esperando para ser atendido. Jamais imaginava que pudesse ser acometido dos males comuns – adoecer – ou

266 O ESPECIALISTA, ESPECIFICIDADE DA ALMA

que tal categoria, a doença, aplicava-se a ele! Decepções e estranhamentos deste gênero nunca faltam à festa do campo transferencial da cena da análise; quantas vezes não abrimos, em nosso foro íntimo, um leve sorriso, cheio de ironia amarga, ao ouvirmos um discurso vindo do divã, que parece não cogitar a possibilidade de que o homem da poltrona tenha uma vida muito mais desgraçada, e um psiquismo muito mais comprometido que o dele, o paciente, e que a patologia deste possa ser, em tese, motivo de inveja por parte do *especialista* que o escuta...

Trata-se, então, de fenômenos banais e conhecidos da transferência e que dizem respeito à situação edípica, própria a esta geometria invisível e constitutiva do sujeito. Entretanto, esta condição infantil que delega, atribui, *supõe um saber* – em suma, uma *especialidade* – no psicanalista não é qualquer coisa; é a condição necessária, imprescindível – instaurada pela justa distância do *setting* que o corpo do analista acaba por intensificar – para promover precisamente este trabalho do infantil, a análise mesma.

Ponho a ênfase, então, não sobre *a* especialidade, mas sobre nossa *especificidade,* este plano inter- e intrapsíquico em sua configuração transferencial particular, que curiosamente tem como condição o *especialista*. Quanto à especificidade, parece-me que acompanho Rubens e sou solidário com sua posição. Entretanto, o *especialista,* como destinatário, está aí, *deve* estar aí. Acho que Rubens concordaria comigo. No entanto, seu trabalho está voltado para, e acentua mais, o que parece nos diferenciar dos demais ofícios. Concordo em termos, já que se trata de uma das querelas sutis e educadas com os de fora de casa. Minha preocupação é outra. Chego, portanto, ao ponto onde pode haver mais uma discordância que uma simples diferença de ênfase: se excluirmos a discussão em torno de questões relativas ao mercado e apoiadas no imaginário social do eu-ideal – "sou especialista de pânico", "de esquizofrenia entendo pouco" –, é preciso reconhecer que na psicanálise, mais que em outros ofícios, necessitamos, sim, de uma "especialização", e das mais longas e árduas, pois trata-se, afinal, de uma apropriação subjetiva, não só da habilidade, mas da própria coisa – decorrente da sua especificidade – que seria incerta se temos a ilusão de que seja operativa, adquirida em passos regrados.

Mas (aí vem a discordância) é preciso distinguir essa especificidade de algo que tem em comum (sob a nuança que lhe é própria, é verdade) com outras habilidades adquiridas em outra áreas: o "faro" que alguns analistas possuem para reconhecer e ter acesso a alguns fenômenos e interpretá-los corretamente para si tem muita semelhança com a maior parte, se não o todo, dos fazeres humanos, do meu sapateiro inclusive. Quem não gostaria de ter a acuidade perceptiva, vivida e sentida, de alguns kleinianos (como Meltzer), o faro de Searles, a penetração de Green, a sensibilidade de Stoller ou a finura fenomenológica em relação a certas configurações clínicas e da clínica da teoria (penso aqui em Fédida)? Mesmo quando não se aspira a tanto, é preciso lembrar que, além do talento, a experiência conta. É verdade que é preciso muitas vezes desaprender com a experiência para ter acesso e abrir-se a novas e inusitadas experiências. No entanto, é ela, a experiência, o cerne do acesso ao saber *provisório* que temos das coisas.

Tudo o que disse até o momento é obvio, lugar comum; no entanto, é importante reiterá-lo porque existe um elogio excessivo à psicanálise em que formulações como as de Rubens – a despeito de suas intenções, que são circunscritas e muito justas – tendem a incorrer no risco que os ingleses chamam de desconsiderar o óbvio (*disregarding the obvious*). E outra, mais que óbvia: o verdadeiro especialista nunca se considera como tal; sempre existe, diante dele, um largo e longínquo horizonte, desconhecido ou por conquistar, da mesma maneira que nossas habilidades, motivo de

268 O ESPECIALISTA, ESPECIFICIDADE DA ALMA

encantamento aos olhos de crianças (como eu diante do meu sapateiro), nos parecem muito insuficientes. E é isso, aliás, que faz o especialista conquistar mais, contribuir mais – como é o caso do nosso Freud –, e a cada momento o horizonte tende a se alargar e ficar mais afastado – paradoxal, mas *that's life*! O ensinamento socrático, "quem sabe, sabe que não sabe", é tão cotidiano quanto imperceptível, a ponto de ser preciso evocar Lacan para nos fazermos re-surpreender.

A ideologia entre psicanalistas ou os paradoxos em relação ao seu saber

Não sei bem como definir uma ideologia. Entretanto, eu diria que ela parece abrigar a seguinte sugestão: "tenho algo de seu interesse e que você não encontrará em nenhum outro lugar, portanto, *venha comigo!*".

Sou sensível a tais mensagens e à promessa ilusória que comportam. O paradoxo está, no meu entender, na persecutoriedade latente sobre a qual se fundam, em virtude da incerteza dos próprios contornos e, por conseguinte, do próprio estofo. Por mais relevante que seja, não vou me reportar, a este respeito, a Freud (ou Klein ou Lacan) nem à dialética do ódio pelo qual o *ego* incipiente surge das sombras do outro. E também não gostaria de reduzir este fenômeno à *identidade* ou à identidade *em crise* como faz Rubens Volich – aliás, com muita propriedade – se para isso é preciso alcançar rapidamente a terra firme: a contraposição com os "outros". Sossegar-se na crise mostrando-se nada incerto quanto ao positivismo, ao cartesianismo e outras pechas dos "outros", tende a escorregar rapidamente numa esperteza na qual alguns conseguem lucrar em nome da crise. Vou me restringir a algumas colocações epistemológicas espalhadas pelo grupo dos analistas.

Que se inveje hoje a ciência pela sua produtividade, é pena que isso desperte somente as angústias de aniquilamento, o que, por sua vez, ativa projeções desmedidas a seu respeito. Falar de positivismo em relação a esta é tolice, pois é sob *um princípio oposto* que a ciência adquiriu seus fundamentos 300-400 anos atrás, e assim permaneceu. Sei que tal ignorância encontra grande apoio na proclamada erudição de filósofos, que acham que sabem das coisas e que acabam gerando uma fileira de papagaios. É lamentável que Rubens caia de mansinho nessa emboscada acalentadora. Confundir medicina com ciência é tão errôneo quanto fazê-lo em relação à engenharia, às prendas domésticas, à faxina etc. O fato de que tecnologias como a medicina, a arquitetura e a fotografia comam nas mãos da ciência, desenvolvam-se com base nela, não é motivo para colocá-las no mesmo saco. E mais: é curioso, paradoxal no mínimo, ver como alguns colegas, ao querer estar *in,* isto é, na chamada contemporaneidade (mais chique que a velha modernidade), adquirem com facilidade ornamentos recentes, os chamados *novos paradigmas,* com os quais adornam seus discursos, e que nada mais são que um civilizado "papo furado" – tamanha a confusão epistemológica – de alguns cientistas distintos que tentaram lucrar no campo das ciências sociais, propondo a chamada *nova aliança,* que é uma "baita de uma fria".

Palavras duras, denunciatórias? Sem dúvida! No entanto, uma embalagem macia e de marca conhecida não garante um conteúdo inofensivo. Afinal, toda a "esperteza" do HIV consiste, infelizmente, em poder se apresentar como um *velho conhecido...*

Pois, pergunta-se, como é possível xingar tanto a ciência e depois se sujeitar a um pacote prontamente dado – à semelhança das velhas alianças entre o primeiro e o terceiro mundo, em que o primeiro traz a tecnologia e o terceiro, além de fornecer o material, *paga* o custo para alcançar a marcha do tempo – senão pela fraqueza, inferioridade mascarada e pelo terreno movediço no qual sente pisar?!

Se deixo aqui meu protesto contra uma certa ignorância civilizada, é para convidar meus colegas a uma incursão que pode ser proveitosa, caso queiramos realmente visitar um vizinho para poder colocar em perspectiva *o próprio* campo. Freud soube fazer isto!

Analistas que "defendem" a psicanálise tendem a nos apresentar uma das versões do seguinte manifesto, no sentido ideológico do termo: "somos especiais, porque diferentes de outros que se situam... bem longe d'*A verdade,* pois esta está conosco. Porém não é tão fácil explicar do que consiste, tampouco porque é *A verdade*". Há de se perguntar, então, o que os leva a se aferrar a este raciocínio? Pois se dispomos de uma especificidade que consiste em se ater na transferência *à imagem da vivência,* no lembrar ou no acesso à linguagem, ou na teoria à imagem do fantasma, à metáfora, por que esta imersão frequente em querelas semelhantes àquelas referidas no Talmude em torno de brigas de vizinhos ("é minha" diz um; e o outro, "mentira! Sua nada, é minha!")?

Na medida em que a ciência se coloca como adversário, não me parece que exista motivo para isto. O que a ciência exerce e o que ela recolhe como fruto não tem relevância alguma para o nosso fazer; não existe nenhuma base para comparar as teorias que produz com o conhecimento que adquirimos pelo trabalho analítico.

Uma coisa é o uso eventual que se possa fazer de teorias e descobertas científicas como parte dos acervos metafóricos disponíveis à apreensão clínica e aos artifícios modelares da teoria e da metapsicologia (como é o caso em Freud). Outra coisa é querer redimensionar Freud sobre a rede das novas contribuições da ciência moderna, como almeja um respeitado colega, Alcimar A. Souza

Lima.[3] Recomendação que não deixa de introduzir um equívoco duplamente alarmante: que Freud tenha sido treinado no campo da ciência, e que sua obra contenha inúmeros indícios de que tenha feito uso de modelos da biofísica, da teoria da evolução, da citologia etc. do seu tempo, tende a ofuscar o fato de que ele jamais cedeu a qualquer uma das teorias e concepções reinantes, científicas ou não, a menos que coadunassem com o que tinha derivado da apreensão do psíquico, ou seja, com as consequências às quais o levava seu método (veja-se sua posição lamarckista).

Os chamados paradigmas da ciência tornaram-se *o dogma atual da globalização do saber,* seja qual for sua origem ou natureza. Deve-se denunciar tal petição em nome da contemporaneidade, que vem se alastrando como fogo em um campo de centeio, para ampliar demasiadamente a banalidade das teorias de Kuhn. Pois essa visão que reduz os campos dos saberes, colocando-os sob a ótica dogmática de um relativismo histórico – é essa a culta estreiteza do paradigma –, nos compromete com uma racionalidade semelhante àquela em nome da qual foram cometidos os mais desastrosos crimes do Ocidente. Não é nocivo buscar uma concordância cotidiana na frase "antes eram os *maillots,* hoje são os biquínis", o que sintonizaria com as eloquentes articulações entre os paradigmas de hoje e os de ontem. No entanto, a lógica não é diferente quando se afirma algo como: "antes era preciso liquidar a raça vermelha, hoje é a vez da amarela". Tal é a pobreza e o perigo do arrazoado historicista! Se falei anteriormente de um duplo equívoco é porque o paradigma tende a escamotear tudo o que é essencial na ciência, e há por que se preocupar com um destino parecido caso fiquemos deslumbrados e queiramos adotar esta visão para a psicanálise. Pois do lado da ciência, não é o conteúdo nem mesmo a "forma de pensar e

---

3 AAS Lima, "Psicanálise e sedes: uma tradição renovadora", *Percurso,* (20), pp. 56-64.

272 O ESPECIALISTA, ESPECIFICIDADE DA ALMA

agir" que essas teorias abrigam que fazem dela o que é: a teoria dos humores da imunologia moderna tem suas raízes já em Hipócrates, e mesmo o cerne do que Einstein tinha a dizer sobre o tempo encontra-se nas antigas fontes da filosofia chinesa – o que significa que as respeitadas damas modernas carregam consigo suas estórias de origem. O que distingue a ciência, o que a dota de uma especificidade, não são seus paradigmas, mas seu *método*, ou em outras palavras, o modo de acesso ao seu objeto, que não se alterou desde Copérnico e Galileu. É também a especificidade do nosso método que torna nosso campo o que é – o que lhe é peculiar. É apenas na conversa com o método científico, comparando-o com o nosso, com nosso modo específico de acesso ao objeto e sua relação com este, que algo pode tornar-se proveitoso para nós.

A importância do recurso à imaginação, à linguagem, no sentido psicanalítico do termo, é condição para a criatividade em qualquer área. No entanto, na ciência, tanto o material quanto a moldagem específica e, principalmente, o sistema de leis e regras que regem a validação de suas inferências – seus produtos – têm uma lógica precisa que é *exterior* à fonte da linguagem. O que não é o nosso caso, em que a área da especificidade da qual falamos é não apenas a fonte, mas também o meio, o objeto e o parâmetro (princípio de validação) de julgamento e processamento deste conhecimento. É este afinal o nosso lema: *pathos* enquanto meio de acesso – princípio *fundamental* – para a *psique* (tal interioridade descarta, a meu ver, qualquer possibilidade de que possa haver um discurso epistemológico – que só tem lugar enquanto exterior a um campo – sobre a psicanálise).[4] Não é questão aqui de solipsismo de

---

4 Este tema foi elaborado em meu projeto de pós-doutoramento realizado entre 1994 e 1996 no Núcleo de Psicanálise da PUC-SP e com apoio da Fundação de Amparo à Pesquisa do Estado de São Paulo (Fapesp), sob o título: *Alguns aspectos dos modos de conhecer e descobrir em psicanálise*. Cf. nosso livro *Epistemopatia*. São Paulo: Casa do Psicólogo, 2003.

qualquer tipo. No entanto, há de se perguntar – como não cansa de exigir um colega, Ney Branco (filósofo e psicanalista) – qual seria o acervo semântico que lhe daria forma? Pontalis, se não me falha a memória, disse em algum lugar que a psicanálise é como uma tribo nômade, que a cada momento e lugar precisa reerguer seus fundamentos. Quanto a mim, contento-me com o nosso *fundamental*, anteriormente delineado. Quanto à exigência de Ney, é preciso reconhecer o quanto os filósofos e a abordagem filosófica nos têm prestado seus serviços para a definição dos conceitos, a fundamentação, o estabelecimento de uma coerência e de um arrazoado, e a análise de um movimento de pensamento, além de ancorá-los todos no solo cultural, na história etc.[5] Ao mesmo tempo, e para que estes tenham uma utilidade metapsicológica e clínica, penso ser necessário haver um deslocamento constante deste plano, recrutando seus objetos e os inserindo novamente no trabalho da linguagem, do plano metafórico. É nestes trajetos, sinuosos e elípticos, entre os dois planos que é muito fácil perder o caminho, e é contra este perigo que Pontalis nos alerta e adverte.

Nesse sentido, o único conceito em Freud que me é realmente importante é a *pulsão*. No entanto – veja-se a ironia –, Freud o definiu como *conceito-limite* entre o somático e o psíquico. Atenção! Ele não diz, como muitos o mal citam, que a pulsão está entre o psíquico e o somático. Nunca disse isso. Mas, é precisamente o *conceito* que está no limite. E eu diria que está no limite em sê-lo, pois como um conceito pode ser, ele mesmo, um limite? Reportar-se a esta noção em Kant não contradiz um princípio de base da filosofia analítica: o híbrido conceito-limite é um contrassenso, pois o que

---

5 Isto tem um grande valor didático e acredito que a hospedagem dada à psicanálise nas universidades permitiu um refinamento progressivo neste sentido, além de uma interlocução com outras disciplinas. Laplanche, nas pegadas de Lagache, foi o primeiro a realizar, junto com Fédida, essa marcha na instituição.

274 O ESPECIALISTA, ESPECIFICIDADE DA ALMA

faz um conceito ser conceito é sua *extensividade*. Se é limite, é para não ser conceito, ou quase não!

Como sofro da doença, comum a todos nós, tendo a acreditar que quando Freud enuncia algo assim, e sendo tão central, é preciso consultar a feiticeira, mesmo quando é ela mesma – como verão a seguir – o objeto desta indagação: o que ele nos assinala aqui é que a única maneira de *conceber* coisas em nosso terreno é neste *limite* da imediatez vivencial *corpo-psique*. É por isso que a verdadeira metáfora no imaginário teórico de Freud sempre foi o *biológico,* donde ecoa a fonte atávica do corpo, exercendo esta exigência de trabalho sobre o psiquismo, que chamamos de pulsão.

Freud dá aqui um tiro certeiro na problemática psicofísica que vem malhando a filosofia ocidental desde Sócrates até os nossos dias. E faz isso no mesmo movimento que instaura sua bruxa.[6] Pois do ponto de vista da teoria do conhecimento, a dicotomia corpo--mente é consequência pura do trabalho reflexivo, ao passo que a nossa sensação de base, *a imagem vivida*, é de uma unidade psicofísica. E é deste *limite*, nesta morada da feiticeira, feita pulsão, que se quer escapar para a civilizada área dos conceitos. Não podendo estender-me sobre isso, apresento um resumo de trabalho anterior.

A discussão filosófica em torno dos modos de conhecimento – *res publica versus res privata* – é de extrema relevância. Apesar disso, é preciso tocar em alguns dos seus aspectos que dizem respeito ao método e ao espaço analítico. Entretanto, não se pode deixar de comentar uma das questões mais instigantes, senão intrigantes, da filosofia ocidental: o problema psicofísico, ou de mente-corpo, que atravessa a filosofia ocidental desde Sócrates até hoje, embora muitos filósofos modernos o considerem ultrapassado. Entre as quatro

---

6 Muitos já deixaram de ver qualquer relevância neste problema. A verdade é que somente Husserl extinguiu, do ponto de vista epistemológico, tal problemática, evitando-a no ponto de saída com a instauração da fenomenologia.

soluções principais que lhe foram dadas durante essa longa história (o dualismo interacionista, o paralelismo dualista, o epifenomenalismo materialista e o monismo), o primeiro parece ser, no plano epistêmico, a visão que encontra um amplo consenso e que mais condiz com os mundos dos fenômenos. Seja como for, o grande problema da relação ou da interação – entre mente e corpo – permanece em princípio incompreensível; é ininteligível do ponto de vista da *res publica* do método científico. E é também inapreensível se examinado na direção contrária, da *res privata*, da subjetividade. Na realidade, o que vemos são correlações; como disse Mace, *"correlações que podemos a princípio enxergar nunca poderão se tornar inteligíveis"*.[7] Não se trata de um problema sobre o qual não se tem ainda resposta, mas de um problema sobre o qual *não se pode ter, em princípio, uma resposta*. Vejamos um exemplo que nem é propriamente psíquico, mas psicocognitivo: "vejo um quadro sobre a parede". O quadro sobre a parede será descrito com as categorias com as quais descrevo elementos do mundo externo, ao passo que o verbo *"vejo"* é um fato interno e, portanto, não passível de ser descrito pelas mesmas categorias. É verdade que o mecanismo anatomofisiológico da visão será examinado da mesma maneira e terá a mesma natureza, em princípio, do processo no qual um objeto é captado pelo filme fotográfico; tanto o filme como o aparelho visual não veem coisa alguma; *somento o sujeito vê* – um atributo irredutível à função e aos mecanismos do seu aparelho visual.

Dizemos que se trata, no fundo, de um problema irracional. No entanto, existe aqui uma dimensão na qual Freud revoluciona essa velha questão. O dualismo não constitui nossa posição "natural". A nossa sensação de base – a nossa vivência imediata – é de uma unidade psicofísica, ao passo que a dicotomia entre mente e

---

7 Mace, C. A. (1966). "The 'body mind problem' in philosophy, psychology and medicine". *Philosophy, (41)*, p. 161.

corpo é secundária, fruto de nossa reflexão. Freud percorre um caminho inverso à reflexão ocidental: ele parte e mantém-se perto da imediatez vivencial desta unidade, livrando ou resgatando, com a análise, o corpo infantil e sexual – o inconciente. Os modelos do corpo biológico (já que amarrados nesta unidade) servem-lhe de rede conceitual para captar e criar o aparelho psíquico.

Um autor na instituição de formação[1]

Os cartazes que anunciavam a vinda de Jean Laplanche[2] para São Paulo despertaram em nós, com maior clareza, algumas reflexões, não tanto sobre o seu pensamento, mas principalmente sobre sua presença constante (nem sempre anunciada e declarada) no Curso de Psicanálise do Instituto Sedes Sapientiae, presença por vezes invisível. É este *"entre nós"* que gostaríamos de discutir sem, entretanto, pretender esgotá-lo: Laplanche como acompanhante terapêutico da leitura de Freud ou como nosso Virgílio neste caminho?

Nossa passagem, na posição de alunos, foi marcada por um questionamento constante quanto à natureza do curso de formação. Nesta via dolorosa, conseguimos reformular o curso, cuja nova estrutura estamos começando a experimentar. Não vou remexer neste caldeirão; vou apenas apontar que aí está Laplanche em

---

1 Publicado em 1994 sob o título "Somos mesmo laplanchanianos em nosso curso?", *Percurso*, (12), pp. 47-52.
2 Essas notas foram escritas dias antes do evento "Jean Laplanche em São Paulo", organizado pelo Departamento de Psicanálise do Instituto Sedes Sapientiae. Concluímos o curso neste departamento em 1993.

278 UM AUTOR NA INSTITUIÇÃO DE FORMAÇÃO

plena forma: ele que, a cada semestre dos seus seminários na Universidade Paris VII, problematizava a questão da pertinência ou impertinência da formação psicanalítica dentro da universidade. Pode-se cogitar a existência de "Freuds" universitários, e por isso tanto diferentes quanto menores, e outros, importantes e maiores, oferecidos pelas instituições de formação? Não valeria a pena re-expor as tolices, os mitos e os preconceitos dos quais essa questão dá mostra. Melhor seria examinar rapidamente o depoimento do próprio Laplanche sobre seu trabalho. Perceber o Laplanche *entre* nós, e entre nós e Freud, permitirá, quem sabe, explorar outros modos de estar com e interpretar (com) Freud: *fazê-lo trabalhar*.

1. Laplanche define seu trajeto como um

> *movimento que gosto de figurar por uma espiral: passar de maneira cíclica à vertical de certos pontos problemáticos, a cada volta tomando um pouco mais de distância em relação à precedente e desenhando mais nitidamente as opções e as diferenças. É no seio da experiência inaugurada por Freud, experiência indissoluvelmente clínica e teórica – eu diria filosófica – que se situa meu pensamento; não para polir as arestas ou aperfeiçoar os detalhes, mas para devolver-lhe a alma.*[3]

Na cabeça desta espiral encontra-se o estudo sobre o inconsciente redigido junto com Leclaire (1961), e curvando-se nas novas voltas (*spires*), deparamo-nos com seu estudo, com Pontalis, sobre as fantasias originárias (*Fantasia originária, fantasias das origens,*

---

3 Da introdução da coletânea *La révolution copernicienne inachevée*, Aubier, 1991.

origens da fantasia, 1964), que marca o distanciamento dos autores da galáxia lacaniana. Eles preferiram procurar o próprio caminho de volta a Freud, oferecendo-nos o grande *textbook* da psicanálise: o *Vocabulário de psicanálise* (1967). Mas os movimentos propriamente laplanchianos, que dão corpo a esta espiral, começam com *Vida e morte em psicanálise* (1970), seguem pelas cinco *Problemáticas* – fruto do ensinamento, de mais de uma década (1970-1984) – e têm como desfecho o ensaio sobre os *Novos fundamentos da psicanálise* (1987). Esse último serve de base para a *sua* verdadeira *revolução* nesta espiral, com a coletânea *La révolution copernicienne inachevée* (1991), que abriga suas mais recentes elaborações, das quais falou em São Paulo.

Gostaríamos agora de situar o que nos parece estar na origem dessa espiral na qual Laplanche se movimenta. Trata-se, evidentemente, da teoria do *apoio* que Pontalis e ele derivaram da obra de Freud nos meados dos anos 1960. Na origem, temos o ser/não ser monádico que inspira cuidados, em virtude das suas insuficiências motoras, mas que sabe gritar para chamar o adulto (função apenas das necessidades de sobrevivência física?). É justamente por meio desses cuidados com fins autoconservacionais que, por acaso (*en passant*), tange-se esta superfície da mônada – arranha-se, por assim dizer, estes *"diabos"* que chamamos de *pulsões*, pousados no centro ou no fundo da mônada. É a sexualidade despertada pelo adulto, o seu percurso e destino neste ambiente, que vão humanizar este ser/não ser. Bastava uma passagem de um pequeno parágrafo da primeira parte do *Projeto de uma psicologia* (1895) para fundar esta teoria *na origem.* Se tínhamos na origem desta teoria o *encontro,* que desperta algo dormente no centro dessa mônada, deste ponto em diante foi preciso um *fazer trabalhar* de vinte anos para descentrar estes conteúdos – *significantes enigmáticos* vindos desta vez de fora, do adulto (também dele ignorados, polarizados – nele, sim, há inconsciente), para serem

280 UM AUTOR NA INSTITUIÇÃO DE FORMAÇÃO

implantados na criança, mas *também de passagem,* por ocasião destes cuidados, deste apoio...

Percebamos o eixo central que permanece constante na passagem da pré- à pós-revolução: para Laplanche, no início ou na origem existe um ser essencialmente biológico, desamparado e frágil, mas que tem a sorte de poder acenar para os adultos. O encontro, cuja função é socorrer – manter em vida este bebê – serve de suporte ou de pretexto para que ocorra em surdina, de passagem, algo tão essencial: nada menos que um deslocamento ou desvio deste substrato biológico para criar um ser psíquico ou humano. Mas enquanto o primeiro Laplanche desperta algo de dentro – a sexualidade que se submete ao trabalho de humanização no ambiente dos adultos –, o segundo Laplanche fala de um adulto que introduz, que implanta o homem no bebê. Novamente, partimos, na origem, de um ser ou sistema biológico em apuros, que depende de socorro ou apoio. Sendo atendido, ocorre o processo – seja por perlaboração de algo de que o próprio bebê é fonte, seja por implantação por aquele que lhe dispensa cuidados – de formação do psiquismo, plano distinto do biológico. Na primeira versão, este é um desvio, fruto de uma brecha que se alarga em relação ao substrato ou estase biológica, enquanto na segunda versão o impacto vem de fora e implanta-se neste terreno.

Revolução??? Se existe todo este esforço para instaurar o humano sob novos fundamentos que não sejam os da biologia, não é surpreendente que Laplanche empreste a metáfora deste fazer justamente do campo mais antigo das ciências naturais, a astronomia, ou do cenário político em que ela se insere quando da revolução copernicana? Se tomarmos um modelo polêmico na história política da filosofia, não estaria Laplanche com os conservadores de Atenas – que acusaram e julgaram o pai da filosofia ocidental por perverter as mentes puras e virgens dos jovens, corrompendo-as com ideias que os desviavam da boa cidadania – ao contrário do testemunho do próprio Sócrates, que se considerava parteira dessas mentes ou escultor que apenas traz à luz a forma preexistente na pedra? Quem é o conservador: aquele que pelo senso comum vê no escultor alguém que molda na pedra uma forma preconcebida na mente, ou quem o vê como aquele que desvela algo já preexistente ali na própria matéria? Atentemos à dicotomia: de fora ou de dentro, nada no meio ou intermediário. Não podendo prescindir da teoria do apoio, ela lhe serve para um fim bastante conservador, que nos chega pelo menos desde Platão: trata-se de deslocar o humano ou o psíquico, e instituí-lo sob novos fundamentos ou em outro plano. Freud não hesitou chamar esta longa tradição de conservadora. Citamos sua carta a Binswanger de 1927: "*A humanidade sempre soube que tinha espírito: eu precisei demonstrar que ela também tinha instintos . . . sempre me ocupei do subsolo . . . nisto o senhor é conservador e eu revolucionario*". Voltaremos a isso mais adiante. Para usar uma figuração apesar de tudo ptolomaica, diríamos que estes *Novos fundamentos*... encontram-se embrionados na primeira teoria do apoio, nesta mônada, este ponto de origem que projeta pontos invisíveis na vertical, criando o eixo ao longo do qual perpassa a espiral. Mas isso só se pode perceber *après coup*. À parte as bricadeiras, diremos que temos um Laplanche extremamente consistente e homogêneo.

Em que consiste o percurso da espiral, este "passar de forma cíclica"? Aqui encontramos o grande Laplanche, sua força de atração, sua sedução. É neste *fazer trabalhar* que descobrimos os tesouros, estes "belos artigos e objetos arqueológicos". Como se faz esta arte? Se acompanharmos as *Problemáticas*, nos depararemos com um Laplanche que destrincha o texto, pescando as várias hipóteses, os vários modelos existentes nos textos freudianos, colocando-os em choque. De início, ele sempre nos mostra um Freud ousado, revolucionário; logo, aponta um Freud que recua, que sai do caminho,

282 UM AUTOR NA INSTITUIÇÃO DE FORMAÇÃO

desvia-se (*se fourvoyer*), perde a estrela que descobriu, um Freud que se perde de si e encontra-se novamente, embora de maneira velada, no que resultou do recalque. Qual é o critério que orienta Laplanche neste percurso?[4] Como chegou a descobrir, afinal, em Freud, este Aristarco de Samos que três séculos antes de Cristo era já o precursor de Copérnico, criando uma tradição fundada sob uma *verdadeira descoberta*, mas que logo foi assombrada por um *desvio* (*fourvoiment*) efetuado pela tradição ptolomaica? E tudo isso não na astronomia, mas *no e dentro do* caminho que Freud percorre, e na história da psicanálise. Trajetória tensa de Freud, constantemente oscilante entre momentos da *verdadeira descoberta* e momentos de *descaminho*.

Se mostrarmos antes a partir de que ponto é projetado o eixo da espiral, uma das mais belas e perfeitas (e tratando-se de um filósofo rigoroso, poderia ser de outro modo?), poderemos, então, desvelar estes andaimes ou estes traços invisíveis da planta sobre os quais o arquiteto monta a bela forma, a casa dos seus sonhos, aquela de Laplanche. Não é fácil perfazer este caminho de "*volta*", mas não é impossível traçar – a partir de pontos paralelos das curvas sucessivas da espiral – algumas linhas retilíneas, pontes aéreas na vertical e na horizontal, e resgatar assim a planta original; esta nada mais é que uma grade, ou melhor, uma peneira extremamente refinada e diferenciada, para separar o joio do trigo. Já expusemos de que matéria é feita esta malha fina, a qual busca eliminar tudo

---

4 Este percurso crítico de Laplanche, que introduz e recupera a teoria da sedução em Freud, encontra-se na introdução de sua última coletânea. Vale frisar que Laplanche tem aqui como centro de referência o artigo de Freud (1917) "Uma dificuldade no caminho da psicanálise". Freud refere-se a uma ferida narcísica ou humilhação, quando fala de Copérnico (e seu antecessor Aristarco de Samos), ou de Darwin. Laplanche emprega o termo *revolução* tanto no sentido político de ruptura como no sentido de "*revolução* das estrelas *em torno de*" Copérnico, como conceito heurístico para a sua teoria generalizada da sedução.

que é estrutural, tópico, dinâmico e econômico, além do genético, originário e desenvolvimentista, expurgando tudo o que cheire a biologia – a verdadeira fonte de *metáforas* e *modelos* para a invenção do aparelho psíquico – para ficar com todo o resto: o humano, o outro, o encontro etc. (Lacan pode descansar em paz, o querido filho está quase de volta para casa após uma longa temporada de *fourvoiement!*). Apesar de tudo, temos aqui uma malha, grade ou planta, a estrutura de um filósofo, por isso nem mais flexível ou aberta que um programa genético.

Detivemo-nos neste ponto para mostrar que existe um certo modo, bem consistente, como Laplanche trabalha ou faz trabalhar Freud. Para dar um pequeno exemplo, vejamos como ele distingue os conceitos pulsão/instinto (cf. *Vida e morte...*, 1970). Laplanche nos diz que o instinto difere da pulsão por pertencer ao modo da necessidade biológica que se faz segundo linhas pré-formadas do mundo natural (objeto fixo etc.). Esta é uma interpretação possível com base em Freud; mas em nenhum momento Freud formula assim a diferença. No primeiro momento, Freud caracteriza a pulsão com suas quatro vertentes (*Três ensaios sobre a sexualidade*, 1905), e não fala dos instintos. A leitura de Laplanche seria a de Freud se esse último colocasse pulsão e instinto numa relação de oposição, de modo tal que o negativo de qualquer predicado da pulsão fosse o predicado correspondente do instinto. Este não é o caso, já que a diferença foi atribuída apenas ao *representante* presente na pulsão e ausente no instinto (Freud, *Dois princípios...*, 1915). Em Laplanche, existe já a preconcepção de dois mundos segundo a dicotomia clássica da filosofia – natural/humano, biologia/psique –, leitura que comporta em germe toda esta planta da qual falamos.

É interessante como tal mito opera nestas formulações que permeiam tanto os escritos de freudianos e lacanianos – esta dicotomia natural/humano, que nos lacanianos traduz-se biológico/

284 UM AUTOR NA INSTITUIÇÃO DE FORMAÇÃO

linguagem: o natural como fechado, pré-formado, em contraste com a nadificação da linguagem ou do desejo. Apesar desta "di-famação", tanto Laplanche precisa desse biológico para promover o encontro, como os lacanianos precisam da articulação entre o *real* da pura excitação pulsional e a linguagem para pôr a cadeia significante em movimento, criar o desejo (cf. Garcia-Roza, *O mal radical em Freud*, 1990). Não seria uma contradição falar sobre um componente de um mundo *pré-formado* – um ser *biológico* ao mesmo tempo *desamparado* ou com *falta* – que se chama *o homem?* E mais, questionamos este grito que teria como fim necessidades biológicas; quem nos garante que já nesse grito não há moções pulsionais, como também na disposição do atendimento por parte do adulto? A exigência "religiosa" desta teoria é que tudo que é humano advenha de fora, do outro. Não era minha intenção apresentar uma crítica detalhada do pensamento de Laplanche, mas mostrar que se trata de um dos modos possíveis de trabalhar Freud: um fazer trabalhar, decerto fascinante e rico, que explora tesouros preciosos da obra de Freud. Basta pensar no último desenvolvimento da teoria generalizada da sedução, com seu corolário importantíssimo, que é o trabalho centralizado em torno da carta 52: a teoria da tradução como a elaboração da temporalidade psíquica, um novo aprofundamento, entre outros, do conceito de *après coup* que Lacan e depois Laplanche destacaram há tempos em Freud.

2. O que me motivou escrever estas linhas, em homenagem à vinda de Laplanche, é uma série de cenas vividas no âmbito de um curso de formação, e sua articulação com outra série de cenas vivenciadas há duas décadas, nos meus anos de colégio (esta experiência de articulação de dois cenários espaçados no tempo é, certamente, um dos componentes desta pérola da teoria da tradução que encontramos na nova coletânea de Laplanche). Tínhamos, neste colégio, um acompanhante *imprescindível* para cada matéria: nas aulas sobre o Antigo Testamento (que nos tomava uma carga horária considerável e tinha uma grande importância naquele país), Rashi, Kasuto ou Kauffmann; para História, um tal de Horowitz; para História da Arte, Gombrich. Durante alguns anos, as aulas de Bíblia tornaram-se para mim uma verdadeira tortura, e o professor, um verdadeiro estraga-prazeres – já que eu era um amante sincero dos textos bíblicos. A timidez ou a fobia (e a preguiça também) impediam-me a consulta dos espessos volumes de Kauffmann e Rashi que se encontravam na biblioteca pública. Mas, mesmo quando superava (ou era obrigado a superar) estas inibições, nem sempre achava relevância nas interpretações de um certo Kauffmann, o qual tinha uma leitura árida e historiosófica da Bíblia. O que fazer se esse grande Kauffmann era justamente aquele que meu torturador encontrava nas mais belas linhas do texto bíblico? Felizmente, existiam outros além de Kauffmann, embora nenhum que valesse o quanto valeu a leitura de Laplanche como acompanhante da leitura de Freud. Mas, acima de tudo, o próprio texto – tanto o bíblico como o de Freud – jamais pode ser substituído ou esgotado por um intérprete.

As cenas evocadas de longa data eram, assim, os sinos de alerta, nas várias situações dos seminários que compõem nosso programa de formação. Presenciamos falas e posições nas quais há articulações implícitas de Laplanche, porém atribuídas a Freud: os instintos têm um objeto fixo; as pulsões vêm da mãe etc. Contaram-nos que alguns professores diminuíam a importância, nos seus programas de seminário, do texto de 1920 (o grande recuo de Freud, segundo Laplanche). Felizmente, a leitura de Freud é prazerosa e muito clara, mas não é difícil ficar desatento, por comodismo, à presença de um Lacan *à la* Bleichmar, ou *à la* Masota etc. Já com Laplanche, não é sempre fácil efetuar esta *mise à l'écart* de Freud, e é por isso que nos parece útil escrever estas linhas. E mais: é

286 UM AUTOR NA INSTITUIÇÃO DE FORMAÇÃO

justamente este modo de trabalhar Freud, propondo identificações abusivas, que ele, Laplanche, não tolera. Seria bom lê-lo com muita atenção, para perceber que ele, conscientemente e a cada frase, coloca-se a distância de Freud, ao contrário de certas adesões cegas e fragmentárias às suas ideias. Nesse contexto, gostaríamos de destacar dois méritos de Laplanche, facilmente detectáveis no seu fazer trabalhar Freud, e que dizem respeito ao modo de filiação e parentesco no seio da comunidade analítica; questões intimamente ligadas à formação e, portanto, à nossa ligação com Laplanche.

Mais que em outros grupos sociais e na organização de outras práticas, o movimento psicanalítico abrigou, no seio das suas associações, vínculos com um forte colorido ciumento, vínculos que, muitas vezes, lembram organizações tribais primitivas; e isso não só nos corpos oficialmente organizados. Tentar justificá-los, reduzindo-os apenas à natureza das mobilizações transferenciais implícitas na formação, acarretam perigos que já prejudicaram o avanço da nossa disciplina.

Desde Lacan assistimos à continuação de duas modalidades ou formas de filiação, que paradoxalmente estão ligadas ao seu nome e à sua escola. A primeira tem história e tradição antigas, suas raízes ancoradas no Mediterrâneo, na tradição talmudista. Lacan é certamente o responsável pela instauração deste espírito de trabalho no campo psicanalítico: a proximidade ao texto, a exegese da leitura, o gosto especial pela problematização do sentido, o prazer pela "querela" filosófica, isto é, a procura das questões. Aberta aos ventos do mar, essa tradição vem abrigando ideias vizinhas e posições decerto distintas e contraditórias. Mas nela podemos traçar as filiações particulares, as diferenças entre mestre e aluno, pais e filhos. No seio dessa tradição, basicamente oral, a função ou o ensinamento do mestre consiste em poder perguntar e problematizar. Na sua história, o fio das gerações é marcante: cadeias de mestres

DANIEL DELOUYA 287

dão vez a alunos, que, por sua vez, transformaram-se em mestres para novos alunos: a ligação "aluno de" distingue e marca a diferença, bem como a continuação entre pais e filhos. É graças a Lacan que a geração atual de analistas franceses inclui figuras tão distintas, sendo Laplanche uma delas.

É interessante e triste que uma certa relação com este mestre (Lacan), talvez estimulada por ele, tenha dado origem a uma segunda tradição/traição, a um certo lacanismo que contradiz o próprio termo de "filiação". A este modo de parentesco chamaremos de "guruísmo". O guru ganha adesões, embora se saiba pouquíssimo sobre ele; ele é tudo, e portanto nada. Seus fiéis transmitem algumas frases-chave; basicamente ele é grande e fonte de luz. Não tem filhos, apenas serviçais, que nos compelem a aderir à fonte da *Verdade* – esta imagem completa, que não necessita de herdeiros ou verdadeiros continuadores marcados pela diferença.

Se é verdade que as duas tradições foram herdadas e transportadas para nossas formas de filiação, a segunda encontrou um terreno mais fértil em nosso meio, seja por circunstâncias históricas e culturais que nos submetem passivamente às fontes da luz de origem europeia, seja por outras razões. O fato é incontestável não só no nosso meio, mas nos próprios Jerusaléns da psicanálise. Fabio Herrmann observou e criticou este fenômeno, utilizando-se da descrição das estátuas, cópias exatas uma da outra, encontradas amontoadas em vários estágios de formação na ilha de Páscoa.[5] Discordamos dele, entretanto, quando alerta para a assustadora repetição de kleinianos, lacanianos e bionianos, mas inocenta os chamados freudianos, diferenciando a "simples imitação da forma estilística" dos primeiros e a "reprodução do ato criativo"

---

5 Herrmann, F. (1992). "O porquê e o tempo na terra de Hotu Matu'a". In *O divã a passeio: à procura da psicanálise onde não parece estar*. São Paulo: Brasiliense, pp. 105-166.

288   UM AUTOR NA INSTITUIÇÃO DE FORMAÇÃO

dos últimos (p. 132). A adesão guruísta tem as mesmas feições, independentemente do nome do guru – é irônico que entre herrmannianos, os adeptos de uma figura criativa, crítica e sensível ao fazer analítico, existam reproduções que nada de *maná* têm. O laplanchismo, batizado de freudismo, pode vir a ter o mesmo destino entre nós. Adesão nefasta ao espírito intelectual de Laplanche e ao seu modo de trabalhar o texto de Freud.

Antes de finalizar estas linhas dedicadas a Laplanche, gostaríamos de abordar mais um ponto, relacionado à maneira como ele problematiza o texto freudiano. São inerentes à filiação rabínica o conhecimento da opinião do outro, a abertura ao diálogo, o questionamento dos detalhes, o debate, a derivação crítica das consequências do seu discurso, e o enriquecimento da argumentação, própria da articulação entre posições opostas ou semelhantes que têm como referência o texto de origem. Já na segunda tradição, à imagem do guru, cujos contornos são sempre ameaçados de ruptura, o outro é odiado. E como tão pouco se conhece do próprio guru, ignora-se o que o outro tem; enquanto o guru é grande, o outro é (na imagem inversa) pequeno, achatado, desvalido – a negação de tudo que é bom no idealizado guru. Os outros são catalogados segundo feições uniformes, próprias da imagem narcísica de si (pouco importa que os trabalhos da escola da *psicologia do ego* tenham sido só folheados ou jamais consultados, é preciso afirmar que a psicanálise americana é a própria negação da descoberta freudiana, que Melanie Klein é a encarnação de um biologismo nefasto, que Winnicott não é psicanálise etc.).

O grande mérito de Laplanche é a leitura minuciosa de vários autores, de várias escolas (inclusive a americana do começo do século e a contemporânea), e de muitas áreas ao longo de várias gerações: quantos já leram, e com atenção, *O trauma do nascimento*, de Rank, após a crítica de Freud em 1926, e ainda dedicaram-lhe mais de quarenta páginas de discussão (ver *Problemáticas*, vol. 3)? A intercalação de um diálogo constante no seu trabalho coloca principalmente em destaque a viva conversa com seus colegas franceses – é raro não encontrar uma discussão de uma obra relevante do seu meio cultural. À exceção de poucos – é rara no nosso meio a citação –, sequer é feita a discussão minuciosa de um colega contemporâneo.[6] A conversa é geralmente com autores europeus. Ficamos admirados, para dar um exemplo, com a ausência de qualquer discussão séria, entre nós, das contribuições de Isaías Melsohn, Jurandir Freire Costa e Fabio Herrmann (entre outros) para nossa disciplina. Não há sequer uma resposta à crítica herrmanniana do inconsciente freudiano, mesmo passados mais de quinze anos desde o aparecimento dos *Andaimes do real*.

---

6 Esta já não é mais a realidade hoje, felizmente.

PARTE IV
Biologia, inquietação

O biológico em Freud, "corpo estranho" para o psicanalista[1]

Este trabalho foi escrito inicialmente em 1989, como monografia em um curso de formação, em função de certo espanto que nos tomava diante das várias maneiras como o biológico em Freud tornava-se objeto de negação e repúdio por parte de professores e colegas. Este estado de coisas modificou-se com os anos, tomando direções nem sempre animadoras, mas, de qualquer forma, sem a negação com a qual nos deparamos inicialmente. Nesse período, a biologia tornou--se um assunto "quente" para psicanalistas em vários países e escolas. A ascensão das neurociências, a potência crescente dos psicotrópicos, sobretudo o efeito que estes tenham gerado na mídia, obrigaram psicanalistas a afinar e a afiar suas posições em relação a ela. A publicação, em 1995, do livro de André Green, La causalité psychique (Paris: Odile Jacob), a atividade de Pierre Fédida no Centro do Vivente em Paris, que resultou em várias coletâneas em torno do assunto, e a recente inauguração, na Inglaterra, da revista de neuropsicanálise são apenas alguns dos novos rumos que ora destacamos quanto às novas

---

1 Este capítulo é uma versão modificada do artigo "O biológico em Freud: 'corpo estranho' ou heresia?", publicado em 1992 na revista *Percurso*, (8), pp. 39-45.

revisões tomadas em torno da questão do biológico em Freud. Entretanto, nenhuma dessas evoluções foi levada em conta nessa nova versão do nosso artigo que ora apresentamos ao leitor. À parte de alguns reparos de estilo da escrita, procuramos eliminar o tom contestador da publicação inicial. Continuamos a acreditar, algo que os filósofos perceberam há algum tempo, que mesmo que o psiquismo pressuponha a vida biológica (o ser vivo), existe um impasse epistemológico na investigação dos elos entre os processos descritos pela biologia e aqueles fornecidos pelos arrazoados emanados dos campos de saber sobre o homem, entre eles a psicanálise – uma vez que se trata de níveis incomensuráveis no que tange aos diferentes modos de aquisição dos respectivos conhecimentos. A desconsideração do hiato entre os diferentes métodos leva às querelas, à "sede ao pote" das comparações entre os conteúdos desses campos. Os esforços atuais conseguem, na melhor das hipóteses, estabelecer apenas correlações entre um campo e outro. É interessante notar que em autores notórios da psicanálise, como Winnicott, que não manifestaram nenhum prurido em relação à biologia, aquilo que entenderem como biológico, manifestado, por exemplo, nos movimentos espontâneos, nada tem a ver com a biologia, mas com a apreensão imaginativa do vivido do corpo, algo que concerne o modo singular – o método – de apreensão do nosso campo. No que diz respeito às construções teóricas de Freud, é a força heurística, metafórica, dos modelos e princípios da vida, fornecidos pela biologia, que tem sido o motor principal da metapsicologia. "As verdadeiras metáforas freudianas", afirmou Fédida, "vêm da biologia". Sugerimos que os psicanalistas não as percam de vista.

*Talvez a biologia seja mais poética do que parece e a poesia
mais ligada à "natureza" do homem do que se pense.*

André Green, 1982[2]

O biológico é um desses componentes ou vertentes na obra de Freud que nos deixa surpresos; é fonte de inquietações e perplexidades, a ponto de tornar Freud, a cada leitura, "irreconhecível". O biológico perpassa a obra toda, e poucos são os textos em que Freud não o leva em conta em suas considerações clínicas e metapsicológicas. Frequentemente, presenciamos, na companhia de colegas, a passagem silenciosa sobre esses trechos, acompanhada de expressões que misturam pena, decepção e indulgência para com Freud. Superada essa fase inicial, ouviremos de alguns: "como todo gênio, devaneios tinha de sobra, perdoemos!". Outros nos lembram de que Freud era um médico que vivia no meio científico vienense do fim do século passado, e que, apesar da sua estatura, não podia desvencilhar-se de um certo modismo evolutivo-darwinista, além de não poder "pensar ou falar" sem fazer uso de conceitos biológicos como ferramentas metafóricas. Freud também carrega a pecha de ser um político hábil, e, portanto, segundo alguns, a linguagem biológica era a única maneira que encontrou para facilitar o acolhimento da "nova ciência".

Queremos chamar a atenção aqui não para o conteúdo de tais argumentos, com os quais concordamos em parte, mas para a atitude justificativa para com o biológico (este "estranho"), no sentido reativo. Essa atitude nos dispensa de refletir, de pensar e trabalhar algo que se apresenta ao longo de toda sua obra.

---

2 Cf. Green, A. (1988). *Narcisismo de vida, narcisismo de morte*. São Paulo: Escuta.

Qual é o lugar da biologia na teoria psicanalítica?

Há algo de biológico no terreno psicanalítico? Concordamos que nada há de biológico na psicanálise. No entanto, o biológico serve a Freud para demarcar e circunscrever o campo por ele constituído, fazendo sugerir a especificidade e a singularidade do psiquismo que lhe interessa. Essas fronteiras têm natureza próxima da de uma membrana, que mantém um contato e trânsito seletivos e constantes entre o "dentro" e o "fora", mas não sendo, como querem alguns, de natureza cuticular. A cada passo tomado, notamos sua preocupação e sensibilidade em abordar os registros correspondentes situados "no outro lado", do biológico:

> *Embora o complexo de Édipo seja vivido pela maioria das pessoas individualmente, ele é um fenômeno determinado pela hereditariedade, por ela estabelecido, que programadamente deve passar, quando começa a fase seguinte e predeterminada do desenvolvimento.*[3]

Essa citação ilustra que Freud não empresta da biologia, salvo uma ou outra vez, um corpo de saber concreto, mas busca em seu contexto pressupostos para constituir o fundamento, as bordas e as fronteiras que circunscrevem seu campo. Seria mais adequado dizer que Freud pisa no campo da teoria da biologia ou de suas premissas filosóficas, particularmente no problema psicofísico. Se houve, de fato, em consequência do esforço demarcativo de Freud, um aprofundamento na definição e remanejamento do campo psicanalítico, os registros biológicos foram negados, permitindo o ressurgimento da tendência de fechar hermeticamente o psiquismo, fundando-o sobre si mesmo.

3　Cf. Freud, S. (1924). "A dissolução do complexo de Édipo". In *Obras completas* (vol. XVI, p. 205). São Paulo: Companhia das Letras, 2011.

DANIEL DELOUYA 297

Para sustentar essa hipótese, escolhemos não nos dirigir diretamente para os textos de Freud, mas discutir o tema comentando e colocando contrapontos aos textos de J. Laplanche e de J. Birman. O pensamento dos dois deriva sua força desta tensão entre o biológico e o discurso analítico.

Desde seu trabalho clássico com Pontalis, *Fantasia originária, fantasia das origens, origens da fantasia*, até o mais recente sobre a *Teoria da sedução generalizada*, Laplanche debate-se com todas as forças, com e contra o biológico de Freud, principalmente com o postulado da herança filogenética.[4] Para ele, o biológico é *"um simples modo de dizer"*, ao passo que para Freud é uma herança, um reconhecimento de seus predecessores.

Os conceitos biológicos que encontramos na obra de Freud abrangem várias áreas da biologia e foram empregados de modos diferentes. Alguns termos diagnósticos e clínicos foram emprestados da psiquiatria, como a "constituição" e a "disposição". O primeiro designa uma determinação genética (estreita) e, consequentemente, cerebral (fisiológica ou orgânica) para a enfermidade mental, seja neurótica ou psicótica. O segundo, superposto ao primeiro, tem seu uso reservado a uma propensão, que se materializa em enfermidade quando as funções mentais diferenciadas do adulto têm de ser testadas na realidade. Freud utiliza esses termos, mas restringe o lugar deles na etiologia das doenças nervosas e dos fenômenos psíquicos, efetuando uma modificação radical e própria, além de coerente com seu campo.

Enquanto a psiquiatria supunha uma causa genética, estritamente determinada, Freud afirma, na conhecida conferência aos médicos, em abril de 1896: *"abre-se a perspectiva de que aquilo que*

---

4 O primeiro, de 1964, foi publicado pela editora Zahar (Rio de Janeiro) em 1988, e o segundo numa coletânea com o mesmo nome em 1986 pela editora Artes Médicas (Porto Alegre).

298   O BIOLÓGICO EM FREUD

tenha sido até então deixado por conta de uma ininteligível predisposição hereditária possa ser adquirido em tenra idade" ("Etiologia da histeria", 1896). O que era atribuído até então a uma predisposição cede lugar para uma etiologia de *"lembranças"* de *cenas traumáticas sexuais* infantis provocadas pelo adulto, e passam a ser *atuadas inconscientemente* sobre irmãos, primos e amigos. Portanto, um teor sexual e traumático ao qual se deve a suposta transmissão hereditária. Estamos, agora, no âmago da teoria psicanalítica (infância, sexualidade e inconsciente). Os componentes hereditários têm aqui – e isto até o fim da obra – apenas um papel parcial na resistência frente ao efeito traumático, na forma, na localização e no colorido dos sintomas histéricos. O biológico, nesse caso, funciona como suporte e limite para outro universo. Uma figuração feliz de Freud abarca o essencial de sua divergência com a psiquiatria, no que concerne aos termos *disposição* e *constituição*: em uma passagem típica da *Psicologia da vida cotidiana*, ao responder às críticas de que lapsos e atos falhos ocorrem em estados de fadiga, envelhecimento etc., decorrentes de rebaixamento das atividades fisiológicas, Freud explica que o assaltante se aproveita do anoitecer para atacar as vítimas...

Se prosseguirmos na sondagem dos termos propriamente biológicos na obra de Freud, vamos nos deparar com uma dificuldade: apenas os termos que mencionamos e outros derivados da teoria da evolução (de Darwin, intrincada com Lamarck) como "herança filogenética" e "traços adquiridos" são propriamente biológicos. Já outros termos – como sexualidade, libido, pulsão, instinto, zonas e fases pré-genitais e genitais – situam-se tanto do lado da descrição biológica como da psíquica. No *Vocabulário de psicanálise* de Laplanche e Pontalis (1967), os aspectos biológicos desses termos e conceitos jamais são perdidos de vista. A terceira classe, com ligação direta à última, inclui os componentes quantitativos e econômicos e os princípios organizadores da vida psíquica. Nela podemos incluir os investimentos libidinais, a força e intensidade das pulsões, e os princípios que organizam o aparelho psíquico, como a redução ao mínimo das excitações, os princípios de constância, inércia e nirvana. Estes se inspiram em modelos biofísicos, sobretudo da termodinâmica – em ascensão naquele período –, constituindo o acervo de verdadeiras metáforas da metapsicologia freudiana.

A primeira questão que devemos colocar diz respeito ao *estatuto da metáfora numa conceitualização*: a relação entre a metáfora e aquilo que ela conota seria meramente arbitrária? Seria Freud igual a alguém que ainda usa, sem opção, sua língua materna em uma terra estrangeira? Ou talvez o uso da biologia deva ser atribuído ao estado incipiente da emergência da nova "ciência"? Estou enfatizando este ponto por duas razões. Em primeiro lugar, a visão (pouco questionada), implícita aos questionamentos que acabamos de formular, reflete um consenso, permeando os escritos de comentadores respeitados. Em segundo lugar, essas questões apontam para as fontes e as origens da psicanálise, da dívida de Freud para com aqueles que o antecederam e que ele raramente deixou de escutar, ouvir e mencionar.

Para o primeiro ponto, quero citar uma passagem de um trabalho de Birman, que dedica três páginas às metáforas biológicas:

> *para acompanhar Tausk na lógica de sua argumentação é necessário superar alguns obstáculos conceituais ... onde se destaca o uso farto de imagens biológicas que precisam ser interpretadas para que possam ser deslocadas de qualquer referência ao substancialismo biológico. Isso se deve ao uso de categorias então recentes no discurso psicanalítico, cuja novidade teórica obscurece o registro conceitual onde operam estas categorias.... Neste contexto histórico ... o seu apelo*

> *biológico se colocou na representação teórica como a solução mais fácil. . . . Essas imagens biológicas devem ser consideradas como metáforas e representações do corpo sexual . . . não podendo pois ser substanciadas no registro do realismo biológico.*[5]

Devemos acatar as recomendações de Birman se quisermos aterrissar no terreno psicanalítico. No entanto, contesto o desligamento (pouco analítico) entre "o modo de dizer" e o dito. A atenção a essas metáforas e aos modelos biológicos nos permitiria o acesso ao papel que desempenharam na constituição do pensamento de Freud, sendo consequentemente uma das fontes da psicanálise. A tarefa de esclarecer o papel da metáfora é muito atual nesses dias, quando assistimos a um grande interesse na escrita e no estilo de Freud. Segundo Mezan, "o uso da figuração em Freud . . . é um verdadeiro traço de estilo, não apenas no sentido literário, mas também no estilo de pensamento" e, mais, a figuração participa "na elaboração teórica . . . na própria construção de conceitos . . . ela faz parte da própria constituição" do pensamento de Freud.[6]

Se a "ressonância das metáforas" é uma mola no "movimento exploratório" da escrita de Freud,[7] convém examinar mais de perto esse grupo abundante das metáforas biológicas.

O *Projeto...*, que atrai cada vez mais a atenção dos estudiosos, é costumeiramente examinado de modo a abstrair seu "substancialismo", sua "linguagem biológica", para descobrir e remeter a ele as

---

5 Birman, J. (1990). "Os impasses do sexual na psicose". In *Tausk e o aparelho de influenciar na psicose* (pp. 121-122). São Paulo: Escuta.

6 Mezan, R. (1989). "Metapsicologia/fantasia". *Revista Brasileira de Psicanálise, 23*(4), p. 59.

7 Mahony, P. (1989). *On defining Freud's discourse*. New Haven: Yale University Press.

DANIEL DELOUYA 301

sementes, as feições e os traços da metapsicologia, aquela sedutora feiticeira com quem Freud não parou de dialogar nos seus últimos 45 anos de vida. Nesse caminho traçado da "neurologia à psicanálise", é necessário reconstruir e traduzir para a psicanálise, como nos alerta Birman, mas é preciso reconhecer a negação da fertilização ("ressonância entre metáforas"), a animação do pensamento pelos modelos da biologia e os elos de filiação e engendramento entre as mitologias (da biologia e psicanálise) e suas feiticeiras.

Eis uma ilustração, com alguns exemplos, desta relação de origem.

1) O modelo de funcionamento neurológico introduzido por Hughlings Jackson na psicologia do século XIX: com base em um reservatório energético amorfo, desenvolve-se, com a indução e estimulação externa, uma fase polimorfa, dando lugar a uma evolução de estruturas sucessivas, cada vez mais integradas e diferenciadas, porém com sustentação energética diluída. Portanto, se houver uma integração precária em uma estrutura superior, em razão de uma fixação de um dos componentes a organizações anteriores ou primárias, isso comprometeria a função superior diferenciada quando esta vem a se pôr em uso, a se expressar. Haveria, então, uma regressão e "liberação" das organizações precedentes. Encontramos este modelo embrionado na tópica freudiana, com seus aspectos dinâmicos e econômicos; também está presente no processo analítico, nos processos primários/secundários e, evidentemente, na concepção da organização das fases psicossexuais, da relação entre pulsões parciais e genitais, entre outros. Portanto, a aceitação do modelo de Jackson não se restringe ao *Estudo sobre a afasia,* de 1891, mas serve Freud para o entendimento do campo que criou, e até muito mais tarde, por exemplo, no papel dado à desintegração da pulsão sádico-anal nos fenômenos descritos em *Bate-se numa criança* (1919).

302 O BIOLÓGICO EM FREUD

2) O sintoma como formação de compromisso foi também inspirado pelo então nascente campo da imunologia dentro da pesquisa médica no que se refere, por exemplo, ao entendimento dos mecanismos inflamatórios.

3) Como último exemplo, lembramos do princípio que rege a pulsão de morte, que habita o pensamento de Freud desde 1895, e que não se inspira apenas nos achados celulares de Weizmann, mas sobretudo na segunda lei da termodinâmica, com seu conceito de entropia, cuja formulação por Boltzmann e outros repercutiu imediatamente na compreensão dos fenômenos da vida biológica. A vida, segundo a biologia, é uma irrupção no natural (ou interrupção dele), e a chance de a vida biológica emergir é *"virtualmente zero"* (J. Monod). A entropia prevê dissociação, desintegração, desorganização, repetição: portanto, a tendência predominante que subjaz a todos os processos moleculares, celulares e do organismo como um todo é a morte. Deixamos ao leitor a comparação.

Resumindo, há uma dívida do pensamento de Freud para com a biologia, uma fecundação deste pensamento por modelos tirados da biologia. Laplanche teve a acuidade de perceber todas as facetas da biologia na obra de Freud, o que o estimulou a aprofundar a teoria psicanalítica para descobrir novos fundamentos. O que nenhum dos leitores de Freud ignora é sua exigência persistente de assentar as estruturas universais dos complexos psíquicos sobre um acervo filogenético. Mas, antes de adentramos esta discussão, vamos esboçar (com o auxílio de Birman) a caracterização e a emergência do psiquismo em Freud.

Genealogia do sujeito

Do soma até o sujeito – é o que Birman tenta delinear, desta vez, com base no ensaio *Visão de conjunto das neuroses de transferência*

(Freud, 1915) recentemente descoberto (em 1985) entre os papéis remetidos por Ferenczi a Balint. Que a realidade psíquica, o humano, emergiu de um fundo biológico e, ao mesmo tempo, está ancorado nele, é um pressuposto fundamental na metapsicologia freudiana. Examinaremos essa hipótese à luz deste ensaio: por onde, no biológico, emergiu o psiquismo? E como o novo, o humano, a realidade psíquica, diferencia-se, circunscreve-se, autonomiza--se, ao mesmo tempo que denuncia sua origem? Que relação ainda mantém com ela? Partindo da clínica, Freud aponta as psiconeuroses como disfunções no registro psíquico, enquanto as neuroses atuais são distúrbios aprisionados no registro biológico. Freud percebeu desde muito cedo (1895) a correspondência ou o paralelo entre as neuroses de transferência e as neuroses atuais; mas enquanto as primeiras são circunscritas no espaço psicanalítico, as últimas ficam fora dele. Isso porque as primeiras preenchem o critério de analisabilidade, sendo a transferência o eixo fundamental que estrutura o espaço analítico. Articula-se, então, o conceito de transferência, com as noções de perda e angústia, que fundam o registro psíquico como simbólico:

> *a permanência no registro psíquico do objeto do investimento pulsional, apesar da sua perda no registro da plenitude da satisfação pulsional, é aquilo que permite a constituição do campo da transferência. . . . Esta é a condição de possibilidade para que se instaure um processo de substituição de figuras, imagens e objetos no aparelho psíquico.*[8]

---

8 Cf. Birman, J. (1988). "Sujeito, estrutura e arcaico na metapsicologia freudiana". In *Percursos na história da psicanálise* (pp. 36-37). Rio de Janeiro: Timbre--Taurus.

304 O BIOLÓGICO EM FREUD

Cria-se, então, uma abertura nessa totalização da satisfação pulsional (biológica), e essa ruptura possibilita o espaço no qual circula o desejo. Assim, ergue-se um campo no qual falta, privação, angústia, objeto, desejo, sujeito, representação e simbolização se constituem conjuntamente. Torna-se clara a coerência no estabelecimento do terreno da psicanálise em torno do campo do desejo: este é metonímico porque o sujeito busca incessantemente a plenitude perdida. É essa inscrição de um objeto (ausente) que permite a classificação entre neuroses de transferência e as narcísicas. Havendo uma fratura na harmonia, ocorre uma ruptura entre homem e natureza. Diante desta fenda, o sujeito se angustia ante o perigo e se protege no plano do eu, sendo levado a investimentos seguros nos objetos da representação que se substituem rumo ao paraíso perdido. "A angústia do real", que resulta da privação, transforma-se então em uma "angústia do desejo", colocando o sujeito em movimento conflitivo e impelindo-o a preencher a falta mediante o trabalho de simbolização.

Precisava Freud assumir uma perda primordial, origem de um mundo humano a partir de uma experiência de privação, que ocorreu com a "irrupção da era glacial"? Freud é levado a uma mitologia da origem, cuja fraqueza é facilmente notada: perda, privação só são compreensíveis em um campo de desejo já constituído. Ele não se contenta em caracterizar o campo do desejo, no qual falta-privação-desejo-sujeito-objeto-representação-simbolização enredam-se em uma matriz que funciona como andaime da realidade psíquica, possibilitando a encenação do complexo de Édipo etc. Ele insiste em apreendê-las em um contexto de origem e oscila, portanto, entre uma mitologia, metáfora do arcaico, e um evento histórico primordial, a partir do qual teria havido uma passagem necessária do natural à privação, constituindo o humano. Ele tenta fundar estruturas sobre eventos históricos, e este mito e suas derivadas versões têm um poder heurístico imenso para o trabalho clínico. *O que é questionável é seu pressuposto lamarckiano, segundo o qual eventos exteriores são diretamente adquiridos*, passando a constituir o homem. Surge, também, a questão se o recurso à origem é necessário. Por que ele não aceita, inicialmente apenas, a matriz do campo do desejo como constitutivo em que as referidas "categorias" possibilitam, formam e constituem a experiência humana? Freud aqui é um Kant que não consegue, ou talvez não pode, desligar-se de seu Hume.

O comprometimento de Freud com o originário liga-se a uma série de questões que concernem à possibilidade da inscrição psíquica da privação, da passagem do natural ao humano ou da plenitude da satisfação pulsional ao campo do desejo, do biológico à realidade psíquica. A solução de Freud, lamarckista-positivista, esquiva-se em parte destas dificuldades, mas expõe, ao mesmo tempo, a fraqueza de seus argumentos nas suas narrativas míticas.

Deixaremos aqui a questão da origem. Vimos por onde, no biológico, emerge o psiquismo, e como este "orienta-se em direção à sua origem" (a aspiração a uma plenitude de outrora). Caminhamos com Birman para extrair outras relações e questões a respeito dos dois universos: as neuroses atuais ancoram-se no somático, sendo seus sintomas a expressão de disfunções da economia biológica do sexo, enquanto as psiconeuroses inserem-se no registro da representação. Eis os dois universos: o sexo como função estritamente biológica e a sexualidade – "a experiência do prazer para o sujeito impõe que a força do sexual seja transposta para o registro da *representação* . . . nesta *passagem* que materializa o que existe de especificamente humano na sexualidade . . . o corpo erógeno . . . sendo marcado pelos efeitos desta *transposição*" (Birman, 1988, p. 36). Neste contexto, o discurso do histérico refere-se ao imaginário do corpo, sendo seus sintomas resultado de procedimentos psíquicos de defesa para inserir o sexual no registro da representação. Se

306 O BIOLÓGICO EM FREUD

Freud delineia o campo psicanalítico na oposição psiconeuroses/neuroses atuais, estabelece entre elas uma correspondência: para cada psiconeurose existe uma neurose atual, sendo a neurose atual condição necessária para a precipitação da psiconeurose, implicando uma *transposição* de estase do sexo para o registro do corpo representado. Essa transposição é contida justamente no conceito da pulsão, fazendo com que a *"ordem do corpo e a ordem da representação estejam em permanente interação, sendo a pulsão o mediador fundamental desta passagem".*[9] *Passagem, transposição* – um movimento através da "ponte" da pulsão. O biológico e sua economia são levados em conta tanto na prática como na teoria. Nessa exposição, funda-se a possibilidade e a articulação do trabalho com as modernas neuroses atuais, os distúrbios psicossomáticos.

A matriz mítica de Freud contém uma verdadeira fenda, tentando dar conta da emergência do psiquismo a partir do somático, por meio de um conceito-limite ("ponte"), a pulsão, que já abriga a condição da possibilidade de representação (o *representante*). Sem esta, as noções de privação e de falta não fazem sentido.

A pulsão, por natureza, investe objetos humanos, sendo a passagem e transposição (do sexo à sexualidade) realizada mediante um outro: a figura da mãe que "perverte" a natureza biológica do infante, sexualizando-o, possibilitando a constituição do sujeito. O que os mitos vêm fundar em uma história é este *outro pré-subjetivo*, que precede o sujeito: não só este outro que é a mãe (a demanda por ela), mas toda sua estruturação em uma programação de inserção na cultura (matriz edípica), os fantasmas originários, produtos de uma história cujas marcas o indivíduo herda, seu acervo filogenético.

---

9 Birman (1988, p. 37).

Filogenia, fantasia

Freud foi e continua sendo acusado, mas perdoado, por sua "ingenuidade biológica" e suas "assimilações biologizantes", referindo-se às teorias e conceitos quanto às origens, à evolução e à filogenia que permeiam seus escritos.

Freud, a nosso ver, é responsável, em parte, pela turbulência em torno desses conceitos e hipóteses, uma vez que os últimos implicam um arrazoado no plano da inteligibilidade histórica. Qualquer ciência ou campo de saber questiona-se e reporta-se às origens, suas próprias e de seus objetos. Não nos interessa, agora, dar interpretações a esses fenômenos, mesmo que seja de grande relevância para a psicanálise, mas constatar que qualquer resposta às origens é necessariamente uma construção entre várias possíveis; os dados trazidos para apoiá-la são indiretos e de certa maneira inesgotáveis. Não sendo passíveis de comprovação, esses questionamentos adquirem um estatuto destacado no corpo teórico destas ciências, pertencendo àqueles objetos que habitam as fronteiras entre a ciência e a mitologia. Se Freud referiu-se a *Totem e tabu* (1913) e *Moisés e o monoteísmo* (1937-1939) como construções mitológicas nas quais a fantasia metapsicológica – apoiada na clínica e no saber psicanalítico – recruta dados e teorias de outros campos (antropologia, história, evolução etc.), se as confeccionou é porque estava consciente disso. A própria teoria de Darwin sobre a ascendência do homem,[10] na qual Freud se apoia na construção do seu mito da horda, é um dos belíssimos mitos de origem. Entendemos, então, que o darwinismo *não é uma* teoria científica passível de prova, mas um possível *sistema de referência* para teorias

---

10 Darwin, C. (1872). *The descent of man and selection in relation to sex*. London: Murray Press, 1970.

308   O BIOLÓGICO EM FREUD

científicas comprováveis. Ela envolve, em essência, os seguintes pressupostos:[11] a grande variedade de formas de vida sobre a terra originou-se de um número reduzido de formas, talvez de um único organismo; há uma árvore evolutiva, a filogenia, uma história de evolução. Explica-se essa evolução pelas seguintes hipóteses: o descendente reproduz os organismos-pais, de maneira bastante fiel. Na progênie, há pequenas variações, as mais importantes delas são as mutações acidentais e hereditárias. A seleção natural significa eliminação de variações (no conjunto de todo o material hereditário) inadaptáveis e a disseminação de pequenas mutações.

À primeira vista, o darwinismo (em contraposição ao lamarckismo) não parece atribuir qualquer efeito evolutivo às inovações comportamentais adaptativas (preferências, desejos, escolhas) de cada organismo. Mas esta impressão é superficial, porque toda inovação deste gênero modificaria a relação organismo-meio, o que equivale à adoção de um novo nicho ecológico. Isso, por sua vez, significa um novo conjunto de pressões sobre a progênie que habitaria o nicho escolhido, como se o organismo fosse determinando as pressões de seleção que agiriam sobre ele e seus descendentes. Desse modo, ele influencia e abre ativamente seu caminho evolutivo. Na construção da árvore genealógica, dados da distribuição geográfica, sucessão geológica, paleontologia, morfologia, embriologia, bioquímica etc. são evidências de apoio para o trabalho da reconstituição da árvore evolutiva.

A efervescência da teoria darwinista nos meios intelectuais e culturais da Europa e nos círculos vienenses do começo do século deve-se a uma adoção distorcida por parte das ciências sociais: inventou-se uma "lei filogenética" de recapitulação, derivada de observações dos estágios embrionários, segundo a qual o indivíduo repete, ao longo do seu desenvolvimento, os estágios históricos da

---

11 Darwin, C. (1859). *The origin of species*. London: Pelican Classics, 1977.

sua espécie, assim satisfazendo e reanimando o velho romantismo germânico. Freud adotou a versão spenceriana da evolução, segundo a qual a mente do indivíduo apresenta, no desenvolvimento, "um resumo" dos estágios atravessados na história da humanidade, de sua espécie. Freud não pôde incorporar por completo esse "romance", porque não se coadunaria com sua teoria; em segundo lugar, se for levado até as últimas consequências, significaria regredir a uma paradoxal concepção junguiana de uma mente feita à imagem de uma biblioteca, computador operando por retroativação sincrônica e simultânea de arquétipos arcaicos "salvos" dos arquivos do "acervo filogenético". Esta teoria foi rejeitada e criticada por ele com veemência.

Mas Freud continuou atrapalhado com a "hipótese de recapitulação" (que pouco tem a ver com a biologia), no seguinte aspecto: Freud prega a ideia de uma herança mediante um mecanismo evolutivo lamarckiano, que é a transmissão de caracteres adquiridos. Uma experiência ou "ato" (*Totem e tabu*, 1913) passa a ser adquirido e herdado, princípio este que leva Freud a regredir, contra a sua vontade, ao nefasto "acervo" e à contraditória hipótese de recapitulação. Ao nosso ver, ele não precisa adotar os mecanismos lamarckistas de evolução, que consideramos impossíveis de refutação, pouco atraentes, errôneos e de pouca sustentação. O que se perfila na nossa apresentação concisa do darwinismo não é esta aquisição, acumulação e assimilação positivista lamarckiana na qual nos guia Freud, mas uma seleção de estruturas, como se o organismo apresentasse conjuntos, "teorias" sobre o mundo, por assim dizer prenhes de escolhas. Estas são modificações e remanejamentos de "teorias" anteriores, permanentemente testadas pela seleção natural. Quero enfatizar que, ao contrário do modelo lamarckista, não é possível prever a direção da modificação tomada pela nova forma; há lugar para inventividade em várias direções e o ambiente e a natureza não contribuem positivamente, mas *selecionam* estruturas e conjuntos. A evolução dá conta de conjuntos, sucessão de estruturas gerais, com expressões – nuanças – singulares (variedades). Nesse sentido, os mitos freudianos, como realidades históricas, passam a ser incorporados para compor esquemas e estruturas significantes do psiquismo.

Para Freud, não há sujeito sem cultura e vice-versa; e seus mitos vêm justamente fundar os dois, conjunta e simultaneamente. O complexo de Édipo é o que insere o sujeito no mundo humano. Mas, para isso, não basta a matriz edípica inicial, que delineamos anteriormente como constituição do campo do desejo, onde falta, desejo e sujeito constituem-se conjuntamente. Há necessidade de um molde, esquema ou roteiro específico que compõe o cenário edípico, que vem a ser preenchido pelas protofantasias ou fantasias originárias: a cena primitiva (coito dos pais), a sedução e a castração são formadoras do enigma da própria origem (a filiação), da sexualidade e da diferença dos sexos, respectivamente. São estas estruturas específicas que moldam, que "historizam" as vivências contingentes no Édipo do indivíduo. Há uma complicação no estatuto (não tópico apenas) destes pontos: entendemos que sem os "dispositivos" ou os significantes da sexualidade, a diferença dos sexos e da filiação, não há complexo de Édipo. No entanto, eles não só organizam e subentendem as recordações encobridoras, devaneios, teorias sexuais infantis etc., mas elas próprias são fantasias, conteúdos específicos "ativados" pelas vivências, ou derivadas e reconstruídas no processo analítico. Além do mais, elas se reportam às origens e a elas próprias (Laplanche e Pontalis, 1964). Portanto, não se trata de categorias kantianas da razão pura, mas de conteúdos associados entre si.

Porque se manifestam como fantasias, fica difícil depurá-las do campo estrutural do desejo (polo do sujeito), mesmo se pudéssemos imaginar colocá-las em um estado intermediário, no qual o polo do sujeito ficasse deslocado (*Bate-se numa criança*, 1919). Em virtude da configuração no campo do desejo (como organizadoras das fantasias e como fantasias próprias), trilham o decurso pulsional. Vemos, então, como a estrutura se furta a nós, pela sua inserção e captura no campo do desejo. Esta "captura já ocorrida" no campo da realidade psíquica é responsável por "emprestar" ao esquema o caráter de reportar-se às origens, porque a *circulação metonímica recursiva* é constitutiva deste campo do desejo e da representação. Apesar dessa dificuldade, não podemos negar o roteiro implícito nas *Urphantasien*, sem o qual o complexo nodular e o teatro humano não podem ser montados.

Gostaríamos de assinalar que a especificidade e, ao mesmo tempo, a universidade aludem a uma preconização de um suporte biológico – uma estrutura hereditária biológica necessária. Sem ela, não podemos entender a aparição e a inserção do indivíduo na cultura – a única cultura humana conhecida, fundada na postergação da satisfação pulsional, na simbolização, na realidade psíquica – com esta especificidade do conteúdo edípico. Se quisermos colocar o homem e a cultura em um *continuum* evolutivo, e não voltar ao romantismo pré-darwinista, Freud nos guia no que é especificamente humano, no que o faz advir ao real, à cultura. A esta capacitação, como a qualquer outra (a linguagem), subjaz uma inscrição hereditária. Se mencionarmos a linguagem, ela tem estrutura universal, com regras específicas e princípios diretores, uma capacidade cognitiva, generativa de criação infinita; mas ela só se manifesta e se ativa pela exposição ao uso de um ou vários idiomas. Ao mesmo tempo que reflete uma estrutura universal da mente humana, ela pressupõe uma necessidade biológica, estrutura hereditária.[12] O material genético-hereditário pode ser concebido como linguagem com o potencial de criação de infinitas

---

12 Chomsky, N. (1976). *Reflections on language*. London: Fontana/Collins.

312 O BIOLÓGICO EM FREUD

"teorias". Uma série delas entrega-se ao campo da representação, para "metabolizar" e capacitar a inserção na cultura. Outros "protos" (elas são como *uma partitura que cada músico interpreta à sua maneira* – Laplanche), mais elementares e diferentes daqueles que Freud introduziu, podem e devem ser erguidos, e deles derivadas outras matrizes, mais depuradas, como aquelas aventadas por Melanie Klein, ou outras como a mais recente, atraente e original de Piera Aulagnier.[13] Cabe aqui assinalar que é justamente esse registro biológico-genético que possibilita o desvio do esquema, como no *Homem dos lobos* (1918); ou, na psicose, o "desencaixe do quebra-cabeça" (Aulagnier). *Negar a inscrição genética seria não se perceber, escutar ou assistir à cena primária, não se inserir na lenda ou na cadeia das gerações, uma psicose intelectual.*

Queremos deixar uma crítica detalhada de Laplanche para outra oportunidade. Colocarei apenas uma nota: Laplanche (1986), coerente com seu *"interpretar (com) Freud"*, consegue efetuar um verdadeiro deslocamento, remanejando a teoria freudiana de cima a baixo. Ele funda esta autêntica e bela releitura de Freud no encontro e confrontação entre o adulto e o mundo imaturo da criança (introduzindo nela "um corpo estranho"), entre a causa adequada e a causa parcial (Spinoza), entre o "mais" e o "menos" etc. Em torno deste eixo da teoria generalizada da sedução, constrói-se uma teoria genial, em que a coerência guiada com maestria designa *objetos-fontes* da pulsão, o *isso* e o *inconsciente* são criados e formados pelo encontro etc. É só ler várias vezes e a mina de ouro... é nossa. Com esses novos fundamentos, Laplanche tenta nos livrar de todo o "absurdo biológico", dos "nefastos modelos fisicalista--neuronais", da "temerária fisiologia" e, claro, da "desnecessária ancoragem das vivências em esquema (ingenuidade e loucura de

---

13 Aulagnier, P. (1986). *O aprendiz de historiador e o mestre-feiticeiro*. São Paulo: Escuta, 1989.

Freud e Klein) de fantasias de origens", ou da regressão infinita a um originário ou aos mitos da horda, para citar apenas alguns. Ainda que essa versão laplanchiana seja autossuficiente, rica, bela e arejante, ficamos com a suspeita de que nesse "encontro", "confrontação", no "mais" do adulto e nos "significantes enigmáticos" gerados no "menos" da criança, há um "corpo" do qual Laplanche quer "se estranhar" e procura "ignorar".

Pensamos que a biologia para a psicanálise nada mais é que escada, conforme a imagem wittgensteiniana, da qual Freud se serviu; quem quiser chutá-la... que o faça.

Entre natureza e metáforas freudianas[1]

> *A metáfora é condição da poesia.*
>
> André Green, 1982

O livro de Garcia-Roza *O mal radical em Freud* (Zahar, 1990) teve uma acolhida calorosa e uma força de atração única sobre o nosso público "psi". Com elegância na expressão e simplicidade expositiva, o autor cria um novo ar de reflexão, e ficamos seduzidos diante dos novos contextos nos quais ele examina conceitos-chave da metapsicologia freudiana. Ele delineia com clareza alguns conceitos (como o do acaso) no interior de sistemas de pensamento ao longo da história da filosofia e da ciência. A qualidade e a contribuição de seu trabalho não residem apenas nesse esforço, nem por inserir Freud e Lacan nas fileiras do seleto *time* da filosofia ocidental, entre Tales e Deleuze. Cabe aqui esclarecer que, embora Freud compareça no título do livro, e embora os termos expressos

---

1 Publicado originalmente no *Boletim de Novidades da Pulsional*, (59), pp. 5-15, março/1994, sob o título "Sobre algumas metáforas freudianas fora da ordem/ficção da natureza".

316 ENTRE NATUREZA E METÁFORAS FREUDIANAS

em alemão sejam de Freud, as citações e as argumentações, na maior parte das vezes, são de Lacan: trata-se então de aproximar e ajustar Freud a Lacan com a vantagem de reconhecer a diferença e a rica e legítima derivação. Encontramos, aqui, uma das grandes qualidades do trabalho de Garcia-Roza: não se trata de um membro das seitas que habitam um dos "campos freudianos", onde se perde facilmente nas grutas e nos becos do linguajar *lacanês*. O texto apresenta uma rara e das mais claras e críticas exposições do pensamento de Lacan. No entanto, não são esses aspectos que nos interessam. Parece-nos útil tomar como única referência, para criticá-lo, o argumento teórico central do autor nesse livro.[2]

No prólogo do seu trabalho, Garcia-Roza declara que seu "propósito não é o de redizer o que Freud disse ... mas ... pensar o que permaneceu subentendido em sua teoria". O ponto de partida da psicanálise é a linguagem, já que "ao ser através do qual a palavra fez sua emergência – *e que foi por ela constituído* – chamamos *homem*" (grifos nossos). A antiga e tradicional dicotomia homem/natureza focaliza-se agora em torno de dois registros: o dos corpos materiais e o da linguagem. O mundo (dos corpos) passa a ser desnaturalizado, ressignificado, surge então uma nova ordem, *a simbólica*. "É apenas do lugar da linguagem que podemos supor um ... mundo dos começos, mundo verdadeiramente mítico". Um mundo natural e ordenado, independente da linguagem, só pode ser uma ficção. Garcia-Roza parece dizer que a biologia permanece presa nesta mitologia. Segundo ele, as "ciências da vida" lidam com esta "parte do mundo natural", a dos "seres vivos" que enquanto "corpos" naturais são marcados pela falta, *necessidade* (natural), e que "impõem uma ação cujo objetivo é a supressão da necessidade". Essa necessidade é "efetivamente preenchida pelo

---

2 As citações e afirmações que comentaremos (sem a indicação de páginas) encontram-se no referido livro.

objetivo (também natural)", pressupondo uma "adequação entre as necessidades do corpo e determinados objetos do mundo ... o que se chama de adaptação", que nada mais é que uma "harmonia preestabelecida" (Leibniz) que "impõe que a ação se faça segundo caminhos pré-formados. E a isto chamamos *instinto*" (grifos nossos). É neste mundo extensivo-fechado, natural, que não necessita de nada externo a ele para se manter, onde não há falta, nem falha ou fenda, que encontramos os "corpos vivos" da biologia.

A montagem cuidadosa de Garcia-Roza pretende mostrar o fechamento do sistema natural frente à linguagem, ponto de partida e fundamento da psicanálise, "recusando" a biologia "como princípio explicativo". Esta tendência é bastante difundida entre os comentadores de Freud cuja concordância repousa sobre o "ponto pacífico"[3] da irrelevância do biológico em Freud. No entanto, existe uma tensão na obra de Freud, em que ao lado de um discurso de sentido encontramos modelos dinâmicos e quantitativos, mecanismos e embasamentos de complexos sobre herança etc.[4] A riqueza de sua obra provém desse trânsito permanente que se efetua em vias primeiramente viscosas, que acabam se clareando no próprio movimento. As tentativas de abolir esta inquietação inerente à obra de Freud e erguer um discurso unificado, embora compreensíveis e frutíferas, incorrem no perigo de mutilar, descartar e ignorar partes essenciais de sua obra. O trabalho de Garcia--Roza, montado sistematicamente, nos fornece uma oportunidade única de examinar de maneira crítica pressupostos básicos deste difundido discurso. Pedimos paciência ao leitor se nesta tarefa precisaremos deter-nos, inicialmente, em desfazer o liame implícito que Garcia-Roza estabelece entre o naturalismo e as ciências natu-

---

3 Cf. Trucco, R. E. & Alperowitch, E. (1991). "Esta pulsão é de morte!". *Percurso*, *(7)*, p. 7.

4 Cf. o capítulo anterior e Monzani, "Discurso filosófico e discurso psicanalítico", em: B. Prado Jr. (ed.), *Filosofia da psicanálise*. São Paulo: Brasiliense, 1991.

318 ENTRE NATUREZA E METÁFORAS FREUDIANAS

rais, particularmente com a biologia, para que possamos seguir e adentrar questões propriamente metapsicológicas.

Naturalismo, ciências naturais e biologia

Entender a biologia no contexto do naturalismo é cometer um erro que os filósofos caracterizam de categórico (*"category mistake"*). Kant ensinou-nos a distinguir entre o plano ontológico e o plano epistemológico, entre "princípios constitutivos" e "princípios regulativos". Devemos distinguir entre o mundo dos seres vivos e o mundo inanimado no que tange às suas essências ou no que concerne às categorias pelas quais nós as examinamos e concebemos? Em outras palavras, a questão que se coloca, neste exemplo, seria a de seres vivos *versus* seres inanimados ou biologia *versus* física? É numa mistura de duas questões deste gênero que Garcia-Roza se meteu: referir-se à biologia no contexto de seres vivos, corpos com necessidades, adaptados e movidos pelos instintos, seria não passar de algumas intuições e de um nível puramente descritivo. Seria o mesmo que falarmos da psicanálise, nesta analogia, no contexto da alma humana caracterizada pelas paixões, pelos afetos de amor, ódio, dor etc.

Trata-se, em ambos os casos, de discursos da filosofia[5] cujos contextos não lhe permitiram avançar além de um primeiro plano intuitivo e descritivo da "natureza". Kant esclareceu-nos as bases e as possibilidades do conhecimento nas ciências naturais: o conhecimento científico significa o emprego das categorias (entre as

---

5 É muito raro encontrar os termos necessidade, adaptação, instintos etc. no corpo teórico da ciência biológica, a não ser na descrição e formulação dos dados observados e discussão dos resultados experimentais. Esta é a razão de as encontrarmos com mais frequência em disciplinas (coligadas) comportamentais ainda bastante descritivas, como a ecologia e a etologia.

DANIEL DELOUYA   319

quais a causalidade) no pensamento dos dados e eventos apresentados. Mas estas (as categorias) não bastam para o conhecimento; é preciso ainda colocar, segundo Kant, o evento em um contexto sistemático (chamado hoje de "sistema hipotético-dedutivo").[6] Em resumo, as ciências são teorias sobre relações funcionais (não "materialidade do corpo") e isso nos afasta do naturalismo e de essências. Não é de se surpreender que este engano leve Garcia-Roza a concluir que o naturalismo "é uma versão científica de essencialismo". Quem é irremediavelmente preso à ficção da natureza não é a biologia, mas o próprio Garcia-Roza, quando a atribuiu à biologia ou às ciências naturais. Garcia-Roza parece não entender que a biologia, como qualquer outra disciplina, é um discurso. Entre as quatro funções *comunicativas* da linguagem – expressiva, sinalizante, descritiva e argumentativa (Popper, 1977)[7] – as duas últimas são importantes ou essenciais para formular hipóteses e teorias. Dessas, a descritiva, pressupondo as funções anteriores (expressiva e sinalizante), tem a capacidade de gerar inúmeras proposições (*statements*, Chomsky, 1976)[8] sobre as quais aplicam-se critérios de verdadeiro/falso (*true or false*), e a argumentativa vale-se das outras para gerar argumentos sobre os quais aplicam-se os critérios/valores de validade (recai sobre o procedimento lógico hipotético-dedutivo da estrutura do argumento). Vale enfatizar, como se pode inferir dessa breve exposição, que tais critérios nada têm, nem pretendem ter, a ver com "*A verdade*" metafísica, e muito menos ontológica, do que existe na natureza (da qual se ocupava a filosofia), mas devem ser entendidos no interior do discurso e nos limites do método científico.

---

6 Cf. Kant, I. (1788). *Critique of pure reason*. [S.l.]: Anchor, 1966.
7 Cf. Popper, R. K. & Eccles, C. J. (1977). *The self and its brain*. Berlin: Springer International.
8 Cf. Chomsky, N. (1976). *Reflections on language*. London: Fontana/Collins.

320   ENTRE NATUREZA E METÁFORAS FREUDIANAS

Se a questão é posta do lado da biologia e não do naturalismo, de que estamos falando? No que tange à discussão filosófica da biologia, Kant foi o primeiro, na última parte da *Crítica da faculdade de julgar* (1970),[9] a formular a problemática dessa ciência, antecipando em aproximadamente cem anos a fundação desta disciplina. Mas foi Claude Bernard (1878)[10] quem preparou as bases da biologia moderna, no plano experimental e filosófico, ao distinguir entre a *vida* (biológica) *e os mecanismos nela operantes*, tornando com isso a biologia uma disciplina científica: de um lado tirou dela a ameaça do vitalismo e de outro a livrou do domínio do materialismo metafísico. No plano experimental, isso significa uma pesquisa por meio de hipóteses testáveis experimentalmente sobre as causas físico-químicas de cada função do organismo. Tudo isso implica evitar o uso da categoria teleológica na pesquisa das funções do organismo. Mas mesmo quando a maior parte desses mecanismos será compreendida (ou seja, no seu contexto físico-químico), não teremos uma explicação para o fenômeno da vida: "podemos caracterizar a vida, mas não defini-la" (*"On peut caractériser la vie, mais non la définir"*), afirma Bernard. O aspecto executivo (*l'exécutif*) da função do organismo é o conjunto físico-químico (desprovido de significação) presente em todas as suas partes, mas ao mesmo tempo estes aspectos expressam uma "lei própria" (*le législatif*) do organismo, que é o fenômeno da *vida*. Este, sim, é significativo, embora não se apresente como causa em nenhum mecanismo executivo do organismo. Na biologia, lidamos somente com o *exécutif*, já que não é possível apreender/capturar o *législatif* pelo método científico.

---

9 Cf. Kant, I. (1790). *Crítica da faculdade de julgar*. Jerusalém: Shoken, 1961 (em hebraico).

10 Cf. Bernard, C. (1878). "Les phénomènes de la vie communs aux animaux et aux végétaux", em: Fulton, J. (ed.). *Selected readings in the history of physiology*. Illinois: Charles C. Thomas, 1930.

Nada mudou com respeito a esta problemática na filosofia da biologia, pelo advento e avanços da biologia molecular, apesar de leigos e grandes biólogos como Monod terem anunciado a descoberta do "mistério da vida".[11] A biologia molecular contribuiu para elucidar os mecanismos genéticos responsáveis pela persistência dos processos biossintéticos e para a acumulação de seus produtos bioquímicos; em outras palavras, ela nos aproximou da compreensão dos mecanismos subjacentes ao caráter central da vida biológica; objetivo, aliás, que Bernard designou para o plano de pesquisa da biologia: ele afirmou que "o caráter essencial da vida é a criação orgânica". No entanto, a descoberta destes mecanismos genéticos não explica (direta ou indiretamente) os fenômenos morfológicos ou fisiológicos (ou aqueles que dizem respeito ao organismo como um todo – defesa e homeostase – ou sua relação com o meio ambiente – necessidade, instintos, adaptação –, que chamaram a atenção de Garcia-Roza e de outros como Laplanche), que são os fenômenos da vida, ainda que não duvidemos que esses mecanismos (genéticos) sejam responsáveis, verdadeiras causas dos fenômenos da vida biológica. São estes os paralogismos e antinomias aos quais leva a tentativa reducionista da vida à física-química.[12] Com isso, voltamos à problemática central da biologia como disciplina de conhecimento científico: o uso da categoria teológica. Kant

---

11 Cf. nosso trabalho (1993) "A filosofia da biologia à luz da biologia molecular: resolve-se o 'mistério'?", *Cadernos de História e Filosofia das Ciências*, série 3, 4(1), pp. 51-59.

12 É desse beco que Monod quer nos resgatar usando um truque semântico: ele define a vida como quer por meio de uma determinação arbitrária segundo mecanismos específicos cuja conhecida base físico-química serviria como traços inconfundíveis da vida. Ele escolhe, então, dois "princípios": estabilidade – a duplicação do mesmo com fidelidade – e complexificação – a capacidade de conter variações na replicação adequadas à pressão do ambiente. Escolhendo a mutação e a seleção (operantes nos mecanismos genéticos-moleculares e do desenvolvimento), ele pretende definir o "vivo", mas deles não podemos inferir os fenômenos da vida (referência na próxima nota).

322   ENTRE NATUREZA E METÁFORAS FREUDIANAS

determinou (na ciência que trata de "entes organizados") o uso do pensamento teológico na biologia. A "teleonomia" de Monod[13] não ajuda, nem a cibernética; ao contrário, essa última contribuiu para a formulação precisa e meticulosa do problema da teologia. Para funcionar, a biologia precisa desta categoria para a descrição e a formulação científica dos dados observados e resultados experimentais. Aqui a categoria da causalidade é insuficiente: por outro lado, a descrição e formulação por meio da categoria teológica não contribuem para o conhecimento científico.

Dito isso, concluímos: não só a psicanálise recusa como também a própria biologia não pode tomar os fenômenos vitais – "corpo biológico", "suas necessidades", seus "instintos" etc. – como "princípios *explicativos*". Existem, sim, pontos de encontro entre a biologia e a psicanálise, mas em outro lugar que ocupou Freud consideravelmente.

Entre linguagem, biologia e metapsicologia freudiana

Na discussão que se segue, faremos uso de metáforas sem poder nos servir delas como modelos nem como provas, mas conferindo-lhes o valor de evocar e ilustrar. Em outras palavras, a ênfase recai sobre o *como* (por exemplo, "*como* linguagem"). Como na física, ocuparemos o lugar de *testemunhas*, o que nos *implica* como observadores.

Os algoritmos da cibernética, os trabalhos sobre as estruturas dissipativas de Prigogine em sistemas termodinâmicos *abertos* e a teoria da informação de Shannon (citados por Garcia-Roza) inspiram biofísicos no estudo dos modos de assimilação do "ruído"

---

13 Monod, J. (1970). *Chance and necessity*. New York: Vintage, 1972.

(desordem e acaso) cujos efeitos são a emergência de propriedades novas e imprevisíveis; nova ordem que aumenta a complexidade da *autoorganização*, característica única do ser vivo (*"vivant"*, Atlan).[14] Esse "modelo" é aplicável a cada função do organismo e ao seu conjunto, no que tange ao organismo-ambiente, como também ao desenvolvimento das ontogêneses no decorrer do tempo (evolução) e até o aparecimento da vida (Monod). Embora a estabilidade estrutural do organismo expresse a tendência *negentrópica* (que significa ir em sentido contrário à desordem), sua ordenação (e isso é especialmente verdadeiro em termos operantes e econômicos) é em razão da incorporação da entropia, ou seja, levando à complexização pela própria desordem do "ruído" ou "barulho". Vejamos agora como Garcia-Roza adota este "desenho" biofísico para a articulação de pulsão e desejo.

O conceito de pulsão, afirma Garcia-Roza, diz respeito às relações entre o corpo e os objetos do mundo. Tendo como fonte o corpo, as pulsões são excitações, intensidades (potências puras, indeterminadas) corporais, cujo estado é anárquico, dispersivo, disjuntivo, desordenado, fortuidade plena. "A estes estados Freud dá o nome de *pulsão de morte, a primeira pulsão*". Colocada no lugar do acaso e tendo sua plena autonomia, a pulsão pertence ao Real – além do princípio do prazer, extrapsíquica e fora de ordem simbólica, da linguagem. O Real não deve ser confundido, nos adverte ele, com a realidade do mundo, porque as pulsões só se constituem por efeito da linguagem, e ao sermos submetidos e apossados por ela é que seremos ordenados. Na articulação entre o acaso, a potência constante da pulsão, e a linguagem, introduz-se a *diferença*, o *novo*, o *desejo*, o registro ao qual pertence o sexual.

---

14 Cf. Atlan, H. (1975). "Life, physico-chemistry and organization". *Iyuun, (26)*, p. 207.

324   ENTRE NATUREZA E METÁFORAS FREUDIANAS

Vemos as semelhanças nos papéis da pulsão e do "ruído" na emergência do novo e nas seguintes modalidades e situações: a resistência do organismo, sua regidificação em incorporar o ruído (semelhante àquilo que Garcia-Roza designa para o Eros), a fraqueza em suportá-lo ou ainda quando a intensidade pulsional é demasiadamente grande, destrutiva (o "mal radical") – todos levando à morte psíquica. Mas não há correspondência entre linguagem, cadeia significante e a organização nem entre reorganização e o sujeito fundado pelo desejo. Ainda assim, é preciso reconhecer o mérito e a fecundidade de Atlan (1979)[15] para a psicanálise: o casal Pragier (1990),[16] num excelente e extenso trabalho, focalizando-se no aspecto econômico da obra de Freud e transitando entre a teoria e a clínica, aplica metáforas da biofísica e física para a teoria e o espaço analíticos, um caso clínico, a autoanálise de Freud, o *après coup* e o fantasma da fustigação. Além disso, eles apreendem, nesta conjectura, obras-primas de psicanalistas distintos como Bion, Viderman, Green e Aulagnier. Entre nós, a obra de Fabio Herrmann, com os conceitos de campo, sua ruptura, vórtice, interpretação que desordena-reordena e emergência do desejo, permite um exercício parecido.[17]

No que concerne à biologia, a metáfora atlaniana deixa a desejar. Ela visa "ampliar a biofísica para os mecanismos físico-químicos do ser vivo": as principais formas da cibernética que expressam, a quem os interpreta, informação de complexidade e organização. Devemos incorporar a este modelo um aspecto que chamaremos, inicialmente, de tópico: a biologia molecular de hoje nos mostra um "aparelho" biológico configurando uma hierarquia

---

15 Cf. Atlan, H. (1979). *Entre o cristal e a fumaça*. Rio de Janeiro: Zahar, 1992.

16 Pragier, G. & Faure-Pragier, S. (1990). "Un siècle après l'Esquisse: nouvelles métaphores? Métaphores du nouveau". *Revue française de psychanalyse*, 54(6), p. 1.

17 Cf. Herrmann, F. (1991). *Andaimes do real I*. São Paulo: Brasiliense.

de transcrições e retranscrições (a carta 52 de Freud, de 6 de dezembro de 1896, pode servir até como esboço simplificado desta) em vias sinuosas de encontro. Na base dessa hierarquia, a partir da qual as transcrições são feitas, existe o "material" genético codificado por um alfabeto com gramática, sintaxe, semântica e ordenado e organizado em palavras, frases, argumentos e até teorias que constituem sua memória. Esta, por sua vez, é tanto consequência de, como é sujeita a, "barulho" que a reordena, remaneja e ressignifica. Este "material" rege todas as transcrições sucessivas, e é por elas permanentemente modulado. Especulamos com Chomsky que tal estrutura de linguagem geral, e ao mesmo tempo específica, foi a condição ou o suporte para a emergência da linguagem humana com propriedades parecidas. Vejamos agora o quanto o biológico tem a ver com o campo psicanalítico como tem sido desenhado por Garcia-Roza.

Como consequência da desnaturalização do corpo pela palavra, o objeto absoluto (a Coisa) constitui-se como perdido e como falta: a palavra "nadifica". O que fica é o objeto *a* que é o resíduo e índice da Coisa. Este é o objeto-causa do desejo que se faz intermédio da fantasia, e é nesta condição que se constitui como objeto da pulsão. O objeto *a* assinala o vazio deixado pela Coisa, em torno da qual os significantes gravitam em cadeia e organizam-se numa rede (Garcia-Roza).

Já expus extensamente o fato de os seres vivos serem organizados teleologicamente: cada "palavra", "frase", "argumento" do material genético como também o seu conjunto se auto-orientam – *"são agentes* que fazem *ato"* à semelhança de significantes (Garcia-Roza) – em cadeia num *sentido* e isto determina todos os níveis de transcrição. Este é o significado da função biológica, o de auto--organização num sentido, e é esta a configuração que possibilita uma multiplicidade de mecanismos em organismos para funções parecidas, como também a criação (o *novo*) de milhares de seres vivos diferentes evidenciados pela biosfera e evolução. Mas em que sentido? Nenhum, ou melhor, indeterminado. Tomando emprestado os termos de Garcia-Roza, diremos que, para a estruturação do ser vivo, o Real é apenas um suposto, um vazio em torno do qual ele se ordena, cria e se autorreorganiza. Ficamos próximos a Garcia-Roza quanto à linguagem e ao "barulho" e muito longe de sua adoção da natureza com suas mônadas orquestradas por uma harmonia preestabelecida. Há um mal-entendido grave no que se diz respeito ao mecanismo de "seleção" postulado por Darwin: o organismo apresenta "teorias" (e isso é muito claro no funcionamento dos sistemas imunológico e neuronal) sobre os quais incidem certas restrições, mas não há nenhuma escolha específica. Se não, não teríamos a emergência do novo – a variedade de formas, opções e tendências auto-organizacionais imprevisíveis. Freud foi parcialmente responsável por este engano quando adotou o mecanismo lamarckiano. No capítulo anterior, critiquei Freud e mostrei que não há necessidade de adotar esse mecanismo para o embasamento genético dos complexos psíquicos. Quanto à restrição, ela também existe no que tange ao sujeito e ao seu desejo. Garcia-Roza assim o mostra quando articula o desvio sublimatório mediante a cultura e quando nos fala da concessão do desejo, "o serviço dos bens", a culpa, o "mal (estar) radical", em que a pulsão de morte destrutiva age no interior do sujeito: o objeto *a* causa o desejo, sendo os objetos deste último representados como signos na fantasia. Qualquer objeto pode pretender a este lugar (sem poder preenchê--lo plenamente) e fornecer satisfações substitutivas, como é o caso dos objetos sublimados cuja característica é fazer parte dos objetos valorizados na cultura. Mas eles não bastam; seriam necessários objetos que comovessem nossa corporeidade, que neles houvesse um mínimo de "coisidade" do Real. Difícil é aceitar sua proposta de que a "coisidade" seja o *Sache* (coisa) e que, segundo Lacan, nada mais é senão a representação-coisa de Freud. Há aqui um esforço de desvincular a sexualidade do biológico. Garcia-Roza perde também a oportunidade de fazer uso do seu arcabouço para abordar o econômico em Freud e isto fica claro quanto ao afeto: no psiquismo, afirma, a pulsão faz-se presente pelos seus representantes, representação e afeto. No entanto, para ele, o afeto é representação *qualitativa* da intensidade pulsional.

No excelente oitavo capítulo, Garcia-Roza explica o que significa a famosa frase "O inconsciente é estruturado como linguagem": apoiado na noção da função classificatória primária do pensamento selvagem, pensamento não crítico, Lacan transmite a ideia de que a "função significante se faz por *oposições* . . . que encontram um *suporte* próprio no mundo natural". No nível humano, Lacan teve o mérito de reconhecer o papel da linguagem, porém, desapercebendo seu lugar pleno. Partimos do exemplo de um paciente de Green:[18] após uma interpretação de um coito anal no seu sonho, ele "queria me dizer 'mas enfim, senhor, o coito vaginal *je l'exerce* (eu o exerço) normalmente'. Ao invés disto disse: 'mas enfim, senhor, o coito vaginal *je l'exécre* (eu o execro) normalmente'". Aí está um exemplo de uma simples permutação de uma letra, modalidade de exercício do inconsciente por oposição, neste caso, fonemática. "Freud nos diz que o inconsciente pensa" (Garcia-Roza), mas a unificação abusiva em torno da cadeia significante não permite aliar os diferentes tipos de funcionamento do pensar, assimilando o pensamento à linguagem, por meio da qual transformamos o discurso consciente em discurso *onirizável* (Green). Chomsky, com a aliança que faz entre pensar e falar, seria um caminho...

A fantasia, segundo Garcia-Roza, "articula a pulsão e o objeto . . . oferece ao desejo seus objetos como tela entre o sujeito e

---

18 Green, A. (1990). "Penser l'épistémologie de la pratique". *Revue française de psychanalyse*, 6.

328 ENTRE NATUREZA E METÁFORAS FREUDIANAS

pulsão" e desempenha um "papel fundamental na relação do sujeito com outro". Mas as fantasias, devaneios e as teorias sexuais infantis têm como base e são versões elaboradas e particulares do conjunto das protofantasias; formadoras do enigma da própria origem (filiação), a sexualidade e a diferença dos sexos. São "teorias" (capacitação inerente à linguagem), esquemas, roteiros ou moldes, andaimes do Édipo. Na sua articulação com o "barulho" constante da pulsão, há um processo sucessivo de remanejamento ou ordenação-reordenação, uma historização das vivências no Édipo do indivíduo, o que lhe permite advir na cultura. Freud insiste (1913, 1915, 1917, 1918, 1924) que as *Urphantasien* tenham um substrato genético. A especificidade, e ao mesmo tempo a universalidade, não excluem uma estrutura hereditária (delineei anteriormente como o material genético possibilita isso) que garanta a aparição e a inserção do indivíduo na cultura, fundada sobre a postergação da plenitude da satisfação pulsional, a simbolização e a realidade psíquica (com esta especificidade de um complexo nodular), como também a colocação do homem e a cultura na ordenação evolutiva. Pensemos no ruído pulsional gerado na criança ao ouvir o "barulho" do quarto dos pais que a coloca no interior da cena (desejo) dos fantasmas originários, fontes da teoria sexual que ela constrói; ou ainda no trauma (Laplanche)[19] do encontro entre criança-mãe como um ruído enigmático gerado na criança, sendo significado e inserindo-a num roteiro específico desses fantasmas. Poderemos ter conjecturas mais básicas que subentendem aquelas de Freud ou outras versões; a rede de imagens do estágio de espelho de Lancan, as fantasias primárias de Klein, o originário de Aulagnier e tantos outros.

---

19 Laplanche, J. (1986). *Novos fundamentos da psicanálise*. São Paulo: Edições 70.

Conclusão

Articulante do desejo e do sujeito e, por outro lado, destrutiva, a pulsão, seu destino descrito no desfecho do livro de Garcia-Roza, pode ser resumida assim: "a pulsão de morte está a serviço da defesa contra a pulsão da morte", em que os dois aspectos ou destinos alternam seus lugares nas pontas da frase, embora saibamos que haja inclinação progressiva para a destruição. Pensamos que podemos adotar essa frase e unificar estas tendências tanto para a vida "anímica" como para a biológica, como fez Freud: "A aparição da vida seria, então, a causa da continuação da vida e, ao mesmo tempo, também, da tendência à morte, e a vida ela mesma seria um combate e o compromisso entre essas duas tendências" (*O eu e o isso*, 1923). Vimos como o ruído entrópico é condição para a vida, sua criação (o novo) e complexização. Mas, ao envelhecer, há um acúmulo progressivo de ruído inassimilável aos transcritos, nos componentes das cadeias, comprometendo as funções ("teorias") do organismo e destinando-o à morte.

"O significante é o *agente*, aquele que faz *ato*, mas . . . não faria ato se não fosse um *Triebrepresentanz*. É sua vinculação com a pulsão que lhe permite 'fazer ato'" (grifos nossos). Se a vinculação faz do significante o que ele é, e ao mesmo tempo esta faz surgir o desejo, não vejo razão para a aderência e insistência de Garcia-Roza em um discurso psicanalítico que começa "só a partir da linguagem". Um discurso "a partir do desejo" apoiado no simbólico é no mínimo válido, senão mais legítimo (e nem o acento sobre o nó borromeano de Lacan com a precedência "lógica" do simbólico justifica tal substituição no campo psicanalítico). Mas tem algo peculiar no campo psicanalítico que o discurso lacaniano esteriliza um pouco, e Freud insiste nisso: é o fato de que a apropriação de conhecimento se faz a partir de e na vivência, na análise. Um filósofo judeu anônimo e anterior a Tales distinguiu entre o que se dá

330 ENTRE NATUREZA E METÁFORAS FREUDIANAS

ao conhecimento *birshut harabim* (público, ciência) e o que se dá ao conhecimento *birshut haprat* (no interior do sujeito), Freud parte do segundo... A pulsão, nos diz Freud, é um "conceito-limite" ou "canal" entre o biológico e o psíquico e é este "umbigo" que constitui o cerne da sua metapsicologia. Se o patrimônio da filosofia é constituído de "comentários" sobre o problema psicofísico (Popper), Freud é um contribuinte distinto e Garcia-Roza tem o mérito (ao contrário de Laplanche) de reconhecer o dualismo interacionista em Freud.

"No que concerne à biologia deveríamos ser um pouco mais nuançados" (Green). Tentei mostrar que as metáforas psicanalíticas têm como suporte metáforas biológicas, embora expressem dois níveis irredutíveis um ao outro, mas, por outro lado, possibilitam clarear aspectos da obra de Freud pouco digeríveis até hoje. Quanto à biologia, Garcia-Roza é conservador e Freud radical: "A humanidade sempre soube que tinha espírito; eu precisei demonstrar que ela também tem *instinto* ... sempre me ocupei do subsolo ... Nisto o senhor é conservador e eu revolucionário" (carta de Freud a Binswanger). Se Garcia-Roza não é *radical,* nada de *mal* tem – ao contrário, ele afina e enriquece um certo discurso do sentido em Freud e seu excelente trabalho é bem-vindo a todos nós.

GRÁFICA PAYM
Tel. [11] 4392-3344
paym@graficapaym.com.br